Glenda Travieso

SANAR ES UNA ELECCIÓN

Conoce tu Depresión y aprende cómo superarla

Segunda edición, Abril 2015
Copyright © 2013 Glenda Travieso
Diseño de portada e ilustración: Marisabel Bravo
Corrección de textos: Carolina González Arias
All rights reserved.
ISBN-978-0-98480003-2

A mi esposo y a mis padres…

Quienes con su amor y apoyo incondicional me hicieron más fácil el camino.

¡Gracias por nunca haber perdido la fe en mí!

CONTENIDO

EL SOL SIEMPRE SALDRÁ PARA TODOS   11

PREFACIO   13

CAPÍTULO 1
¡MI HISTORIA!   17

CAPÍTULO 2
¡LA DEPRESIÓN: MI MEJOR ALIADA!   39

     ¿Realmente estás deprimido(a)?   40
     ¿Por qué nos enfermamos?   43
     La depresión más alla del síntoma   47
     Cómo reconocer nuestra sombra a través de la depresión   49
     ¿Qué podemos hacer para sanar nuestra depresión?   52

CAPÍTULO 3
LA ACEPTACIÓN: EL PRIMER PASO PARA LOGRAR LA
SANACIÓN VERDADERA   57

     Primero es lo primero: acepta que estás deprimido   58
     Aceptando el pasado   62
     Observa tus emociones   64
     ¡Si la vida te da un limón, aprende a hacer limonada!   66
     ¡Abraza el ahora! Tú tienes el poder para elegir   69
     Pequeños cambios que producen grandes avances   74

CAPÍTULO 4
EL AUTOSABOTAJE PARTE I: LA NEGATIVIDAD   79

     ¿Eres tú una persona negativa?   81
     Cómo superar tus pensamientos negativos   84

Cómo adoptar una actitud positiva ante la vida   90

CAPÍTULO 5
EL AUTOSABOTAJE - PARTE I: ¿TENGO MIEDO DE
ENFRENTAR MI DEPRESIÓN?   95

Evadiendo el dolor   96
Libera tu dolor: deja que tu consciencia te guie   98
¿Qué hacer para dejar de evadir el dolor?   101

CAPÍTULO 6
LA PRÁCTICA CONSCIENTE DEL AHORA   105

Aprendiendo a ser conscientes   107
¿Cómo saber si te estás resistiendo a vivir el ahora?   108
Cómo enfrentar el miedo a vivir el presente   109
Aceptar la incertidumbre es abrazar el ahora   110
Claves para superar la resistencia a vivir el presente   115
Viviendo el ahora a través de nuestro cuerpo   116
En tu vida cotidiana   117

CAPÍTULO 7
¡ENCUENTRA LO MEJOR DE TI! DESCUBRE TUS
CREENCIAS   123

Construye tu lista de recursos   125
¡El mapa no es el territorio!   127
¿Por qué cambiar?   129
Elige tus creencias: ¡actualiza tu mapa!   135
¿Cuáles son tus creencias?   137
Amplía tu lista de recursos   140
Cómo replantear una creencia limitadora   141
Tratamiento de 21 dias para cambiar una creencia   142

CAPÍTULO 8
DESCUBRE LOS VALORES QUE TE MOTIVAN   145

¿Qué son los valores?   148
Identifica cuáles son tus necesidades   149
Define tus valores   150
Reflexiona acerca de tus valores   155
¿Conflicto entre dos valores?   156

CAPÍTULO 9
CÓMO CONVERTIR EL CUERPO EN UN ALIADO PARA
SUPERAR LA DEPRESIÓN   163

Cómo trabaja nuestro cerebro   163
La importancia de la serotonina en nuestro bienestar   167
La hipoglucemia reactiva y su relación con la depresión   168
El cerebro es un músculo…¡ejercítalo!   170
Aprendiendo a través de la experiencia   172

CAPÍTULO 10
CAMBIA TU ALIMENTACIÓN Y CAMBIARÁ TU VIDA   175

Importancia de algunas vitaminas   176
La importancia de los minerales   181
Grasas buenas y grasas malas   186
Los aminoácidos   188
¿Qué tipo de alimentación es la adecuada para ti?   195
La importancia del desayuno   196

CAPÍTULO 11
¡ACTIVA TU CUERPO!   201

Plantas antidepresivas   204
Terapias alternativas   210
¡Ejercita tu cuerpo!   214

CAPÍTULO 12
ATRÉVETE A DISEÑAR LA VIDA QUE QUIERES PARA TI   221

Principios para un buen vivir   222
Creando un plan para superar la depresión   225
Contenido del plan   228
¡Ponte en movimiento!   234
Asegura y verifica el cumplimiento de tu plan   236
Siempre es posible cambiar   238
¡Vive!...Es lo último que me queda por decirte   239

AGRADECIMIENTOS

Gracias a todos los que me han acompañado durante estos últimos trece de años de mi vida:

A los que me han querido sin condiciones, a los que me han escuchado cuando los he necesitado, a los que me han brindado su apoyo sin esperar nada a cambio…ustedes hicieron este transitar menos doloroso.

A los que no me escucharon y a los que no me entendieron… gracias por haberme hecho despertar de mi inconsciencia.

También fueron muchos los ángeles que encontré en mi camino y que de una manera u otra, con su valiosa colaboración, me ayudaron a hacer posible esta obra:

A Lisett Guevara, quien me brindó su asesoría y me permitió darle forma a este hermoso proyecto. A Mailyn Ortega y Carolina González por sus correcciones y comentarios.

Mil Gracias…Glenda

EL SOL SIEMPRE SALDRÁ
PARA TODOS

Recibí el año 2012 junto a mi familia en la plaza central de Oaxaca. Recuerdo aquella hermosa noche de luces y algarabía como algo inolvidable. Al día siguiente, mientras todos dormían la fiesta, mi hija mayor se despertó muy temprano y me pidió que jugáramos a las cartas en el patio de la posada donde nos alojábamos. Hacía frío, el sol apenas calentaba la mañana, y mientras veía a mi pequeña sonreír por haber ganado otra partida tomé una de las decisiones más cruciales de mi vida: salir del pozo en donde me encontraba.

Resulta que durante los meses anteriores venía sufriendo muchas de las situaciones que encontrarás en este libro. Había llorado sin causa aparente, había pasado noches de insomnio, transité días sin esperanza y en oportunidades llegué a pensar que la vida no tenía sentido. Aquello era mucho más que una tristeza momentánea, y toda persona que ha padecido o esta pasando ahora por algo similar, sabe a lo que me refiero. Era depresión, un vacío y un dolor interno que parece no tener fin.

Salí del pozo gracias al apoyo de mi familia, amigos, psicoterapia, pero sobre todo, por mi propia elección. La mía fue una depresión leve, de pocos meses, pues ahora que conozco mejor esta enfermedad se que para otras personas este tránsito puede ser mucho más turbulento y prolongado. Y uso la palabra enfermedad porque las cosas hay que llamarlas por su nombre. La depresión no es debilidad mental o un defecto del carácter. Es un desequilibrio en el cerebro que repercute en todo el cuerpo.

Cuando este libro me llegó a las manos ya todo había quedado atrás, pero inmediatamente reconocí que me habría resultado muy útil en aquellos momentos. Porque Glenda Travieso ha escrito desde su propia experiencia un libro que refleja en detalle lo que sucede en el cuerpo, la mente y el alma cuando la depresión toma el control de nuestras vidas. Y lo más importante, ofrece caminos prácticos y efectivos para retomar el bienestar.

Glenda ha sido una colaboradora muy activa en la comunidad de Inspirulina. Sus artículos han ayudado a sanar muchos corazones con sus escritos llenos de sabiduría, entusiasmo y compasión. Ahora nos emociona presentar su libro bajo el sello Ediciones Inspirulina y apoyarle en esta labor que es su misión de vida: ayudar a otras personas que están viviendo lo que ella vivió.

Si al leer estas líneas estás dentro del pozo, o si alguna vez estuviste allí y has elegido cuidarte para no volver, este libro será una gran compañía. En sus páginas encontrarás más que un testimonio de vida. Tienes una escalera para ascender y encontrarte con tu verdadera esencia.

Hoy en día, cuando recuerdo aquella mañana de año nuevo, me viene a la mente una imagen sanadora: el sol en el rostro alegre de mi hija, sus rayos calentándonos la piel, como queriéndome decir *"la oscura noche del alma terminará cuando elijas ver la luz que existe, ahora y siempre, en cada fibra de tu ser"*.

Eli Bravo
Director. Editor Ejecutivo. Inspirulina.

PREFACIO

Después de haber sobrevivido a una depresión que me mantuvo transitando un largo camino por muchos años, haciéndome miles de preguntas, tratando de hallar las respuestas, aprendiendo a vencer cada día mis limitaciones y atreviéndome a ir más allá de mis miedos, me di cuenta de que este largo viaje, que en algunos momentos había resultado sumamente doloroso, tanto como para llegar a pensar por instantes que no valía la pena seguirlo recorriendo, no había sido más que un viaje de ida y vuelta, al reencuentro conmigo misma…con mi esencia divina.

Al hacer un repaso por los últimos trece años de mi vida, me sorprendí a mí misma al tomar consciencia de que después de haber sufrido en carne propia lo que es sentirse deprimido, creer que tu vida ya no tiene sentido, buscar desesperadamente una tabla de salvación que te permita mantenerte a flote para continuar, había logrado superar con éxito la enfermedad, y no solo superarla, sino que sentía que esta experiencia de vida, definitivamente me había convertido en un mejor ser humano.

A partir de allí entré en consciencia de que todo lo vivido hasta ahora tenía una razón de ser, de que todo había sido perfecto y entonces empezó a surgir en mí un fuerte deseo, yo diría más bien una necesidad, un sentido de compromiso por compartir mi experiencia de vida con mucha gente que quizás en este momento piensa que su vida ya no tiene sentido o que la tristeza que le invade está tan profundamente arraigada en su corazón que ha perdido toda fe y esperanza en su capacidad de volver a sonreír, de volver a soñar, de construirse un futuro mejor.

Debo admitir que tomar la decisión de escribir este libro no fue tarea fácil para mí, pues mis miedos, mi temor a lo desconocido, pero sobre todo mis propios prejuicios acerca de mí misma por el hecho de no ser escritora de profesión o por creer que mi historia no era lo suficientemente buena como para merecer contarla, llegaban en algunos momentos a tener más peso que mi necesidad de comunicar mi mensaje. Así que pasé muchos meses pensando en la idea y evadiéndola a la vez.

Pero como suele suceder cuando quieres algo desde lo más profundo de tu corazón, algo que definitivamente sabes que impactará positivamente tu vida, y no solo la tuya sino quizás la de muchas personas, el universo se encargaba de mandarme las señales por diferentes vías, conduciéndome a tomar una decisión.

Así fue como una mañana me levanté y continuando con la lectura de un libro para mí revelador: *Una nueva Tierra*, de Eckhart Tolle, me di cuenta de que definitivamente tenía mucho tiempo pensando en esta idea y que además las razones que me impulsaban a querer hacerlo no salían de mi mente, sino de mi corazón. Era un deseo, no un pensamiento. Un deseo que hoy me llena de inspiración y de entusiasmo al pensar que puedo compartir con todo aquel que lo necesite las herramientas y recursos en los cuales me apoyé para superar mi depresión y que me han hecho un ser humano más consciente, más feliz y cada día más agradecida por recibir de Dios y de la vida, tanta generosidad.

No he pretendido escribir una fórmula mágica, ni tampoco una receta médica. Solo quiero compartir contigo las circunstancias que viví, de la forma en que las viví y el aprendizaje que cada uno de estos eventos significó para mí, permitiéndome vencer mis limitaciones como una forma de trascender y crecer como ser humano, dejando de ver el presente como una amenaza o como una herramienta solo para lograr un fin. Quizás los cambios que me atreví a hacer en mi vida y la forma en la cual los realicé, te pueden servir de inspiración para que tú al igual que como yo lo hice, abandones ese gran miedo que tienes de "vivir", te des el permiso de despertar y salir de esa apatía que te arropa, reencontrándote contigo mismo y con tu verdadero Ser.

Este libro es una invitación a que empieces a tomar el control de tu vida y te hagas responsable por el cambio que quieres ver en ella. Hacerte responsable implica enriquecer tu vida con nuevos hábitos y deshacerte de aquellos que ya no te resultan útiles. Quiere decir elegir conductas nuevas en lugar de apegarte a las conductas viejas, que la mayoría de las veces aunque sea de forma inconsciente, sabemos que ya no funcionan, pero nos mantenemos anclados a ellas porque nos hacen sentir seguros. Es elegir vivir la vida tal como se presenta, con todos los retos y el compromiso que tal elección puede implicar.

A través de este libro quiero que conozcas una fase diferente de la depresión. Quizás hasta ahora has leído sobre ella y sabes qué significa desde un punto de vista médico o científico. Pero yo quiero presentarte mi versión de esta condición médica, no como enfermedad, sino como una puerta que al abrirla y traspasar ese umbral de misterio que la envuelve, te des cuenta de que puedes convertirla en una gran aliada para lograr una profunda transformación, superándote a ti mismo y permitiéndote brillar en todos y cada uno de los aspectos de tu vida.

La idea también es que aprendas a conocerte mejor para que puedas cambiar aspectos de tu comportamiento que no te generan ningún beneficio. Haciéndote consciente de tus emociones, de tus pensamientos, identificando lo que te hace feliz, cuáles son tus deseos, tus valores, aquello en lo que crees. De esta manera podrás elaborar tu propio mapa, el cual te guiará día a día en el camino que decidas transitar para encontrar tu verdadero propósito de vida y así construir la vida que siempre has soñado. ¡La que te mereces!

Si estás leyendo este libro, es porque logré superar mis miedos, es porque decidí no escuchar la voz de mi crítico interior y me di el permiso de hacer posible aquello que durante mucho tiempo creía era imposible. Eres tú quien me ha motivado a escribir este libro. Por eso quiero invitarte a que nos conectemos y juntos recorramos este camino hacia tu sanación, hacia el encuentro con tu Ser. Yo estoy aquí para decirte que sí hay una luz al final del túnel, que no importa cuántas veces hayas sentido que es casi imposible continuar, o cuántas veces te hayan dicho que no hay remedio para tu mal, la depresión es una condición que se puede revertir. Lo importante es que te conectes con la voz de tu corazón y no con la voz de tu ego. Si yo lo logré, tú también puedes hacerlo, porque ambos vinimos a esta vida para ser felices… así que no importa lo que hayas vivido hasta ahora, ¡lo mejor está por llegar!

No te puedo prometer que será fácil, requerirá de mucho compromiso y deseo de tu parte para cambiar hábitos, patrones y creencias, pero estoy segura de que si Dios y el universo nos han juntado y que si la vida nos ha mandado esta prueba llamada depresión, es porque estamos listos para enfrentarla y superarla, saliendo totalmente fortalecidos de la experiencia. Soy una convencida de que en la vida todo sucede por algo y para algo, nada es el azar. Dios, el universo o el nombre que quieras darle a esa energía que no vemos pero que sabemos que está ahí, actúa a través de nosotros aunque no podamos ver los hilos que nos unen y nos relacionan como un todo, pues escapan de la percepción y toda lógica de nuestros sentidos.

Así que acompáñame hasta el final, y con tu mente y tu corazón abiertos, entrégate a vivir esta experiencia y a darte el permiso de sanar. Te aseguro que desde el mismo instante en que de manera consciente elijas la salud como condición de vida, decidas que rendirte no es una opción y conviertas tu intención en acción, los milagros empezarán a ocurrir en tu vida a diario, como han ocurrido y siguen ocurriendo en la mía.

Glenda Travieso

CAPÍTULO 1

¡MI HISTORIA!

Tenía treinta años de edad, un matrimonio feliz y unos padres maravillosos. Era una mujer fuerte y audaz, que no le tenía miedo a nada ni a nadie, sobre todo cuando se trataba de emprender un nuevo proyecto. Económicamente éramos una pareja estable y vivíamos sin limitaciones. ¡Prácticamente una vida perfecta!

A pesar de que a mi esposo lo habían retirado de su trabajo después de doce años y yo acababa de concluir una sociedad de cinco años, estábamos llenos de entusiasmo porque estábamos iniciando un nuevo proyecto. Así que todo parecía seguir siendo perfecto en nuestras vidas.

Era el inicio de un nuevo milenio, y en mi país, Venezuela, como en el resto del mundo, todo lo relacionado con la búsqueda de conocimiento y crecimiento espiritual, se enmarcaba dentro de las filosofías mal llamadas de la Nueva Era. Digo mal llamadas porque realmente el nombre de Nueva Era se usó de manera indiscriminada para referirse a algo que estaba de moda con la llegada del año dos mil y se perdía realmente la esencia de estas filosofías, que era el producir un auténtico despertar de consciencia en los seres humanos, para promover un cambio profundo de manera individual y como sociedad.

Sin embargo, mi esposo y yo ajenos totalmente a ese mundo, representado en algunos casos por personas cuya misión de vida no estaba enfocada en un genuino deseo de ayudar a otros sino más bien en el de enriquecerse, o peor aun de manipular a otros creyéndose dueños absolutos de la verdad, queríamos crear un Centro Holístico donde las personas tuvieran acceso a todas estas terapias y filosofías de sanación, que les permitiese sanar y mejorar su calidad de vida de una manera integral, atendiendo su mente, cuerpo y espíritu.

Nos motivaba el profundo deseo de ayudar a las personas, así que nos metimos de lleno en este proyecto. Durante dos meses enfocamos toda nuestra energía, corazón y esperanza en él. Dimos lo mejor de nosotros buscando el sitio adecuado, los profesionales que nos acompañarían, acondicionando el lugar para crear la atmosfera apropiada para nuestros clientes, diseñando la publicidad y por supuesto buscando los fondos para el mismo, pues la inversión era significativa y nosotros no queríamos escatimar en nada.

Llenos de esperanza y optimismo, inauguramos el Centro Holístico "Semillas de Luz" en abril del año dos mil. Qué lejos estaba de imaginar que mi vida daría un giro de ciento ochenta grados. Estaba por recibir un sacudón emocional que cambiaría mi existencia para siempre y me haría enfrentarme a una realidad para la cual no estaba preparada. Mi vida se dividiría en un antes y un después de "Semillas de Luz".

Los meses comenzaron a transcurrir y por mucho que hacíamos uso de toda nuestra creatividad para atraer a los clientes, no lográbamos que el negocio despegara. Apenas si producía para pagar el alquiler del local, los gastos operativos y los intereses del préstamo solicitado para financiar el proyecto. Por otro lado, cada vez se acrecentaban más las diferencias que teníamos con algunos de los terapeutas que trabajaban junto a nosotros, ya que teníamos visiones diferentes de cómo generar prosperidad sin abandonar nuestros principios y valores.

El estrés generado por esta situación comenzó a hacer estragos en mi salud. Comencé a sentir unos dolores de cabeza fortísimos. Cada vez, con más frecuencia, mi esposo tenía que sacarme de emergencia a una clínica para que me inyectaran un analgésico directo a la vena, pues los tomados por vía oral ya no me hacían ningún efecto y las dosis eran cada vez mayores. Desde que me convertí en adolescente los dolores de cabeza fueron siempre mi talón de Aquiles, pero por estos días realmente habían pasado a ser insoportables.

"Semillas de Luz" iba de mal en peor. Estaba por cumplir seis meses y cada vez se hacía más inminente el tener que tomar una decisión. Era seguir batallando esperando un milagro divino que sacara al negocio del hueco donde había caído, o cerrarlo asumiendo las pérdidas y todo el declive que esto traería como consecuencia.

El negocio se hundía y yo junto con él. No era una decisión fácil de tomar, especialmente por el gran contenido emocional que involucraba. Para mí cerrar "Semillas de Luz" era admitir que había fracasado, le había fallado a mi esposo y a mis padres, especialmente a mi madre quien había confiado en mí colocando su vivienda como garantía para el préstamo solicitado. Todos los días me culpaba por no haber sido más objetiva a la hora de evaluar el proyecto. Me atormentaba el haberme dejado llevar más por las emociones que por la razón. Me angustiaba solo de imaginar lo que pensarían de mí y mi fracaso, mis amigos y familiares. Realmente me resultaba aterrador y muy difícil tomar una decisión, porque ambas involucraban un costo emocional muy alto que no quería pagar.

Junto con los dolores de cabeza comencé a notar un decaimiento físico que no sabía explicar y una sensación de vacío constante en el estómago. Poco a poco fui perdiendo la capacidad de concentrarme y disfrutar de las cosas cotidianas. La rutina se me hacía cada vez más pesada e insoportable de llevar. No tenía ni la más remota idea de lo que me estaba pasando, simplemente quería llorar y sacar ese dolor, arrancármelo del corazón.

Así fueron pasando los días. Hasta ese momento solo había compartido mi tristeza y mi sentir con mi esposo. Aunque me resultaba bastante difícil pues sentía que por dentro me derrumbaba, que todo mi mundo se caía a pedazos, trataba de demostrar una actitud sosegada en frente de los demás. Ni siquiera mis padres se imaginaban el tormento por el que yo estaba pasando. Ya era suficiente con la preocupación económica generada por el negocio como para darles otro motivo más. Además pensaba que todo mi estado de emotividad se debía al estrés causado por la situación que estaba viviendo y que esto en algún momento pasaría.

Llegó el día en que ya no pude seguir evadiendo la realidad, teníamos que tomar la decisión de continuar o no con el negocio. Llegar a final de mes y tener el dinero para sufragar los gastos operativos era toda una proeza. La situación con los terapeutas lejos de mejorar, cada día empeoraba más y más.

Pagar los intereses del préstamo se hacía cada vez más cuesta arriba y el prestamista comenzó a amenazarnos con ejecutar la hipoteca, así que no tuve otra opción que poner en venta mi apartamento para así solventar la deuda con el prestamista y liberar el apartamento de mi mamá. ¡Primero muerta antes de permitir que mi mamá perdiera su techo!

Cada día me era más difícil disimular y callar mi sufrimiento. Me hundía en un lodo cada vez más espeso, mantenerme a flote por mí misma me resultaba imposible. También sabía que le estaba haciendo un daño terrible a mi esposo, aunque él no se quejaba y siempre estaba ahí para darme una palabra de aliento y un cálido abrazo cuando más lo necesitaba; para él llevar la carga solo estaba resultando muy pesado. Así que me armé de valor y decidí hablar con mis padres tratando de buscar en ellos una especie de consuelo y por supuesto sus sabios consejos.

Mi papá curso estudios de medicina y fue enfermero psiquiátrico, así que al escucharme viendo mi incapacidad para articular una frase coherente, porque el llanto no me dejaba, además sabiendo todas las situaciones estresantes que yo estaba viviendo, enseguida reconoció que estaba deprimida y decidió llevarme a un psiquiatra de su confianza para que me evaluara.

En ese momento en medio de mi dolor sentí un gran alivio; entre la penumbra vislumbré un rayo de luz, porque sentí que de alguna manera estaba aligerando mi carga al compartirla con otros. Era como estar en el desierto muerta de sed y de pronto encontrar, en el medio de la nada, un oasis donde resguardarme por un rato y beber un poco de agua para continuar mi camino.

Con la ayuda de los medicamentos recetados por el psiquiatra comencé a sentirme un poco mejor anímicamente, aunque no me gustaba el efecto producido por las pastillas para dormir, pues si bien descansaba toda la noche, durante el día me producían mucha somnolencia y prácticamente me la pasaba gran parte del día durmiendo. Seguí con el tratamiento de forma constante durante dos meses, pero luego decidí dejarlo por mi cuenta porque ya me sentía bastante bien, sin saber que más adelante pagaría muy caro mi atrevimiento.

Después de meses de lucha y de esperar un milagro que nunca sucedió, cerramos "Semillas de Luz". Solo nos habían quedado pérdidas económicas, deudas y una profunda depresión. Mi esposo estaba tratando de insertarse nuevamente en el mercado laboral, realmente sin mucho éxito pues en el país no abundaban las ofertas de empleo, así que debido a la falta de ingresos nos endeudamos aun más con las tarjetas de crédito para poder subsistir. No pudimos seguir pagando el vehículo que teníamos y como si nuestra mala suerte no fuese ya suficiente, nos lo robaron. Por supuesto no estaba asegurado porque no habíamos podido continuar pagando el seguro. Así que otra pérdida más que se sumaba a la lista que traíamos.

A pesar de todo esto nunca dejamos de luchar. A mí me costaba muchísimo más pues la depresión había llegado otra vez y ahora con mucho más fuerza e intensidad. No era para menos, en un año toda nuestra vida se había desmoronado, todo por lo que habíamos luchado en estos diez años de matrimonio, de repente se esfumaba ante nuestros ojos sin nosotros poder hacer nada. ¡Era como si nos hubiesen echado una maldición!

Por fin en mayo del 2001, después de meses buscando trabajo, mi esposo consigue un empleo acorde con su perfil, en la isla de Margarita. Nosotros vivíamos en Valencia así que eso implicaba mudarnos de ciudad. A pesar de las dudas y los miedos que asaltaban mi corazón, realmente no teníamos otra opción. Quizás también poniendo un poco de distancia física entre las circunstancias que originaron nuestros problemas y la nueva vida que decidíamos emprender, nos sentiríamos un poco mejor. Además, sentir que mi esposo respiraba un poquito de tranquilidad y paz mental en medio de tanta turbulencia, bien merecía la pena intentarlo.

Al mes de haber llegado conseguimos alquilar un apartamento en un sitio muy lindo y acogedor. Gracias a Dios mi esposo también lograba adaptarse a su nuevo empleo sin ningún problema y enseguida hicimos un par de amistades.

Durante mi primer año en la isla conseguí un empleo, pero no logré mantenerlo. Me resultaba muy difícil enfocarme en el trabajo, tenía muchos problemas de concentración. Realmente mi capacidad cognitiva había desmejorado muchísimo. De a ratos me involucraba en alguna manualidad, cosa que siempre me ha gustado, pero el entusiasmo me duraba muy poco y nuevamente caía en un estado de ansiedad difícil de controlar. Los días pasaban y yo veía con mucha tristeza, con mucho dolor, ya sin esperanzas, cómo la vida se me escurría entre los dedos y yo sin poderla atajar.

Recuerdo una cálida mañana de abril del año 2002, cuando sentada mirando a través de la ventana de mi habitación, me invadía una sensación de profundo vacío y desesperación que no sabría describir con palabras. Sentía una mezcla de tristeza y frustración, sentimientos a los cuales ya estaba acostumbrada, pues continuamente me visitaban. Algunas veces permanecían solo unos pocos días y en otras ocasiones podían acompañarme por más tiempo, llegando a convertirse en semanas e incluso hasta en meses de profundo desgano y apatía por todo lo que me rodeaba.

Esta vez notaba que los sentimientos eran mucho más intensos y venían con una gran carga de rabia y decepción conmigo misma. Me preguntaba qué ocurría. Por qué a pesar de estar contemplando un paisaje cálido y hermoso, escuchando los pájaros cantar, sintiendo ese aroma de playa que tanto me relajaba, todo me resultaba tan distante, tan ajeno. Me repetía las mismas preguntas una y otra vez: *¿A dónde fue a parar aquella Glenda valiente, decidida y segura de sí misma?, ¿dónde está aquella chica que era capaz de comerse al mundo, que no le tenía miedo a nada, ni a nadie?* Ya no estaba, había desaparecido. Ahora solo estaba un fantasma ocupando su lugar, tratando de sobrevivir, con atisbos de alegría que apenas le daban un poquito de energía para continuar.

Lo único que yo quería en ese instante era cerrar mis ojos, apagar mi mente y desconectarme por completo de ese amargo momento de mi vida, con la esperanza de que al despertar fuesen otros vientos los que estuviesen soplando.

Después de llorar un rato, tratando de sacar todo ese dolor y calmar esa ansiedad, me conecté nuevamente con ese sentimiento de esperanza que surgió en nosotros cuando nos mudamos para la isla, pero realmente duró muy poco cuando caí en la cuenta de que ya había pasado un año desde que llegáramos y a pesar de que con este nuevo empleo de mi esposo las cosas parecían estar mejorando, por lo menos en el aspecto económico, mi salud seguía estancada. La depresión se había convertido en parte de mi vida y me había transformado en una persona muy insegura e inestable.

Ya habían pasado dos años desde mi primer episodio depresivo y aunque había tratado por mi cuenta de salir adelante, sin ayuda médica, realmente cada día me sentía peor y más inútil. Mi esposo nunca se había quejado, siempre estuvo firme a mi lado, supo llevar toda esa situación desde el principio con mucha entereza. Realmente no sé qué hubiese sido de mí sin su amor y apoyo incondicional, sin embargo sentía que me había convertido en una carga muy pesada para él.

Al notar que algunas cosas parecían estar tomando un mejor rumbo, me dije a mí misma: *No puedo seguir viviendo de esta manera. Si ya no tengo motivos aparentes para estar deprimida, ¿por qué sigo sintiendo este vacío? ¿Por qué no logro salir de este círculo vicioso en el que me encuentro?*

Decidí buscar nuevamente la ayuda de un especialista. Encontré una psiquiatra quien por primera vez le dio un enfoque diferente a mi depresión. Esta doctora me indicó una serie de exámenes hormonales pues ella creía que mi depresión se debía más a un desorden de ese tipo, específicamente en mi nivel de prolactina, que a una causa exógena.

Los resultados de los exámenes confirmaron las sospechas de la doctora: mi prolactina estaba cuatro veces sobre su valor normal. Así que me indicó un tratamiento. Este y la psicoterapia comenzaron a dar resultado y empecé a sentirme un poco mejor. Justo cuando todo parecía estar mejorando para nosotros, a mi esposo lo despidieron del trabajo.

Nos sentíamos devastados; mi esposo siempre había sido muy estable laboralmente, así que no podíamos entender por qué la vida se ensañaba con nosotros de tal manera.

Con las emociones todavía revueltas por el impacto emocional que acabábamos de recibir, nos cruzó por la mente la idea de mudarnos a otro país en busca de un futuro mejor. Teníamos familia en EE.UU que estaba dispuesta a ayudarnos, pero había un inconveniente, bueno realmente había muchos, pero el que más pesaba era el hecho de que mi esposo tenía el pasaporte y la visa americana de turista vencidos. Solo yo tenía mis papeles en regla.

A pesar de esto, decidimos de mutuo acuerdo que yo me iría adelante mientras él conseguía sacar un nuevo pasaporte y por ende la visa americana para poder viajar y juntarse conmigo.

Regresamos a Valencia en septiembre del 2003, tristes por un lado debido al sentimiento de derrota que una vez más se apoderaba de nuestro corazón, pero alegres por otro lado pues volvíamos a nuestra ciudad y nos generaba tranquilidad el hecho de estar nuevamente cerca de la familia.

El 22 de noviembre del 2003, fecha que nunca olvidaré pues era el día de mi cumpleaños, mi familia me estaba haciendo una gran despedida porque al día siguiente viajaba para los EE.UU. Fue una noche muy emotiva, tenía muchos sentimientos encontrados. Me sentía llena de esperanza por este nuevo cambio, pero muy triste a la vez pues nunca me había separado por tanto tiempo de mi esposo y realmente con todo lo vivido hasta ahora, siempre juntos, en las buenas y en las malas como nos juramos mutuamente ante Dios, estábamos más unidos que nunca. Así que esta separación era muy dolorosa para ambos.

Por otro lado, la incertidumbre me comía por dentro. Sabía que contaba con mis primos a quienes quería muchísimo, pero no tenía ni idea de qué iba hacer allá ni por dónde iba a comenzar. Aun así, al día siguiente partí cargando con mi morral de emociones a cuestas y por supuesto con el fantasma de la depresión que aún seguía acompañándome, solo que toda esta vorágine de sentimientos encontrados le había restado importancia. Quería convencerme a mí misma de que esto era lo que me hacía falta para salir definitivamente de la depresión. Qué lejos estaba de la realidad. La inyección de adrenalina y optimismo que me estaba autosuministrando, muy pronto dejaría de surtir efecto para dar paso a una depresión aun más severa.

Llegaba diciembre, un mes tradicionalmente para compartir en la familia. Mi esposo aún no lograba resolver el asunto de sus papeles para poder viajar, así que me aguardaban a la vuelta de la esquina, como al acecho, unos días profundamente dolorosos. Así fue. A pesar de haber llevado conmigo suficiente medicina para sobrevivir unos cuantos meses, la depresión se apoderó de mí nuevamente. Por más que intentaba encubrir mi tristeza con una cara de falsa alegría y optimismo, por dentro me estaba derrumbando.

Pasó Navidad y llegó el nuevo año; en medio de tanta desolación, mi esposo que paralelamente a sus diligencias para obtener los papeles y poder viajar, también había estado buscando empleo, consiguió uno mejor que el anterior y mucho más en sintonía con nuestras expectativas.

Resolvimos que era mejor regresar a Venezuela porque las cosas perfilaban por supuesto mucho mejor por allá. Recuerdo que le dije a mi esposo: *Tienes toda la razón. No ha llegado el momento de venirnos a vivir a los EE.UU. Sigamos trabajando en la idea, que si está de Dios que así sea, el día llegará cuando tenga que ser.* Realmente esas palabras que parecía estar diciendo solo para darme consuelo, por el miedo de admitir una nueva derrota, resultarían maravillosamente premonitorias.

Regresé a Venezuela en febrero del 2004. Mi esposo ya estaba laborando en su nuevo trabajo y gracias a Dios se sentía muy bien, lo que por supuesto me llenaba de tranquilidad y daba un poquito de paz a mi alma. Era algo menos por lo cual preocuparme. Sentía que la vida nos sonreía nuevamente.

No podía imaginármelo, pero estaba a punto de abrirse un nuevo capítulo en mi vida. Pronto empezaría a crear mi larga lista de médicos visitados, saltando entre uno y otro como ave que vuela de flor en flor, buscando las respuestas a mi enfermedad.

Los meses fueron pasando. Me sentía muy desorientada y llena de preguntas con respecto a mi depresión. Ya no me embargaban de manera recurrente los sentimientos de tristeza, ni me ponía a llorar sin tener razón alguna, pero igual sentía que algo raro pasaba en mi cabeza. Además, los dolores de cabeza habían regresado, a decir verdad nunca me abandonaron, pero durante estos años hubo temporadas más soportables que otras. No obstante, esta no era precisamente una de esas, habían llegado con tanta fuerza e intensidad como cuando estaba en "Semillas de Luz".

Recuerdo en más de una ocasión haberle dicho a mi esposo: *No entiendo qué me pasa, por qué ante una determinada situación, donde tengo que tomar una decisión, elegir algo o simplemente hacer una rutina diaria, sé lo que tengo que hacer, sé cuál es el siguiente paso que debo dar, pero no logro darlo.* Era como si tuviese una pared, un bloque entre mi cerebro y mi frente, por encima de mis ojos, que me impidiese actuar. Sé que sonaba extraño y algo sin sentido, hasta mi esposo me miraba con algo de incredulidad, pero era la mejor forma de describir físicamente lo que sentía en mi cabeza. Esta sensación era más o menos intensa, dependiendo de la situación. Por ejemplo, si estaba participando en una conversación y mi interlocutor demandaba de mi parte una repuesta inmediata, el "bloque" se hacía más denso, más pesado. Toda situación que implicara para mí tener que actuar rápidamente, me generaba unos niveles de estrés altísimos.

Como siempre he sido muy curiosa por todo lo relacionado con el cuerpo humano y la mente, decidí aprender un poco más de mi enfermedad. Además, las pocas visitas realizadas a la doctora, durante el tiempo que viví en la isla de Margarita y sus hallazgos a través de los exámenes hormonales, me hacían pensar que estaba en el camino correcto, que quizás mis síntomas, aunque eran una reacción ante un estímulo externo, no eran una respuesta normal y se debían más al hecho de que algo sucedía en mi interior, dentro de mi cerebro. Algo estaba funcionando mal en mí y yo tenía que descubrir qué era. ¡Estaba convencida de que ahí estaba la clave para curar mi enfermedad!

Empecé a estudiar sobre el funcionamiento del cerebro y aprendí que somos un gran laboratorio químico donde se producen una cantidad de sustancias llamadas neurotransmisores, y que si estas sustancias no son producidas por nuestro organismo en las cantidades adecuadas, nuestra salud se puede ver gravemente comprometida. Especialmente nuestra salud psíquica y emocional.

Tristemente para mí no fue fácil hallar un médico que me entendiese y que hablara mí mismo idioma. Así que pasé dos años visitando cualquier cantidad de especialistas, permitiendo que me hicieran no sé cuántos exámenes, solo para lograr añadir más frustración y más decepción a mi lista. Hasta las cuatro muelas cordales accedí a sacarme en una sola operación, con tal de encontrar alivio a mis dolores de cabeza. ¡Realmente lo intenté todo!

Ante semejante panorama me estaba agotando y por supuesto perdiendo las esperanzas. En más de una oportunidad le dije a mi esposo y a mi mamá: *¡Ya basta! Ya no quiero seguir visitando más médicos y que me hagan sentir que estoy loca, no soporto más.* Estaba cansada de que los médicos me prescribieran medicamentos que no me curaban, que solo me aliviaban un poco y me hacían sentir bien por ratos. Debo confesar que en algunos momentos me sentía tan mal, que llegué a pensar en la muerte como una salida a mi angustia. Me preguntaba: *¿Tiene sentido seguir luchando?, ¿realmente tengo algo o simplemente debo aceptar que más nunca volveré a ser la misma de antes y resignarme a vivir sin ilusiones, sin esperanzas, viviendo por vivir?*

Gracias a que mi fe en Dios siempre pudo más, esos momentos no pasaron de ser una actitud de rebeldía ante lo que para mí era una injusticia y un ensañamiento del mundo hacia mí. En el fondo de mi corazón sabía que Dios tarde o temprano premiaría mi constancia, mi búsqueda incansable, mi actitud de no rendirme ante la adversidad. ¡Y realmente así fue!

Afortunadamente, no todo era negativo. Mi esposo estaba muy estable en su trabajo, por fin Dios lo había premiado y aunque su felicidad no podía ser completa, pues sabía que yo aún no había superado mi enfermedad, al menos los problemas económicos habían desaparecido. La vida de a ratos me entregaba unas cuantas alegrías que me recordaban que valía la pena seguir luchando.

A principios del 2006 nos enteramos de que un gran amigo estaba pasando por un momento muy doloroso en su vida. Le diagnosticaron esquizofrenia. Su esposa, mi amiga también, no contenta con el tratamiento hasta ahora recibido, buscando otras opiniones, consiguió un médico en Caracas, Venezuela, especialista en Neurofarmacología. Recuerdo que mi amiga sabiendo lo cansada que yo estaba de visitar médicos sin encontrar una respuesta satisfactoria a mi problema, me llamó y me dijo: *Amiga, tienes que ir a este médico. Él sí te va a entender, él te va a hablar en el idioma que tú quieres escuchar.* ¡Me sonaron mágicas sus palabras!

De nuevo un sentimiento de esperanza inundaba mi corazón. Por fin aparecía un rayito de luz al final del túnel. Así que mi mamá y mi esposo quienes han sido mis pilares fundamentales en esta lucha, sin los cuales no hubiese podido ganar esta batalla, enseguida averiguaron todos los detalles al respecto y pedimos una cita con el médico.

Era un médico sumamente concurrido, uno de los pocos que existen en el país con su especialidad y con los laboratorios apropiados para obtener un diagnóstico exacto; así que la cita me la dieron para dos meses después, pero no me importaba, había esperado mucho por este momento y por fin sentía que la espera había valido la pena.

Los treinta días previos a la consulta fueron muy estresantes, pues no podía tomar absolutamente ningún fármaco que alterara la química de mi cerebro. Para ese entonces solo podía dormir con la ayuda de medicamentos, era adicta a las pastillas, así que realmente era un verdadero calvario para mí tener que prescindir de estas por tanto tiempo. Lo positivo fue que, buscando alivio a mi ansiedad por las píldoras, me vi obligada a probar con diferentes alternativas naturales. Para mi grata sorpresa y a pesar de mi escepticismo hasta ese momento para con estos métodos de sanación, logré encontrar algo de alivio. A partir de ahí quedé convencida de que ciertamente muchas de estas terapias funcionan si se elige el profesional adecuado y se es constante con los tratamientos.

Llegó el gran día. Mi esposo y yo nos fuimos la noche anterior para amanecer en Caracas, pues la cita era en la mañana muy temprano, a las siete. No queríamos ni remotamente dejar entrar la posibilidad de que por un accidente o por el tráfico tan denso de la ciudad, pudiéramos perder la cita. Esa noche no pude dormir, entre los nervios y la falta de las pastillas, pasé una noche infernal. Mi corazón estaba agitado, con una mezcla de emoción y miedo a la vez. Me costaba respirar. Los pensamientos llegaban a mi mente uno tras otro sin cesar, me preguntaba: *¿Será realmente este médico tan bueno como para darme un diagnóstico y una esperanza de cura?* Pensar que por fin, luego de seis largos y tortuosos años, podría nuevamente trabajar, tener una vida estable, sentirme bien, no sufrir más de dolores de cabeza, en fin recuperar mi vida y todo lo que la enfermedad se había llevado, era realmente sobrecogedor. Era como haber estado paralítico por mucho tiempo, postrado en una silla de ruedas y de pronto sentir que hay una esperanza y que podrás volver a caminar y correr como antes. Es un sentimiento que no tiene comparación, es imposible explicarlo con palabras.

Eran las cinco de la mañana y por supuesto no había cerrado un ojo en toda la noche. Así que decidimos levantarnos y arreglarnos para irnos de una vez a la clínica. Llegamos por fin y comprobamos que era cierta la popularidad del doctor. Aquel piso de la clínica estaba repleto de gente, cada paciente con una historia de vida y experiencias diferentes, pero todos con algo en común: la gran fe que le tenían al médico por lo acertado de sus diagnósticos y por los resultados obtenidos a través de sus tratamientos.

Por fin llegó mi turno, después de una larga espera que me pareció interminable. Me senté y comencé a contarle al doctor todo lo que me estaba pasando, lo que sentía, desde cuándo tenía los síntomas; prácticamente no lo dejaba hablar, mi ansiedad no se lo permitía. Poco a poco me calmé y fue cuando escuché las palabras mágicas. Nunca se me olvidarán: *Tu caso es de librito, aun sin tener el resultado de los exámenes, estoy seguro de que tú lo que tienes es una depresión endógena.* Y cerró con estas palabras: *Quédate tranquila que yo te voy a curar.* Me fue imposible contener el llanto y no sentir un profundo agradecimiento hacia Dios por haber puesto en mi camino a este ser lleno de sabiduría y conocimiento, que solo conversando conmigo durante unos minutos me confirmaba que yo no estaba loca y que todo lo que me pasaba tenía una razón de ser lógica y perfectamente justificada. ¡El mundo se iluminaba de nuevo para mí!

De regreso a mi ciudad, mientras mi esposo conducía, conversábamos sobre lo sucedido. Realmente la dicha no me cabía en el corazón y a él tampoco. En ese momento me paseé mentalmente por estos últimos cuatro años, recordando cada uno de los médicos que había visitado. Debo admitir que sentí una mezcla de rabia y decepción preguntándome por qué ninguno de ellos había ido un poco más allá de la evidencia. Solo se limitaron a ver el resultado de los exámenes, que en mi caso y estoy segura de que en el de muchas otras personas, jamás indicaron ninguna anomalía severa, apenas unos pequeños desajustes aquí o allá, pero que a pesar de esto algo estaba funcionando mal en mi organismo pues los síntomas seguían. No dejaba de hacerme ruido la falta de empatía de algunos de estos médicos para conmigo y para con muchos otros pacientes que acudimos en busca de ayuda y salimos realmente más frustrados y con menos ganas de vivir que cuando entramos a su consulta. No veían que delante de ellos realmente había una persona desesperada por recuperar su vida, cuyos malestares no eran puramente psicológicos y merecía ser tratada como un ser humano y no como un paciente más.

Realmente siento que a la medicina de estos tiempos le falta más calidez y cercanía hacia el ser humano. También este debe ser visto como un ser integral, un ser holístico, no solo conformado por la suma de sus partes físicas y mentales, sino entender que en él convergen otras dimensiones como la emocional y espiritual, relacionándose entre sí de manera interdependiente y cuando todas estas dimensiones están en perfecta armonía, el ser humano se relaciona mejor consigo mismo y con su entorno, alcanzando su máximo bienestar.

Después de concluir mi catarsis, me di cuenta de que no valía la pena mirar el pasado con rencor, todo había sucedido **por algo y para algo.** Así que mi rabia y mi decepción se desvanecieron de golpe y me invadió un profundo agradecimiento. Entendí que cada puerta tocada, o sea cada médico o psicoterapeuta visitado, era un escalón más en ascenso en la búsqueda de mi verdad. Cada uno de ellos contribuyó a ampliar mi conocimiento de la enfermedad, cada visita fallida me motivaba a investigar y aprender más acerca de lo que me pasaba. Por lo tanto también me ayudaron a expandir mi nivel de consciencia. ¡Todo es perfecto!

A los días, el doctor confirmaba su diagnóstico con el resultado de los exámenes. Definitivamente yo tenía una depresión endógena. Es decir, mi organismo, específicamente mi cerebro, no producía las sustancias químicas (neurotransmisores) en los niveles requeridos para su correcto funcionamiento. Ahora más que nunca tenía sentido aquella pregunta que incesantemente me atormentaba: *¿Por qué a pesar de haber mejorado las condiciones de mi entorno, sobre todo el aspecto económico, aún me sentía deprimida?* Y no solo eso, sino que todos los demás síntomas, mis dolores de cabeza y hasta los problemas de estómago que de manera intermitente también se me presentaban, todos ellos tenían su origen en el mismo diagnóstico. Nuevamente confirmé que el cuerpo humano es un laboratorio químico perfecto y cualquier desajuste por más insignificante que parezca, puede comprometer el bienestar total del individuo. Por eso enfatizo: el ser humano es un **ser holístico.**

Quince días después de mi primera visita al doctor, me recetaron el tratamiento. Uno totalmente diferente a lo prescrito por los psiquiatras, no incluía ansiolíticos y mucho menos pastillas para dormir. Pero no por eso era débil o suave, todo lo contrario, precisamente por ser un tratamiento que busca restablecer los niveles adecuados de la bioquímica del cerebro, me producía cualquier cantidad de efectos secundarios y malestares, mientras mi organismo supuestamente se adaptaba a los mismos.

Lamentablemente esto último nunca pasó. Mi organismo jamás se acostumbró por completo a los medicamentos. Aunque las dosis eran bastante pequeñas parece que mi cuerpo los metabolizaba más rápido de lo normal, así que si la dosis prescrita era cada seis horas, mi organismo a las cuatro horas ya empezaba a darme una señal de alerta. Pero como tenía que tomármelo según lo indicado para no exponerme a una sobredosis, entonces pasaba las peores dos horas de mi vida, cada cuatro horas. Esto por supuesto me generaba más ansiedad y más frustración.

Realmente los efectos secundarios eran muy perturbadores, sobre todo cuando me cambiaban o me incorporaban algún medicamento o me ajustaban la dosis. Eran muy pocos mis días totalmente buenos, es decir, sin malestar alguno. En ocasiones llegué a pensar si no estaba mejor antes, sin el tratamiento. Seguramente no, pero era tal mi frustración que no lograba pensar objetivamente. Había días en que literalmente quería arrancarme la cabeza, ponerla a un lado y olvidarme de ella por un rato.

Viviendo mi vida a medias, de a ratos queriendo desaparecer para no saber más de medicamentos, ni de enfermedades. Otras veces llenándome de valor y tratando de convencerme a mí misma de que este tratamiento era la mejor opción que tenía, aferrándome a la esperanza de que algún día me iba a curar.

A pesar de mis días grises, necesitaba hacer algo, quería sentirme útil nuevamente. En una de esas, de tanto buscar y pedirle a Dios que me ayudara, mis oraciones fueron escuchadas. A mediados del 2007 se me presentó la oportunidad de asociarme con una amiga quien tenía una pequeña fábrica de carteras. Toda la vida me han gustado las tareas manuales, de hecho la arquitectura era mi carrera frustrada, así que me pareció fabuloso unirme a ella. Siempre estaré agradecida con la vida por arrojarme este salvavidas cuando más lo necesitaba. No sé qué hubiese sido de mí sin esta motivación. Aunque el negocio no generaba muchas ganancias, al menos tenía un trabajo que me gustaba y me olvidaba por unas horas de mis malestares y de lo miserable que algunas veces me resultaba la vida.

No hace falta ser mago para adivinar que me volví adicta al trabajo. No importaba cuán mal me sintiese nunca falté, nunca me quedé en cama, excepto cuando el médico me lo indicaba. Tenía muchas responsabilidades. Tenía unos días bastante agotadores, pero no me importaba. Sabía que "echarme a morir" compadeciéndome de mi desdicha era lo peor que podía hacer, además me consolaba pensando: *mañana será un mejor día.*

Me volví más ermitaña, poco me gustaba visitar y compartir con familiares y amigos. Realmente el fin de semana era cuando me daba el permiso de vivir todos mis malestares y hacer una pausa. Sin embargo, nunca quise demostrarlo, no por falta de humildad, sino porque estaba convencida de que cuando el resto del mundo supiese mi "angustia" me convertiría en una víctima, y no era eso lo que yo quería.

Este fue mi calvario durante casi cuatro años. Debo admitir que a veces me obstinaba y me ausentaba por un tiempo de la consulta del doctor, huyendo de los medicamentos, ¡mis grandes maestros! Pero al poco tiempo regresaba pues no tenía una mejor opción.

A pesar de todo mi sufrimiento, en lo más profundo de mi corazón había algo que me decía que no me rindiera. Estaba convencida de que había una mejor forma de vivir que pasarme toda la vida tomando medicinas. Para ese entonces mi verdadero Ser comenzaba a manifestarse, quizás también porque cada día yo le prestaba más atención.

Así que en mi afán de hallar una cura para mi enfermedad busqué literatura que ampliara mis conocimientos sobre la depresión y cómo superarla, porque mientras más conozcas a tu "enemigo" más fácil te resultará vencerlo. Empecé a buscar alternativas de sanación menos invasivas como la homeopatía y la acupuntura. Comencé a observar lo que comía y a ingerir alimentos que me nutriesen más y promovieran mi salud mental. A este tema de la alimentación dedico un capítulo de este libro, porque definitivamente el dicho de que "somos lo que comemos" es muy cierto. De esta manera no solo me he sentido mejor, sino que logré bajar de peso y mantenerme en uno saludable, sin hacer sacrificios.

Aunque en ese momento aún no estaba lista para sanarme, pues seguía buscando la solución afuera y no dentro de mí, que es la única forma de sanación real que existe, ya estaba viendo la luz al final del túnel. Así que empecé a decirme: *Esto no puede ser el plan divino que Dios tiene para mí, esto no es lo que yo me merezco. Estoy segura de que Dios nos hizo a todos los seres humanos para vivir en armonía y ser felices.*

En ese entonces una amiga, de las pocas que conocían mi situación, estaba haciendo un Diplomado en Programación Neuro Lingüística (PNL) y me invitó a un taller de salud de un fin de semana sobre las enfermedades como camino para lograr la sanación, el cual dictaría su profesora quien también era terapeuta.

Tengo que admitir que la primera vez no me hizo clic porque me dije: *Otro terapeuta más que me va a hablar de generalidades y que no va a entender lo que estoy viviendo.* Así que lo dejé pasar. Pero como a los seis meses lo volvieron a dictar y me dije: *No pierdo nada con ir, con abrirme a la experiencia a ver qué pasa.* Además, mi amiga también quería que me hiciera terapia con la persona, así que coordinamos todo y nos fuimos a hacer el curso mi esposo y yo, pues era en otra ciudad. En ese momento me dije: *¡Bueno, si no me sirve el curso ni la terapia, habrá valido la pena el paseo!*

¡Pues qué bueno, me equivoqué!

Tengo que decir que fue la experiencia más valiosa y enriquecedora que había vivido hasta ese momento. El taller fue realmente revelador para mí y la terapia fue un milagro. Era como si hubiesen pasado un interruptor en mi cerebro haciendo que todos los síntomas ese día desaparecieran. ¡Realmente fueron increíbles las emociones y las experiencias con las cuales me conecté!

Seguí haciéndome unas cuantas terapias más, con excelentes resultados. La ayuda de la psicoterapeuta fue maravillosa porque me ayudó a identificar cuáles eran los acontecimientos que me habían marcado, me ayudó a reencuadrar estas experiencias de una forma positiva en mi cerebro para que no me siguieran haciendo daño y me empoderó, me motivó a que aprendiera a leer las señales de mi cuerpo y dejara de ser presa de mis emociones y de mis experiencias pasadas.

Los procesos que se iniciaban en mí los días posteriores a la consulta se convertían siempre en una experiencia extrasensorial que me conectaba con mi ser y ampliaban mi nivel de consciencia. Pero esto no hubiese sucedido y quizás no estuviera contándolo ahora, si yo no lo hubiese permitido.

Por encima de las trampas que mi mente me hacía con la única finalidad de sabotearme, yo me di el permiso de creer, de confiar en la terapeuta, aceptando sus sugerencias y haciendo los ejercicios que me indicaba, cómo y cuándo me los mandaba por más ilógicos e inverosímiles que en su momento me parecieran, y yendo a sus terapias por más flojera que me diera. Porque de paso el universo no me la puso cerca geográficamente, me la puso a dos horas de distancia desde mi casa, en automóvil, y mire que soy floja para agarrar una carretera. Todos estos calificativos eran solo excusas creadas por mi ego para mantenerme a salvo del dolor que significaría conectarme de nuevo con mis experiencias pasadas.

Otro efecto inmediato de la psicoterapia es que poco a poco, siempre bajo la supervisión de mi psicoterapeuta, fui disminuyendo las dosis de los medicamentos. Al principio se debe tener mucha fuerza de voluntad para lograrlo, pues todos los fármacos, si ya tienes mucho tiempo tomándolos como en mi caso, cuando se disminuye la ingesta de los mismos, el cuerpo presenta lo que llaman los médicos síndrome de abstinencia. Esto es un conjunto de reacciones físicas o corporales que ocurren cuando una persona deja de consumir un medicamento o cualquier otra sustancia psicoactiva, como el alcohol, el tabaco o las drogas. Este síndrome de abstinencia puede engañar, porque ante el conjunto de manifestaciones que se comienzan a sentir, uno cree que está haciendo mal en dejar de tomarlo, por lo cual si no se tiene la voluntad suficiente para aguantar las setenta y dos horas que dura aproximadamente el malestar, es muy fácil recaer.

Estuve en terapia y asistiendo a los cursos que mi psicoterapeuta dictaba sobre PNL, cerca de un año. Todo esto me permitió abrir mi mente a nuevos conocimientos y experiencias que me ayudaron a expandir mi nivel de consciencia y a conectarme con mi esencia divina, entendiendo a través de ello que mi bienestar no dependía de los factores externos. Cuando cambié mi percepción de la situación y entendí que la sanación es de adentro hacia afuera y no a la inversa, empezó la verdadera sanación y empecé a darme cuenta de todos los milagros que a diario ocurrían en mi vida. Mi búsqueda dejaría de ser una búsqueda para convertirse en un proceso de sanación y crecimiento espiritual, el cual mantengo hasta el día de hoy y que espero seguir compartiendo contigo a través de este libro y en todas las ocasiones que el universo quiera brindarme para ello.

La vida a veces te enfrenta a situaciones muy dolorosas, quizás hasta extremas, las cuales muchas veces no logramos comprender e incluso estamos seguros de no merecerlas. Pero ¿sabes qué?, después de once años recorriendo un largo y tortuoso camino para encontrar mi sanación, concluyo que a veces para que ocurra un verdadero despertar de nuestra consciencia, debemos descubrir lo que ya no funciona, debemos eliminar aquello que ya no es útil para nuestra evolución espiritual y así crear espacio para que surjan cosas nuevas y mejores en nuestra vida. Me refiero a gente, circunstancias, conocimientos, experiencias, emociones, creencias, nuestros miedos, en fin todo aquello que nos ata a nuestro ego y no permite que descubramos nuestro auténtico propósito en la vida. Y por supuesto que es doloroso, todas estas cosas que acabo de nombrar han permanecido con nosotros por mucho tiempo, estamos totalmente identificados con ellas, definen lo que somos, por eso cuesta tanto dejarlas partir. Por eso cuando estamos negados a permitir que nuestra consciencia se expanda, como parte natural de nuestro proceso de evolución, la vida se encarga de abrirnos los ojos y mostrarnos el camino. Para mí todo ha sido ¡perfecto!

Cuando reflexiono sobre todo lo que he vivido, mucho de lo cual he compartido contigo a través de esta historia, siento que ha sido como un viaje. Pero no un viaje de ida, sino más bien de retorno. De retorno a mi esencia espiritual, de reencuentro con mi Ser Divino, de reencuentro conmigo misma.

Hoy nos encontramos viviendo en Chile desde hace dos años, en Santiago específicamente, su capital. El mismo tiempo que tengo sin tomar ningún medicamento para la depresión ni para la ansiedad. Este país tiene una cantidad de sitios y rincones con un encanto especial en todo su geografía, podríamos decir que un poco sobrenaturales y llenos de misticismo, como el desierto de San Pedro de Atacama o la mítica Isla de Pascua, con sus Rapa Nuis. Estoy segura de que el campo energético del país me ha facilitado el reencuentro conmigo misma y con mi esencia espiritual.

Realmente tengo una vida que me llena de muchas satisfacciones a diario. Me siento plena en casi todos los aspectos de mi vida y en aquellos en los que no, me esfuerzo todos los días por vencer mis propias limitaciones y mis miedos, superando los retos que la vida me presenta. Pero lo más importante es que me siento en paz conmigo y con la vida que he logrado construir y sigo construyendo junto a mi esposo. Lo que aún no ha llegado no me estresa, quizás no es el momento o simplemente no me corresponde. El pasado dejó de atormentarme, ahora solo lo uso para rescatar lo aprendido y el futuro dejó de preocuparme, ahora me dedico a construirlo en el único momento que existe: el momento presente.

Este viaje se inició hace trece años con un sueño llamado "Semillas de Luz". Hoy, viviendo en un país que no es el mío, con gente nueva que ha llegado a mi vida, con nuevos conocimientos y más experiencia y escribiendo este libro para contar mi historia, el círculo se cierra. Se cierra para volver al punto de origen, para retomar aquello que en aquel momento comenzó con un deseo muy fuerte de ayudar al prójimo y que realmente ahora entiendo que es mi verdadero propósito. En aquel entonces no podía, no estaba preparada para enfrentar un reto de tal magnitud. Tenía mucho que aprender. Entender, comprender y ayudar a otro, solo puedes hacerlo cuando tú has conseguido ayudarte y salvarte a ti mismo. Nadie puede dar lo que no tiene. Es ahora, a través de mi experiencia, que estoy en capacidad de sentir verdadera empatía, de entender el sufrimiento y las emociones de los demás.

Se está cerrando un ciclo para comenzar uno nuevo, que estoy segura que será para mejor, pues será lo que yo decida que sea. Lo voy a vivir al máximo desde el aquí y el ahora. Con mi fe en Dios porque él nunca me ha abandonado. Confiando en mí misma y sintiéndome segura de que todo lo aprendido y experimentado en este viaje me dará la fuerza, el coraje y la sabiduría para sacar el mejor provecho de todos y cada uno de los retos que la vida me siga regalando. Sin espacio para la culpa ni para la autocrítica destructiva.

¡Vamos! Te invito a que me acompañes en este nuevo ciclo. Tú también puedes construir la vida que quieres y mereces.

¡Elige tomar las riendas de tu vida! Bien sea que consideres estar en una etapa muy crítica, para lo cual te sugiero buscar ayuda médica para que salgas de la crisis y puedas pensar con claridad, o que solo estés pasando por un momento de esos en que parece que la vida no tiene sentido. En cualquiera de los dos casos necesitas emprender una acción contundente para salir del abismo en el cual sientes que estás cayendo y tienes miedo porque no sabes si tendrá fondo. Necesitas hacer un cambio que te permita sanar de adentro hacia afuera. Ya has dado el primer paso teniendo este libro en tus manos. Te invito a que sigas la lectura, iré compartiendo contigo las herramientas que me han sido útiles en mi proceso de sanación.

Elige conectarte con tu esencia divina y disfrutar la vida como Dios quiere que lo hagamos, como lo merecemos. ¡Siendo completamente felices!

Tú, al igual que yo, puedes salir de esa depresión, de ese estado de profunda tristeza. **¡Solo debes elegir hacerlo!**

CAPÍTULO 2

¡LA DEPRESIÓN: MI MEJOR ALIADA!

Sé que suena bastante paradójico y quizás imposible de creer la frase que he colocado como título de este capítulo, pero te puedo decir que después de muchos años recorriendo este camino me he dado cuenta, a riesgo de que suene a lugar común o cliché, que todo lo que actualmente soy se lo debo a mi amiga la depresión.

De hecho, ni siquiera estaría escribiendo este libro y quizás nunca habría tenido la oportunidad de llegar al corazón de muchas personas a través de él, si no fuera por ella. Una de las cosas que me inspiró a realizar este libro es poder compartir esta visión que tengo de la depresión, ya que muchas personas, al no tener idea de lo que es esta enfermedad, con tan solo escuchar la palabra se aterran. Creemos en un instante que nuestra vida se terminó. O quizás también tenemos algún familiar o amigo que está pasando por una depresión, lo vemos a diario triste, taciturno, con pocas ganas de vivir, como si todo le diera igual, pero lamentablemente no sabemos cómo ayudarlo.

Lo cierto es que hay muchísimos tabúes alrededor de ella en nuestra sociedad latinoamericana, donde muchas veces esta condición clínica es sinónimo de debilidad o de pereza, no hay acceso a la información, no se divulga nada sobre la enfermedad y la sociedad se mantiene totalmente ignorante al respecto.

Diferente es la situación en algunos países desarrollados, en los que las personas son sometidas a un constante bombardeo publicitario de comerciales por TV promocionando un antidepresivo. Aunque no están invitando a tomarlo y con toda responsabilidad advierten que debe ser un médico quien lo recete, este tipo de mensajes hace parecer como un hecho totalmente natural que el ser humano caiga en depresión, que es una consecuencia de la sociedad moderna y que, por ende, es "normal" recurrir a este tipo de drogas. Incluso hasta comenzamos a adoptar tal creencia por el simple hecho de que está de moda.

Cualquiera de las dos posiciones, la total ignorancia del problema o la estimulación del mismo a través del bombardeo publicitario, atenta contra el ser humano, su equilibrio físico y mental.

No es normal que el ser humano consuma medicamentos para la depresión. Cuando hablo de "normal" es cuando deja de ser un tratamiento transitorio indicado por un médico para sacarte de la crisis y comienza a ser un hábito porque sentimos que si no tomamos la pastillita no podremos con toda "la pesada carga que la vida deja caer en nuestros hombros". Entonces creemos que es normal tomarnos una píldora para elevar la autoestima, otra para tener más energía porque estamos decaídos, otra para dormir y cuando venimos a ver nuestra mesita de noche ya parece el botiquín de la farmacia ¿Te suena familiar verdad?

¿REALMENTE ESTÁS DEPRIMIDO(A)?

Rápidamente te voy a hablar de la depresión desde el punto de vista clínico. Es un desorden neuroquímico de nuestro cerebro que afecta el cuerpo, el ánimo y los pensamientos. Influye significativamente en la manera como te sientes sobre ti mismo. Repercute en la forma en que te relacionas con tu trabajo, la familia, los hábitos alimenticios, el dormir y la vida en general. Afecta sobre todo tu capacidad cognitiva y tu concentración.

Se te hace difícil enfocar tu mente en algo y aquello que antes era para ti fácil de resolver o las actividades que solías hacer sin problema alguno, ahora se vuelven una carga pesada que te producen un estrés enorme solo de pensar en ellas. Las relaciones con tu pareja, familiares y amigos se vuelven cada día más distantes, prefieres quedarte en casa o peor aun ni siquiera salir de tu cama en todo el día.

Algunas señales pueden ser:

- Persistente tristeza y pesimismo.

- Sentimientos de culpa, de desamparo o de desesperanza.

- Pérdida de interés o de placer en las actividades normales, inclusive las relaciones sexuales.

- Dificultades de concentración y memoria.

- Empeoramiento de enfermedades crónicas que coexisten, como la diabetes, el asma, la artritis y enfermedades cardíacas.

- Cambios en los hábitos del dormir (insomnio o dormir demasiado).

- Cambios en los hábitos del comer (subir o bajar de peso sin planearlo).

- Cansancio y falta de energía.

- Ansiedad, agitación, e irritabilidad.

- Pensamientos de suicidio o muerte.

- El hablar lentamente; movimientos lentos.

- Dolor de cabeza, dolor de estómago y problemas digestivos.

No todos los cuadros de depresión son iguales, por tanto no todos presentamos los mismos síntomas, pero la mayoría de los médicos coinciden en que si presentas cinco o más de estos signos, entonces tienes una depresión clínica.

Aquí es importante que veas la situación objetivamente y realmente te cuestiones si tienes una depresión clínica o simplemente una baja de ánimo o un momento de tristeza. Esto es normal, somos seres humanos, no robots, y por tanto tenemos el derecho a no estar todos los días con el mismo ánimo. Es normal que si estamos pasando por una situación de cambio, un nuevo trabajo, un nuevo jefe, una nueva casa, un nuevo país, etc., quizás estemos un poco decaídos o desorientados, pero no significa deprimidos.

Por otro lado las mujeres tenemos la bendición divina de traer hijos al mundo, por lo tanto tenemos un ciclo menstrual de treinta días, más o menos dependiendo del caso. Lo cierto es que no todos los días tenemos los mismos niveles hormonales y esto también puede causar que a veces estemos muy eufóricas y otras ni siquiera querramos peinarnos. ¿Cierto?

En conclusión, no te angusties si un día amaneces triste o si cuando ya estés cerca de tu periodo menstrual te sientes con ganas de echarte a morir, acéptalo y déjalo fluir que te aseguro pasará.

Por otro lado, hay una condición médica que se relaciona con la glándula pituitaria o hipófisis que puede producir síntomas idénticos a los de una depresión. La hipófisis es una glándula de nuestro sistema endocrino, del tamaño de una arveja, que está ubicada en la base del cerebro y ayuda a controlar la secreción de hormonas de otras glándulas endocrinas, como la tiroides y las glándulas suprarrenales. La hipófisis también produce hormonas que afectan directamente los tejidos corporales, como los huesos y las glándulas mamarias. Cuando en esta glándula hay un tumor (no te asustes por la palabra, la mayoría de los tumores hipofisarios no son cancerosos, son benignos) se puede generar una distorsión tal en nuestro sistema hormonal que podemos presentar trastornos muy parecidos a la depresión, junto con otras señales físicas como: dolor de cabeza, flujo nasal, náuseas y vómitos, problemas con el sentido del olfato, cambios visuales (doble visión, párpados caídos, pérdida del campo visual).

Así que te recomiendo después de analizar tus síntomas y comprobar que presentas consistentemente varios de ellos, acudas a un especialista en endocrinología y le pidas que te haga los exámenes pertinentes. Normalmente a través de exámenes de sangre no muy complejos y una resonancia magnética en la cabeza se puede detectar tal condición en el organismo.

Otro desorden hormonal que puede ocasionar que se manifiesten signos parecidos a la depresión en nosotras las mujeres, es tener altos los niveles de prolactina. Esta es una hormona segregada por la hipófisis. Su función es preparar los pechos de la mujer embarazada para la lactancia, estimular la producción de leche en mujeres que ya han dado a luz y regular la producción de progesterona en el cuerpo lúteo.

Esta alteración puede ser consecuencia de un tumor en la hipófisis o una respuesta de nuestro organismo ante algún desajuste hormonal. En algunas mujeres la prolactina puede subir sin estar embarazada, ocasionando también desarreglos menstruales, ovulatorios e infertilidad. En todo caso, es una señal de alerta de nuestro cuerpo que nos indica que algo no está bien. Si presentas alguna de estas afecciones visita al especialista o a tú medico de confianza.

Todas estas alertas que te estoy dando te pueden ahorrar desde ya un camino lleno de desaciertos y frustraciones en tu proceso de sanación. Si vas directo al psiquiatra o al psicoterapeuta y tienes algunas de estas patologías, te aseguro que tu proceso de sanación va a ser mucho más lento porque no se atenderá el origen físico del problema y te va a causar aun más frustración al estar tomando los medicamentos para la depresión y sentir que no mejoras. Muchos médicos no relacionan estas patologías con un cuadro depresivo, pero por experiencia propia te digo que sí tienen que ver y mucho, así que busca la ayuda apropiada.

Dicho esto, si tienes algunos de los síntomas mencionados, especialmente los de pensamientos suicidas o de muerte, aunque solo sean muy de vez en cuando como era mí caso, por favor te pido que busques ayuda médica, en este caso un psiquiatra que sea también psicoterapeuta es el indicado. En esas condiciones es muy difícil, casi imposible, tomar decisiones acertadas, así que necesitas ir a un buen especialista para que te indique tratamiento. Eso sí, permanece alerta si el médico quiere mantenerte en una cura de sueño permanente.

Por experiencia sé que los fármacos para dormir o bajar los niveles de estrés, lejos de mejorarte, te hacen entrar en un círculo vicioso del cual es muy duro salir después. Además de a poco van destruyendo en tu cerebro ciertas sustancias importantes para su normal funcionamiento y anulando algunas áreas importantes del mismo.

¿POR QUÉ NOS ENFERMAMOS?

Una vez controlada la etapa crítica, hay que buscar la raíz del problema para desde allí comenzar un verdadero proceso de sanación. **Recuerda,**

de adentro hacia afuera.

Nosotros como seres humanos no solo somos un cuerpo físico. Estamos conformados por otras dimensiones como son la mente y el alma. Desde esta perspectiva el ser humano, como comenté en el capítulo anterior, es un ser holístico conformado por varias dimensiones las cuales forman un todo y actúan de manera interdependiente, es decir están relacionadas entre sí y el bienestar del individuo depende de la armonía que exista en esta relación de interdependencia. Es decir, la salud de una persona depende del equilibrio que exista entre su mente, cuerpo y alma.

En cuanto al alma, lamentablemente no siempre dejamos que se manifieste, nuestra mente inconsciente casi nunca lo permite. Pasamos gran parte de nuestra vida prestándole toda nuestra atención al cuerpo, cuando realmente lo importante es entender que el alma, representada en este plano carnal por nuestra consciencia, es lo único que prevalece más allá de la tumba. Todo lo demás es efímero. Tomar consciencia es el objetivo de nuestra existencia.

Al otro lado está la mente. A través de nuestra mente inconsciente se manifiesta nuestro ego, que representa nuestro Yo. Este se comienza a formar desde que llegamos a este mundo, producto de nuestras experiencias, del entorno social y cultural en el que vamos creciendo. El ego es la parte de nuestra personalidad que ante un evento externo, procede inmediatamente a calificarlo, experimentando con esto alegría, castigo o culpabilidad, además cambia con el paso del tiempo y de acuerdo al mundo externo. Es por esto que conforme vamos viviendo se hace cada vez más fuerte y más presente a través de la identificación con nuestra mente y con nuestros pensamientos. Es como un fantasma, no lo podemos ver, pero está ahí, alimentándose de nuestros pensamientos. Nuestro ego también es un reflejo de la opinión de los demás. No sabemos quiénes somos, simplemente sabemos lo que otros piensan de nosotros. Por lo tanto, gran parte de nuestro ego no se corresponde con lo que realmente somos, representa un falso ser. No representa nuestra verdadera esencia. Para sanar realmente debemos reconocernos más allá de nuestro ego, más allá de nuestra mente y nuestros pensamientos, para así elevar nuestra consciencia y encontrarnos con nuestro verdadero Ser.

Nuestro ego también ejerce una función de protección, desvirtuada, pero protección al fin. Parte de su finalidad es evitarnos sufrimiento, impidiendo que repitamos las mismas experiencias dolorosas una y otra vez. El problema es que como nuestro ego no es más que el reflejo de lo que el mundo cree que somos, de los miedos y las creencias que otros han logrado fijar en nosotros, él siempre ve la vida como una constante amenaza, por lo tanto nos la pasaremos filtrando las nuevas experiencias y los nuevos conocimientos en función de lo que nuestro ego cree que es bueno para nosotros, perdiéndonos de experiencias valiosísimas que nos ayudaran a reencontrarnos con nuestro Ser, con nuestra esencia divina.

Cuando una persona enferma es porque el equilibrio que debe existir entre cuerpo, mente y alma, de alguna manera se perdió y entonces la tarea de la medicina es diagnosticar a la persona según sus síntomas. Ahora bien, debemos diferenciar bien estos de la causa de la enfermedad. En la mayoría de los casos, cuando aparecen las molestias, la medicina tradicional solo se ocupa de hacerlas desaparecer y considera curada a la persona en ese momento.

Es como cuando se prende en el tablero de tu vehículo la luz del alternador o cualquier otra. Esta señal de tu automóvil solo te está diciendo que hay un problema, te está alertando. Pero si tú vas al mecánico, le cuentas el problema y él solo quita el bombillito que produce la luz, sin investigar las causas que originaron dicha señal, ¿qué crees tú que pasará? La molesta señal, o sea el síntoma, va a desaparecer ante tus ojos, pero tu automóvil, es decir, tu cuerpo, igual seguirá teniendo el problema y si no lo resuelves, probablemente se convertirá más pronto que tarde en una situación más compleja (en el caso del cuerpo: cáncer, párkinson, diabetes, hipertensión o cualquiera otra de estas enfermedades propias de estos tiempos).

Cuando nos enfermamos se rompe esta armonía, y nuestro mundo, ligado cien por ciento a la materia, o sea, a nuestro cuerpo físico, a nuestro ego, a nuestro Yo, parece colapsar. Un dolor, un malestar, siempre parece llegar de forma inesperada, hace que nuestra vida en ocasiones se interrumpa forzosamente y es entonces cuando dedicamos toda nuestra energía y concentración en eliminarlo, en curar la enfermedad.

Pero realmente la pérdida de armonía que experimentamos se está produciendo en el alma, que como dijimos anteriormente es el plano de la consciencia, y nuestro cuerpo, solo nos presenta las señales para que tomemos acción. Esto significa que nuestro cuerpo, maravilloso y perfecto en su creación, es el vehículo a través del cual se manifiestan todos los desequilibrios, cambios y procesos que está sufriendo nuestra alma, es decir, nuestra consciencia.

Recuerdo haber escuchado una frase que me encanta y comparto aquí contigo: "El ser humano es un ser espiritual con experiencias de vida material, no es un ser material con experiencias espirituales". Realmente somos consciencia pura desde que nacemos, nuestro cuerpo no puede existir sin el alma. Solo que a medida que el tiempo va pasando, producto de nuestro desarrollo e integración como individuos a una sociedad, muchos de nosotros nos vamos haciendo cada vez más inconscientes y alejándonos de nuestra verdadera esencia, la espiritual, el contacto con nuestra alma, con el Ser Divino que cada uno de nosotros es.

Por eso cuando estamos pasando por una crisis, por una enfermedad, no debemos callar el síntoma, todo lo contario, debemos investigar y buscar su origen, porque esto producirá un cambio en nuestro nivel de consciencia, es el camino para reencontrarnos con nuestro ser.

Cada enfermedad es una valiosísima oportunidad de crecimiento espiritual que la vida te está entregando, como dicen T. Dethlefsen / R. Dahlke en su libro *La enfermedad como camino* (2009): "La enfermedad es la instauración de un equilibrio". De nosotros va a depender si queremos verla como una oportunidad para elevar nuestra consciencia y dejar la dependencia de nuestra mente inconsciente, o simplemente curar el malestar o el dolor creyendo con esto que la enfermedad ha desaparecido. Debemos mirar más allá del síntoma, apartar nuestra mirada de él por muy irritante o doloroso que pueda ser, e indagar qué nos está tratando de decir nuestra alma. Él será como el maestro o el mentor que nos ayuda en nuestro proceso de evolución y desarrollo. ¡Dejemos de verlo como nuestro enemigo! Aquí cabe perfectamente aquel proverbio budista que reza: "Cuando el alumno está listo, aparece el maestro".

LA DEPRESIÓN MÁS ALLA DEL SÍNTOMA

Aunque la depresión es considerada una enfermedad psíquica, igual se expresa a través del cuerpo. En este caso el síntoma, o el conjunto de ellos, se experimentan en la mente.

Tenemos que descifrar el mensaje de nuestra alma, para desde allí lograr sumergirnos en un verdadero proceso de sanación. Que no dependa de nuestro entorno o de las circunstancias que la vida nos presente en un momento dado, sino que dependa de nuestra capacidad de aceptación y transmutación de cada circunstancia que se nos presenta, por muy dolorosa que esta pueda ser.

Lo primero que debemos entender es que vivimos nuestra vida atados a nuestra mente inconsciente, que a su vez es una mente polarizada. Polarizada porque debemos decidir siempre entre dos posibilidades de acción. Con frecuencia tenemos que estar eligiendo entre tener hijos o no tenerlos; entre arriesgarnos o quedarnos en nuestra zona de confort; casarnos o quedarnos solteros; expresar lo que sentimos o quedarnos callado. Así pasamos nuestra vida totalmente polarizada, es imposible eludir una elección, porque en todo caso "no decidir" es igualmente una elección y tendremos que asumir sus consecuencias.

A su vez todas nuestras decisiones están regidas por nuestro sistema de creencias, por nuestra escala de valores, la cual nos permite filtrar desde una perspectiva bastante limitada lo que es "malo" y lo que es "bueno" para nosotros e inclusive para nuestro entorno y para aquellos que forman parte de él, entiéndase pareja, familiares, amigos, etc. Entonces tenemos la tendencia a pensar que nuestros valores son los correctos y que los valores de los demás están equivocados. En el capítulo seis hablo más detalladamente sobre este asunto.

Pero resulta que nuestro universo está regido por leyes que dirigen todo lo que en él sucede, por lo tanto todo en el universo está relacionado, nada sucede al azar. Una de esas leyes es la llamada Ley de la Polaridad; esta indica que todo es dual y por medio de ella el universo mantiene su estado de equilibrio. Según El Kybalion, documento del siglo XIX que resume las enseñanzas de la filosofía hermética, la ley dice así:

· · ·

"Todo es doble. Todo tiene dos polos. Todo tiene su par opuesto. Los semejantes y los antagónicos son los mismos, los opuestos son idénticos en naturaleza, pero diferentes en grado. Los extremos se tocan. Todas las verdades son semiverdades. Todas las paradojas pueden reconciliarse".

En pocas palabras, en el universo todo coexiste en perfecta armonía, todas las opciones, todas las polaridades son igualmente válidas, no hay opciones malas o buenas, bonitas o feas, agradables o desagradables, ya que el universo es un todo y cada una de estas polaridades forman una unidad. Por ende si alguna de ellas faltase, el todo no estaría completo.

Seguramente habrás escuchado también hablar del Yin (principio femenino) y el Yan (principio masculino), que son los dos principios en los que se divide la unidad, según el taoísmo. De igual manera nuestro cerebro está dividido en dos hemisferios: izquierdo y derecho, pero ambos forman la unidad e interactúan perfectamente a través del cuerpo calloso.

Más allá de las evidencias, nuestra mente inconsciente continuamente está dividiendo la unidad en dos polos separados por completo, sin relación entre ellos, es decir uno excluye al otro. Como seres humanos, si queremos desarrollar nuestra consciencia, debemos entender que las polaridades no existen, que los dos extremos se complementan. Por eso el viejo refrán que dice: "En el amor los polos opuestos se atraen".

Ahora bien, quizás te estés preguntando: *¿Y qué tiene que ver todo esto con mi depresión?* Pues mucho, mi querido lector.

Debido a la incapacidad que tenemos los seres humanos para asimilar, entender y aceptar los polos opuestos en nuestra vida, permitimos que nuestro ego se alimente solo de aquello que es aceptado por nuestra escala de valores y todo lo que "no queremos ser", lo que no queremos admitir como parte de nuestra identidad, forma nuestro polo rechazado, nuestra "sombra".

Según Carl G. Jung, médico psiquiatra, psicólogo y ensayista suizo (1875-1961), la sombra es una parte de nuestro inconsciente que representa cualidades y atributos desconocidos o poco conocidos del ego tanto individuales, como colectivos. Cuando queremos ver nuestra propia sombra nos damos cuenta de cualidades e impulsos que negamos en nosotros mismos, pero que podemos ver claramente en otras personas. Los demás nos sirven de espejo para ver lo que nuestra mente inconsciente trata de ocultar en la sombra.

Nuestro ego ha reprimido o simplemente retirado de nuestra vista temporalmente un polo, pero no lo ha eliminado. Recuerda, es imposible eliminarlo porque se perdería la armonía del todo según la Ley de la Polaridad. Así que este polo, descartado por nuestro ego, vive en la sombra de nuestra consciencia.

La verdadera sanación se produce entonces cuando la depresión ha sido transmutada, cuando afrontamos nuestra sombra, no cuando la callamos con los medicamentos.

Siendo el ser humano un ser holístico, la sanación real se consigue cuando incorporamos lo que nos falta en nuestras vidas, aquello que negamos, es decir nuestra sombra. Cuando expandimos nuestra consciencia se armonizan nuestras tres dimensiones: mente, cuerpo y alma. Esto quiere decir que debemos asumir el reto de descubrir y enfrentar nuestra sombra para lograr la curación. Debemos ocuparnos de aquellos aspectos que hemos rechazado y tratar de incorporarlos a nuestra esencia, aceptarlos. La depresión en este caso solo nos está sirviendo de espejo, proyectando nuestra sombra al mundo exterior para así liberar nuestra consciencia y sanar nuestra alma.

CÓMO RECONOCER NUESTRA SOMBRA A TRAVÉS DE LA DEPRESIÓN

En el caso de las personas que somos depresivas, es nuestra sombra la que ha asumido el control. Ante la imposibilidad de expresarse porque la hemos mantenido reprimida por mucho tiempo, negándonos a reconocerla como una parte de nosotros, nuestra sombra elimina la parte de nuestra personalidad que ha predominado hasta ahora y comienza a gobernar nuestra identidad.

Llega un punto en nuestra vida donde el miedo, por supuesto inconsciente, que sentimos de nuestra sombra, es tan grande que resulta imposible seguir ocultándolo y los deprimidos, muchas veces como consecuencia de una situación dolorosa que nos esté ocurriendo, nos vemos forzados a enfrentar el polo negativo al que le hemos estado huyendo por mucho tiempo.

Vuelvo a nombrar aquí a T. Dethlefsen / R. Dahlke, quienes agrupan las sombras del depresivo, en tres temas principales: agresividad, responsabilidad y uno último que abarca cuatro conceptos; renuncia, soledad, vejez y muerte.

Voy a explicártelos con más detalle.

Agresividad. Esta sombra se refiere a los sentimientos de rabia que en algún momento de nuestra vida se apoderaron de nosotros y por diversas razones no fuimos capaces de drenar en su momento. Quizás un adulto nos causó daño cuando éramos chicos, y al no saber cómo expresar nuestro miedo o nuestra ira, quizás por temor al castigo, o peor aun que nos creyeran unos mentirosos, elegimos guardar todo ese dolor en lo profundo de nuestro corazón.

Enfrentarnos a la muerte temprana de un ser querido también genera mucha rabia y dolor reprimido. En mi caso sufrí la muerte temprana de mi padre cuando apenas tenía dos años y medio. Al no saber cómo canalizar ese sentimiento, pues estaba muy pequeña y ni siquiera entendía lo que estaba pasando, tenía mucha rabia contenida que guardé durante muchos años, hasta que mi psiquis no pudo más y mi sombra se apoderó de mí.

Es cierto que estaba pasando por una situación muy difícil en mi vida y parecía tener lógica caer en una depresión al no saber cómo manejarla, pero creo también que de alguna manera mi sombra se resistía a seguir en silencio, oculta en lo más profundo de mi aprovechó esa oportunidad para proyectarse. Mi alma necesitaba ser sanada, por eso se presentó la enfermedad.

Otra faceta de esta sombra es que la agresividad es una forma especial de manifestar energía y vitalidad. Por eso las personas deprimidas vamos por la vida tristes, decaídos, sintiendo apatía por todo lo que nos rodea, porque cualquier expresión de energía y vitalidad significa que estamos exponiendo nuestra agresividad ante el mundo. Esto para el deprimido y su ego representa una amenaza. Así que nos la pasaremos evitando cualquier actividad que implique intercambio y reconocimiento público, y tratando de mantener una vida intachable para disimular nuestros impulsos agresivos y/o autodestructivos.

La expresión más fuerte de agresividad es cuando se dirige hacia la propia persona a través del suicidio.

Responsabilidad. Una de las principales causas que origina nuestra depresión es el miedo a asumir responsabilidad alguna ante una situación nueva que se esté presentando en nuestra vida, como por ejemplo la depresión post parto, lo cual implica una responsabilidad grandísima con un ser que está llegando a nuestro espacio, requiriendo de todos nuestros cuidados y dedicación. En este caso la madre siente un gran miedo y una terrible ansiedad porque no sabe si será capaz de lidiar con toda la responsabilidad que tiene ante ella, son muchos los cambios que está experimentando en su cuerpo y en sus emociones, así que prefiere "huir" de tal situación, originándose así su depresión. Por otro lado se sumerge en un círculo vicioso, pues el terrible sentimiento de culpa producido por tal evasión, obliga a la madre a enfrentar su responsabilidad, pero ante el estrés que esto le genera y su incapacidad emocional para ejercer su rol de madre según sus expectativas, no hace sino agregar más frustración y tristeza a su cuadro depresivo, sintiéndose "la peor madre del mundo".

Nuestra apatía, nuestro desgano absoluto por la vida cuando estamos deprimidos, se debe precisamente a esta evasión de responsabilidad, no queremos enfrentar la vida de una manera activa, preferimos estar ausentes.

Renuncia, soledad, vejez y muerte. Según T. Dethlefsen / R. Dahlke, estos cuatro conceptos tienen un único origen: "El paciente que sufre depresión es obligado violentamente a afrontar el polo de la muerte".

Las personas deprimidas podemos albergar un gran miedo

inconsciente por la muerte, tanto que este se convierte en nuestra sombra y nos obliga entonces a abandonar la alegría por vivir, el entusiasmo, la capacidad de disfrute y todos esos sentimientos de apatía que nos arropan cuando estamos deprimidos. Al no querer aceptar el polo de la muerte como parte inseparable de la vida, nos vemos obligados abruptamente a experimentar nuestra sombra, en este caso la muerte, con toda su intensidad. Por eso cuando estamos deprimidos nos sentimos "muertos en vida", nada parece importarnos.

Este es uno de los conceptos más difíciles de identificar pues se puede manifestar de múltiples formas. En mi caso por ejemplo, descubrí que mi incapacidad por manejar la incertidumbre en mi vida representaba un gran miedo a la muerte. La sensación de inseguridad, el sentir que no tenía control sobre los acontecimientos futuros de mi vida, incluso de los eventos más insignificantes, me generaba un gran estrés. Fue increíble descubrir que el temor oculto detrás de esta sombra era el pánico a morir sin dejar un legado en mi vida, sin haber cumplido mis metas y mis sueños. Vivía constantemente ansiosa, preocupada por el futuro.

Otra forma cómo se manifiesta nuestro miedo a la muerte, es a través del insomnio que casi siempre sufrimos cuando estamos deprimidos. El sueño nos exige soltar el control, entregarnos a lo desconocido, es un acto de confianza que exige total desapego por los resultados. No es posible conseguir el sueño a la fuerza, por el contrario, lo ahuyentamos. Por eso cuando nos recetan pastillas para dormir, estamos desapareciendo el insomnio, pero no curando la enfermedad.

¿QUÉ PODEMOS HACER PARA SANAR NUESTRA DEPRESIÓN?

Recuerda siempre, el síntoma está ahí para indicarnos qué nos hace falta para conseguir nuestra unidad, y nuestras sombras nos mostrarán siempre los aspectos de nuestra personalidad que no queremos aceptar, por las razones que sea, en su mayoría creadas por nuestro ego. Por lo tanto cuando se presenta la depresión, es una invitación que nos hace la vida para sanar nuestra alma, a través de la reconciliación con nuestro polo rechazado.

Abre tus ojos, mira más allá de las señales que tu cuerpo te está dando. Si estás deprimido busca el origen de tu depresión, iluminando tu sombra, trayéndola a la luz de tu consciencia. Quizás tienes algún rencor o rabia escondida en tu corazón producto de algún suceso pasado. Hay algo nuevo en tu vida que te causa angustia y has preferido huir para no afrontarlo, huyendo de tu responsabilidad. Quizás el temor a enfrentar la soledad por la muerte de un ser querido o un divorcio. ¿De dónde proviene tu miedo a la muerte?, quizás temor a perder el control de tu vida. Observa qué te produce ansiedad, esta puede ser tu sombra proyectándose.

No lo olvides, el tratamiento con fármacos puede ser necesario según la etapa de depresión por la que estés pasando, pero la verdadera curación solo puede realizarse a través de la mente, trayendo a la luz nuestra sombra, nuestros miedos y nuestros pensamientos inconscientes. Si has decidido hacerte psicoterapia, enhorabuena por ti, este es uno de los medios más efectivos para ampliar nuestra mente, conocernos a nosotros mismos y ser más conscientes. Sin embargo, la psicología tampoco es una ciencia exacta, así que esta ayuda solo representará un pequeño porcentaje de la sanación, el otro porcentaje restante son los verdaderos cambios que decidas emprender en tu vida a partir de este momento.

En el aquí y ahora tienes el poder para transformar tu vida. Decide qué quieres: ¿solo desaparecer las molestias para seguir con tu vida "normal", o aprovechar esta oportunidad que tu divinidad te está brindando para generar cambios profundos en ti, permitiéndote crecer como ser humano y dejando que tu consciencia emerja de las profundidades, donde hace mucho tiempo tu mente inconsciente la tiene condenada?

Tú decides si quieres seguir siendo "una víctima de las circunstancias" o si quieres asumir la responsabilidad de tu vida y el poder que esto te da para de una buena vez decidir **ser feliz**. Viviendo a plenitud en el momento presente que es el único tiempo que tenemos, no hay otro. Solo nosotros podemos elegir qué hacer con nuestras vidas, nada ni nadie tiene el poder para hacernos felices o infelices.

En mi caso, cuando decidí mirar más allá de mis síntomas y entendí que mi alma ya no podía seguir lidiando con tanta inconsciencia de mi parte y que mi Ser Divino estaba pidiendo a gritos manifestarse, fue entonces cuando vi la lucecita al final del túnel. Me hice responsable de mi situación. Me di cuenta que ningún médico, psicoterapeuta, medicamento o terapia me iba a sanar si no lograba entender por qué y para qué yo estaba pasando por esto. La clave para mí fue aceptar aquello que me señalaba que existía una condición, en este caso la depresión. Dejé de temerle y empecé a observarla. Al igual que yo, tú también puedes convertir la depresión en tu mejor aliada.

Sanar para mí fue reconocer que todos esos recuerdos estaban ahí producto de una experiencia de vida, pero ya era hora de dejarlos partir, tomar el aprendizaje que me dejaron y seguir adelante entendiendo que **todo pasó por algo y para algo**. ¡Entenderlo, pero no juzgarlo, solo aceptarlo!

Quizás tú como yo, en su momento te has hecho una y otra vez las mismas preguntas: *¿Por qué a mí? ¿Por qué si todo parecía estar perfecto me está sucediendo esto?* Incluso tu fe se verá quebrantada y te preguntarás: *¿Dios, por qué me has abandonado?* Y por supuesto en ocasiones podrás creer o alguien te hará creer que eres víctima de algún maleficio o brujería. Pero como te dije al principio **nada ocurre al azar, nada es por casualidad.**

Estos "sacudones" que la vida en algún momento nos da, encierran el más grande potencial para nuestro despertar espiritual. Muchos seres humanos tenemos que pasar por episodios trágicos en nuestras vidas para que hallemos nuestro verdadero propósito interno, para que nos conectemos con nuestra esencia divina. Unos pasan por guerras, otros sufren accidentes de los cuales sobreviven inexplicablemente, algunos pierden un familiar muy querido o su pareja y así sucesivamente. Seguro que conocerás más de una persona a la que un suceso trágico le ha cambiado su vida. Pero como el universo es perfecto, lo que creemos estar perdiendo en este mundo material dominado por el ego, lo estamos ganando y multiplicando en el plano espiritual, en el plano de la consciencia, en el que nada desaparece sino donde todo se transforma.

En este libro no vas a encontrar todas las respuestas, ni un método mágico para salir de la depresión porque cada quien debe abordar su evolución de acuerdo con su plan divino, pero si al compartir contigo mis vivencias, logro al menos sembrarte la inquietud, si logro que aceptes mi invitación a abrir tu mente y tu corazón, te aseguro que experimentarás una verdadera transformación en todos los aspectos de tu vida y esta se llenará de gozo. Respóndete la siguiente pregunta: ¿Eres una de esas personas que está dispuesta a caminar para construir tu destino y ser feliz, en lugar de quedarte sentado mirando tu vida pasar? Si tu respuesta es afirmativa, entonces me hace muy feliz que tengas este libro en tus manos. Compartiré contigo a través de cada capítulo las herramientas que me ayudaron a salir de mi depresión y pasar de una vida gris y sin sentido, a una vida plena, llena de agradecimiento por todo lo bueno que a diario me llega.

Pero recuerda, sanar es un proceso constante que vamos realizando a diario, con la finalidad de armonizar cada una de las facetas que componen nuestra vida: la familia, la pareja, el trabajo, los amigos, nuestras rutinas diarias, por lo tanto aunque tengamos como objetivo principal superar la depresión, debemos disfrutar el camino que nos conducirá hacia ello, porque es en el trayecto donde encontraremos la verdadera riqueza de este proceso de sanación. Sanar es un proceso de transformación integral y como tal se va dando poco a poco. Todos los días descubrirás o aprenderás algo nuevo acerca de ti, porque la vida te entregará a diario las oportunidades para que así sea. Tú solo debes mantener los ojos muy abiertos y decidir cómo quieres ver los retos que la vida te presente: como oportunidades o como amenazas.

Así que siéntate, relájate y disfruta tu trayectoria aquí en el **presente**. Dedícate a construir en el **ahora** la vida que quieres para ti y para tus seres queridos.

¡FELIZ REENCUENTRO CON TU ESENCIA DIVINA, CON TU SER!

CAPÍTULO 3

LA ACEPTACIÓN:
EL PRIMER PASO PARA LOGRAR LA SANACIÓN VERDADERA

Quizás te estés diciendo en este momento:

Está bien, entiendo que si quiero sanar mi depresión por siempre, debo mirar más allá del síntoma, más allá de mi depresión, identificar mi sombra para hacerme una persona más consciente y reencontrarme con mi ser, que es lo único que prevalece porque el cuerpo y todo lo material se desvanece al morir

Y entonces te asalta la pregunta:

¿Cómo lo hago? ¿Por dónde empiezo para reconciliarme con mi sombra?, y más importante aún: ¿Cómo la identifico?

¡La clave es aceptación!

Cuando te hablo de aceptación me estoy refiriendo a aceptar todo. Cada persona, enfermedad, emoción, vivencia, lo que sea que estés experimentando en este instante de tu vida, es perfecto y como tal debes aceptarlo. Pero no desde la resignación, ni desde la rabia, sino desde la observación, haciéndote más consciente, a través de la acción amorosa. Recordando que todo esto que estás viviendo es un pasaje directo, sin retorno, al reencuentro con tu esencia divina y por tanto debes hacer de este recorrido un viaje lleno de placer a través del autodescubrimiento y la ruptura de tus viejos patrones de pensamiento.

¡Si yo lo hice, tú también puedes!

PRIMERO ES LO PRIMERO: ACEPTA QUE ESTÁS DEPRIMIDO

No se trata de eliminar el síntoma, sino de transmutar la depresión, mediante la reconciliación con tu sombra. La resistencia a experimentar el síntoma solo traerá más dolor y sufrimiento a tu vida. Se trata de recuperar nuestro equilibrio.

Aceptar que estamos deprimidos, con todas las consecuencias físicas y emocionales que esto genera en nosotros, es el primer paso para transmutar la depresión.

El termino transmutar se usa para designar el antiguo arte de transformar los metales, especialmente los de poco valor, en oro; significa convertir algo en otra cosa que es de una naturaleza superior.

En el campo material, los antiguos egipcios se dedicaron a la transmutación y purificación de las sustancias materiales, cambiando su carácter, exaltando sus cualidades, para llevarlas así a un estado más avanzado de evolución. De esta manera el alquimista llegó a crear productos que la naturaleza no habría creado por sus propios medios.

En el plano espiritual los grandes sabios hacían lo mismo, transmutando la naturaleza humana en naturaleza divina. Esto significaba el cambio de lo ilusorio a lo real, del inconsciente al consciente, de las tinieblas de la ignorancia a la luz de la verdad, de lo mortal a lo inmortal. La transmutación, tanto física como espiritual, es consecuencia de la elevación de las vibraciones.

Todo en el universo, incluyéndonos, es energía. En el caso de los seres humanos, a medida que vamos evolucionando espiritualmente, nuestra energía se hace menos densa y las vibraciones que emitimos se hacen cada vez más intensas y más puras. Como todo es materia, todo las cosas están hechas de lo mismo, o sea de energía, por lo tanto si logramos alterar las vibraciones de un elemento, podremos transformarlo en uno de mayor valor, como se hacía en el antiguo Egipto.

Esto quiere decir que los seres humanos podemos transformar o cambiar nuestros estados de ánimo, cualidades, formas, pensamientos y emociones en otros de valor superior.

En virtud de esta explicación, utilizaré el concepto de transmutar la depresión, entendiendo con esto que la idea no es combatir, no es evitar la enfermedad, es transmutarla. Es decir, partiendo de nuestro conflicto, de nuestro estado de profunda tristeza y desesperación, podremos ir paso a paso a un estado de mayor calidad de vida, de mayor evolución espiritual y mayor consciencia.

La depresión ha llegado a tu vida para mostrarte algo que debes transformar, por eso hablo de transmutación. Si nos empeñamos en vencerla, en doblegarla, desde la rabia, desde la insatisfacción con nuestra vida, desde la evasión de nuestra realidad, desde la culpa o desde la frustración, no lograremos nada. Por el contrario, solo la sentiremos más, nos dolerá más y será más difícil sanarla.

Quizás te preguntarás: *¿A qué se refiere con aceptar? ¿Quiere decir que me rinda?* Por supuesto que no, si vemos la rendición como abandono.

Los deprimidos andamos cargando con un inmenso complejo de culpa por sentirnos así, especialmente hacia nuestros seres queridos, porque estamos convencidos de que estarían mejor sin nosotros. Así que cuando hablo de aceptar tu depresión me refiero sin rabia, sin resentimiento, sin culpar a nadie y mucho menos a ti mismo por sentirte deprimido(a).

Debemos aceptar la depresión sobre todo desde el perdón. Perdón hacia nosotros mismos, hacia los demás y especialmente hacia las circunstancias que activaron la misma. Perdonar no es olvidar, sino recordar sin dolor, sin resentimiento. Lo que pasó, lo que activó tu depresión, por algo y para algo sucedió, castigarnos o regañarnos no sirve de nada.

Aceptar la experiencia, tal como se presenta, estando plenamente presentes, más allá de calificarla como mala o buena, positiva o negativa, correcta o incorrecta, hará que te eleves por encima de ella, te permitirá trascender el concepto de polaridad. Aceptando tu sombra como una parte intrínseca de ti y haciendo uso del poder transmutador que cada uno de nosotros posee, lograrás sin mayor esfuerzo, conectarte con tu verdadero potencial y recuperar la alegría por vivir que desde hace mucho tiempo has dado por perdida.

Si te observas diciéndote frases como: *Hasta cuándo esta depresión*, o *por qué a mí*, o alguna de estas: *No merezco esto que me está pasando*, o *nunca podré salir de esta depresión*, o quizás esta: *Déjenme solo, no quiero saber de nada ni de nadie*, ten mucho cuidado porque este es tu ego manifestándose desde el papel de víctima y cuando te conviertes en víctima de la depresión dejas de ser tú para convertirte en la enfermedad. Ya no serás fulano de tal, sino fulano de tal, el deprimido.

No se trata de luchar contra los pensamientos, ni con las emociones que ellos te producen, diciéndote ahora cada vez que aparezcan: *No debo pensar así*, o *no debo sentirme así*. Hacer esto significa que te estás resistiendo al momento presente, por lo cual estarías agregando más dolor a tu situación actual.

Cuando te lleguen estos pensamientos y las emociones que lo acompañan conviértete en un observador, identifica la emoción, reconoce si es rabia, si es tristeza o ansiedad lo que estás sintiendo, o todas ellas. Simplemente acepta que están ahí. Puedes decirte frases como: *Está bien, estoy deprimida, me siento mal, pero elijo aquí y ahora transmutar esta depresión. Elijo ser una persona sana y voy en camino a lograrlo porque cada día soy un ser humano más consciente, más comprometido con mi proceso de sanación.* ¿Me sigues? No se trata de negar la depresión, negándola no va a desaparecer. Se trata de que comiences a transformar tus pensamientos, creando en tu mente y en tu corazón el espacio para que entren cosas nuevas y mejores. Para que algo entre en nuestra vida, algo tiene que salir. Si tú quieres que a tu vida vuelvan la esperanza y las ganas de vivir, debes observar tu depresión, aceptarla y reemplazarla con cosas que alimenten tu espíritu, que te llenen.

También presta atención a las señales trasmitidas por tu cuerpo. Nuestra mente inconsciente se manifiesta a través de las emociones y estas a su vez, a través de nuestro cuerpo, del cual sí somos conscientes. Entonces cuando surja la emoción, cuando sientas que quiere invadir tu cuerpo, recuerda que está tratando de salir. No le tengas miedo, no la rechaces ni la ignores. Siéntela, identifícala, pero no permitas que se adueñe de ti. Si tienes ganas de llorar, pues llora con ganas, suelta toda esa emoción que tienes reprimida. En el momento que haces esto, ya te has hecho consciente. La emoción seguirá ahí, pero ya no te puede controlar, ya no te puede seguir haciendo daño, a menos que tú se lo permitas.

Si quieres puedes anotar tus observaciones, anota qué estás pensando, qué estás "escuchando" de tu dialogo interior, qué está sintiendo tu cuerpo. Esto es una herramienta muy poderosa porque permite que tu cerebro, tu mente inconsciente se conecte con tu esencia divina, por encima del ego que siempre está tratando de evitar que nuestros pensamientos se hagan conscientes. Esta es una forma de traer luz a nuestros pensamientos, sacarlos del lugar oscuro donde nuestro ego los ha mantenido por mucho tiempo.

Deja de pensar en la depresión como el enemigo a vencer o desde tu papel de víctima: *Pobre de mí, estoy deprimido, nadie me entiende.* Pregúntate más bien a partir de este momento: ¿Qué estoy dispuesto a dejar de hacer de lo que ahora estoy haciendo para lograr el cambio? ¿Estoy dispuesto a que algo salga de mi vida para que algo mejor entre en ella? Cuando hablo de permitir que algo salga de tu vida, me refiero por ejemplo a tus creencias, aquellos pensamientos a los cuales te aferras. Por ejemplo el hecho de querer siempre tener la razón, de no dar tu brazo a torcer por no demostrar debilidad o porque te cuesta aceptar que los demás pueden tener un punto de vista diferente al tuyo. Quizás no te hayas dado cuenta, pero esta actitud puede estar haciendo que las personas se alejen de ti. Quizás este rechazo que crees estar experimentando, "sin razón alguna", de los demás hacia ti, sea una de las causas de tu depresión. Puede también que estés aferrado a un sentimiento o afecto hacia alguien o algo que quizás te trae más sufrimiento que alegría. ¿Estás dispuesto a liberarte conscientemente de ellos? Son preguntas poderosas, y aunque posiblemente las respuestas no te lleguen de inmediato, una vez más estás permitiendo que tu mente se conecte con tu esencia divina, trayendo la luz a donde hay oscuridad.

El observarte a ti mismo, el detectar tus voces interiores y el lado oculto que subyace en ellas, puede resultar un poco difícil al principio, como todo nuevo aprendizaje. Pero te aseguro que si lo conviertes en una práctica consciente, haciéndolo a diario, llegará un momento en que se convertirá en un hábito que te permitirá identificar y liberarte de tus mecanismos de autosabotaje presentes, y de aquellos que puedan aparecer en un futuro. Sobre el autosabotaje hablaremos un poco más en el próximo capítulo.

ACEPTANDO EL PASADO

Con las sesiones de psicoterapia sané muchas cosas que se originaron en mi niñez y de las cuales me había convertido en víctima, pero lo más importante fue entender que la depresión y la ansiedad eran mis sombras, manifestándose a través de mi cuerpo, ante tanta inconsciencia de mi parte. Mi ser me pedía a gritos que aceptara las situaciones de la vida tal como se presentaron, sin rencor, sin rabia. Un rencor y una rabia totalmente ignoradas por mí hasta ese momento, pero que durante muchos años estuvieron ahí.

Entendí que el futuro no existe, así que no vale la pena angustiarse por él. El pasado no lo puedes cambiar y que tienes que aprender a convivir con él simplemente porque es parte de ti. Pero no soy ni mi pasado ni mi futuro, solo soy lo que puedo construir en el aquí y ahora y cualquier cosa que quiera lograr de aquí en adelante debo iniciarla **hoy**, sin detenerme a pensar por qué no lo hice antes, por qué tardé tanto en darme cuenta o por qué "perdí tanto tiempo" deprimiéndome.

Cuando entendí todo esto y aprendí a ver más allá de mis síntomas, dejé de ser presa emocional de las circunstancias, dejé de ser una "víctima" de mi mundo exterior.

Yo no podía cambiar el hecho de que mi padre había muerto cuando yo tenía apenas dos años y medio. En aquel momento para mi mente de bebé yo solo quería tener a mi papá, no entendía lo que estaba pasando, yo solo sentía la ausencia de mi padre, sentimiento que al ir creciendo se transformaría en rabia. Una rabia que por supuesto para mí era totalmente inconsciente y ajena, porque nunca pensaba en mi padre con coraje o con dolor, todo lo contrario, mi mente inconsciente para "protegerme" había decidido bloquear esta emoción al igual que cualquier recuerdo acerca de él. Pero igual la rabia estaba ahí, aguardándome como un enemigo al acecho. Al no ser consciente de esta emoción, no la podía sanar, así que buscó la manera de expresarse a través de mi cuerpo, causándome unos fuertes dolores de cabeza primero, desde mi adolescencia, hasta posteriormente desencadenar mi depresión.

Es cierto que la depresión fue "provocada" no por uno, sino por varios detonantes presentes en mi entorno, pero no es menos cierto que realmente para mi ser, la carga era ya sumamente pesada para seguirla soportando y que si no hacía nada al respecto, de manera consciente, por sanar estas emociones contenidas durante tantos años, algo peor me iba a pasar.

Adicionalmente para sobrellevar aquel momento de mi niñez tan doloroso, ocasionado por la muerte de mi padre, mi mente aprendió a evadir el presente como único mecanismo de defensa. Así que me convertí en una persona ansiosa, con mucha hiperactividad mental, viviendo siempre en el futuro, preocupada por un tiempo que no existe.

Siempre estaba ausente del ahora, no importa qué tan agradable o placentero fuese lo que estaba viviendo en el momento presente, mi mente siempre buscaba alejarse pensando en lo que haría al segundo siguiente o tratando de tener todo bajo control. Te podrás imaginar la cantidad de cosas que me perdí, momentos que no regresarán jamás. Aunque quizás recuerdo el evento o la circunstancia, los detalles no existen. Por ejemplo, del día de mi boda recuerdo los momentos estresantes que todas las novias solemos tener en la víspera de quizás uno de los eventos más importantes en la vida de una mujer, pero de la celebración como tal, de los momentos divertidos, realmente recuerdo muy poco. Estaba tan estresada y afanada porque todo saliera perfecto, que me olvidé de lo más importante: **Disfrutar.**

Por eso ahora valoro cada segundo que vivo, dando gracias a Dios por cada experiencia que llega a mi espacio. No importa si no es tan buena como yo quisiera, sé que está ahí para enseñarme, para entregarme algo, solo debo aceptarla tal como se presenta y utilizar mis cinco sentidos para sincronizarme con ella.

No es algo que se logra de la noche a la mañana, el truco está en hacerte consciente de tus pensamientos y atajarlos en el momento que te estén dando una señal de inconformidad con algo que te pasó o te está sucediendo.

¡LIBERA TU PASADO! Vivir en un estado de negación no te libera del pasado, ni del dolor que este te produce. Cuando identificas que hay alguna situación de tu pasado por la cual te sientes muy dolido, alguien te abandonó o hirió, abusaron de ti, dejaste algo inconcluso o perdiste un ser querido, si quieres realmente eliminar ese patrón de energía, primero debes aceptar la situación, sin juzgarla. Reprimir continuamente esos sentimientos y emociones lo que hace es crear más dolor en tu vida.

Cuando estamos atascados en algún evento de nuestro pasado, lo que hacemos es girar en círculo y repetir el evento una y otra vez. Seguimos conectados a ese viejo asunto, quiere decir que una cantidad importante de nuestra energía se mantiene ahí, estancada, porque seguramente invertimos gran parte de nuestra vida, quizás hasta de nuestro día a día, recordando y probablemente reviviendo ese momento, como si eso fuese aliviar en algo nuestro dolor.

Haciéndote consciente de este comportamiento, de esa emoción, de ese patrón de conducta que repites sin cesar, comienzas a restarle poder y aunque pueda seguir apareciendo de vez en cuando hasta que logres vencerlo por completo, especialmente cuando el exterior se torna un poco estresante, tendrás la capacidad de reconocerlo y de hacer un alto a tiempo para evitar que se apodere de ti nuevamente. Todo es cuestión de estar atento a las señales, a las emociones que tu cuerpo te transmite.

En esta fase puede ser muy útil que cuentes con la ayuda de un psicoterapeuta. Él te ayudará a identificar las situaciones del pasado en las cuales te encuentras atascado, te permitirá hacerlas conscientes. Esto sin duda alguna te hará más fácil el camino hacia la aceptación y así podrás transmutar esa energía en una forma positiva hacia ti.

OBSERVA TUS EMOCIONES

Debido a mi necesidad de evadir el presente, viviendo en un futuro que no existe, para mí era imprescindible tener el control absoluto de ese supuesto futuro, por lo tanto la incertidumbre nunca ha sido para mí un aspecto de la vida con el cual me sea fácil convivir.

Siempre he necesitado anticiparme a los hechos y tener el control de todo. Por supuesto, ya sabemos que esto es imposible y que la incertidumbre es parte natural de la vida por lo cual he tenido que aprender a convivir con ella.

Normalmente me pasa que cuando voy a emprender un nuevo proyecto, o mi esposo y yo tenemos que tomar una decisión de vida importante, lo cual se ha hecho bastante frecuente en los últimos años, comienzan las preguntas a generarse en mi mente y por supuesto en ese momento no tengo la respuesta para todas, lo que me genera un tremendo estrés. Así que antes de dar una respuesta fuera de tono o cargada de agresividad, me hago cargo de lo que estoy sintiendo, reconociendo que el miedo a lo desconocido se está apoderando de mí. Mi cuerpo también se manifiesta en ese instante, ya que el miedo se siente en el plexo solar, justo en el chakra[1] localizado en esa región, produciéndome una sensación de vacío o dolor y unas ganas inmensas de salir corriendo, de huir de tal situación.

En ese momento me doy el permiso de hacer una pausa. Respiro profundo, esto hace que mis niveles de cortisol[2] bajen y por ende disminuya mi ansiedad. Pero no huyo, solo estoy permitiendo que mi cerebro se oxigene y mi mente procese la idea. Tampoco tomo ninguna decisión de la cual me pueda arrepentir, ni me cuestiono por sentir tal emoción, solo le permito estar.

Si la situación se está desarrollando con mi esposo, con más razón pienso dos veces antes de contestar y darle un no rotundo a sus planteamientos, ya que en ese momento sé que es mi miedo el que está hablando a través de mí. Es la niña o la adolescente que aprendió a vivir en el futuro para evadir su presente doloroso e incomprensible para ella

---

1 Chakra es una palabra sánscrita que significa rueda o vórtice y hace referencia a los siete centros de energía que componen nuestra consciencia y nuestro sistema nervioso. Estos centros de energía, funcionan como bombas o válvulas, regulando el flujo de energía a través de nuestro sistema energético. Abrimos y cerramos estas válvulas cuando decidimos qué pensar y qué sentir, y cuando escogemos el filtro perceptivo a través del cual queremos experimentar el mundo que nos rodea. Los chakras no son físicos. Son aspectos de nuestra consciencia, como las auras.

2 Conocida también como hidrocortisona, es una hormona esteroidea producida por la glándula suprarrenal. Se libera como respuesta al estrés y a un nivel bajo de glucocorticoides en la sangre

pero que no sabe cómo lidiar con la incertidumbre que este le produce.

Si tengo que esperar al día siguiente, lo hago. Es cuando noto que la emoción se ha comenzado a transmutar. Me siento más en paz con mis pensamientos y puedo realmente expresar con claridad lo que siento sin que los pensamientos me atropellen.

Cuando te conviertes en el observador de ti mismo, no reaccionando de manera inmediata ante la emoción, abres un espacio de comunicación con tu Ser que te permite saber si tu reacción fue una advertencia de que quizás el cambio pueda no resultar positivo para ti o si simplemente es tu miedo a lo desconocido lo que provocó tal respuesta.

• • •

Cada fracaso, cada error, cada problema, puede ser una avalancha de sabiduría e iluminación para nuestra alma, que nos permitirá más adelante no cometer los mismos errores.

¡SI LA VIDA TE DA UN LIMÓN, APRENDE A HACER LIMONADA!

En mi caso siempre fui una excelente estudiante, mi mayor deseo en la vida era llegar a ser la presidente de alguna importante empresa en mi país. Me gradué con honores tanto en la primaria, el bachillerato y en la universidad. Nunca lo hice obligada, siempre fue divertido para mí, me encantaba estudiar y superarme día a día. Tampoco lo hacía por competir, era mi única responsabilidad y simplemente la disfrutaba.

Me gradué como Ingeniero en Información y al terminar la universidad, no habiendo recibido el título aún pues faltaba el acto protocolar, la empresa en la cual había desarrollado mi proyecto de grado me llamó para ofrecerme trabajo. Era una empresa importante en mi ciudad, sabía cuáles eran sus niveles de exigencia, así que me sentía sumamente afortunada de que el universo me estuviese brindando esta oportunidad. Entré para hacerle el reposo a una chica que pronto saldría de permiso pre y post natal, sin embargo, mi desempeño fue el esperado y logré que me dejaran en un cargo fijo. Ahí estuve cerca de cinco años pues el deseo de tener mi propio negocio se impuso por encima de mi temor a perder la seguridad económica, así que me atreví y renuncié. Para muchos significó una gran locura, incluyendo mis padres, pero para mí era un gran reto.

Para ese momento era muy joven, estaba casada y no tenía hijos, así que pensaba que tenía una larga vida profesional por delante y me podía dar el lujo de experimentar. Tengo que reconocer que fui bastante osada, pero me gustaba vivir la vida así, siempre adquiriendo nuevos retos, logrando todo lo que me proponía.

Así seguí durante un tiempo hasta que la "suerte" me abandonó. Debido a este deseo de estar experimentando cosas nuevas constantemente, me convertí en una persona inestable, profesionalmente hablando.

Debo confesarte que hasta no hace mucho esta conducta errática y el haber sido víctima de mis propios deseos, significaba para mí una vergüenza. Durante mucho tiempo invertí gran parte de mi energía tratando de entender cómo es que una persona tan "inteligente y talentosa" como yo había "desperdiciado" tanto tiempo de su vida y "no había logrado nada". Palabras muy duras de verdad, pero así de contaminada estaba mi mente.

Es increíble la cantidad de pensamientos autodestructivos que podemos tener los seres humanos y que no te permiten ver la otra cara de la moneda.

Valorar esa conducta en mí y reconocer que esa necesidad de cambio me convierte más bien en una persona dispuesta a enfrentar nuevos retos, a quien no le da temor experimentar cosas nuevas ha sido parte de mi proceso de autoaceptación. Gracias a esta actitud he logrado asimilar el cambio de país. No es fácil ser extranjera en un país que ni siquiera conoces, aunque hablen tu mismo idioma.

Por otro lado, siendo una persona cuyo sueño siempre había sido ser una gran empresaria, es fácil deducir que mi vida estuvo basada en el reconocimiento y la aceptación por parte de los demás. Además por crecer sin el reconocimiento de mi padre biológico, era lógico buscarlo continuamente en una fuente externa, casi siempre en los jefes, que siempre fueron hombres. ¡Qué casualidad!

Para mí fue muy difícil deshacerme de estas creencias, todavía a veces por ahí me susurran al oído haciéndome creer que necesito la aprobación de los demás para sentirme bien, pero por supuesto ya no tienen en mí el efecto de hace unos años atrás. He aprendido a identificarlas cuando aparecen y no dejo que me controlen.

POR MÁS QUE UNA SITUACIÓN NO TE AGRADE, NO QUIERAS CAMBIARLA, SOLO ACÉPTALA TAL COMO ES. La vida no es estática, es un proceso dinámico donde unas veces estamos arriba y otras veces estamos abajo. Según haya sido tu experiencia de vida hasta este momento te identificarás con una u otra posición, y habrás hecho que este sentimiento esté inmensamente enraizado en tu mente, muchas veces no dándote el espacio y la apertura mental para siquiera pensar que puede existir una forma diferente de vivir.

Nosotros tenemos el poder para entender que una situación de la vida no es "buena" ni es "mala", nos guste o no solo es y si ha llegado a nuestro espacio de vida por algo y para algo ha sido.

Cada vez estoy más convencida de que la depresión tocó a mi puerta, primero para rescatarme del nivel de inconsciencia del cual estaba siendo víctima y segundo para convertirme en el ser humano que soy ahora, más consciente, mas agradecida. Fue una inyección directa a la vena de lucidez mental y espiritual que me ha permitido incrementar mi calidad de vida y estar en paz conmigo misma. De otra manera a lo mejor no lo hubiese conseguido o quizás me hubiese tardado un poco más. ¡Todo es perfecto!

No podemos controlar ni escoger cada experiencia que llega a nuestra vida porque somos seres humanos interactuando constantemente con nuestro entorno y la mayoría de esas experiencias están ahí para enseñarnos algo. Pero sí podemos decidir cómo procesarlas: con dolor, rabia, frustración y preocupación o dejándola fluir, sacando de ella la mayor cantidad de aprendizaje posible y convirtiéndola en un abanico de oportunidades para crecer espiritual y emocionalmente.

Cuando acepté que todo lo que me había pasado hasta ese momento era lo que me tocaba vivir; cuando solté la resistencia, dejé los juicios y los calificativos hacia mí y hacia mis experiencias; cuando comencé a darle un enfoque positivo a mi condición depresiva y a verla con otros ojos, toda mi vida se comenzó a iluminar. ¡Comencé a transmutar mi depresión!

Todos y cada uno de los aspectos de mi vida comenzaron a transformarse en experiencias maravillosas; unos terminaron de florecer y se han expandido más allá de toda comprensión humana y otros están ahí enseñándome que debo seguir aprendiendo, que esta búsqueda apenas está empezando y que todavía queda mucho camino por recorrer.

• • •

La clave está en preguntarnos: ¿Para qué pasó? no ¿por qué pasó?

¡ABRAZA EL AHORA! TÚ TIENES EL PODER PARA ELEGIR

Cualquier cambio que desees experimentar en tu vida, no llegará a menos que decidas aceptar el presente. Este es el punto de partida para generar cualquier cambio positivo que desees, tanto en ti mismo como en tu entorno. Cualquier acción que emprendas para producir este cambio debe venir precedida de una total y sincera aceptación de lo que sea que estés viviendo o experimentando ahora.

Te cuento como me inicié en mi práctica del ahora:

Tiempo después de que mi psicoterapeuta me diera de alta y me dijera: *ya estás lista para volar sola*, se comenzaron a abrir en mi vida los espacios necesarios para conectarme con nuevas experiencias y emociones que me ayudarían en mi crecimiento espiritual. Para que no tuviera la excusa de decir hoy no tengo tiempo, mañana quizás.

Por ser una persona hiperactiva, me era muy difícil no estar siempre ocupada. Mi mente necesitaba estar siempre distraída haciendo algo. Ya te conté que mi principal mecanismo de defensa siempre fue huir del presente. Para mí los momentos en que la vida me obligó a estar sin una actividad laboral concreta, sin cumplir con un horario de trabajo, sin tener una rutina de trabajo que me dejara agotadísima al final del día, pero con la sensación de haber "salvado al mundo", eran espacios de mi vida perdidos. Y lo más irónico era que durante mis periodos de gran actividad y muchísimo estrés, añoraba tener la oportunidad de quedarme en casa simplemente para no hacer nada, sin tener nada de qué preocuparme. Bueno, tanto lo pedí que el universo me complació. Esto me hace reflexionar que es increíble cómo los seres humanos vivimos siempre en un perenne estado de no conformidad. Añorando lo que no tenemos y dejando de disfrutar lo que sí poseemos.

Para ese entonces, estoy hablando del año 2010, mi esposo y yo teníamos en mente hacer un cambio profundo en nuestras vidas, mudándonos a otro país. Nuestra búsqueda se había iniciado un año atrás, analizando las diferentes opciones que teníamos y que podían ser más viables para nosotros, habíamos creado las circunstancias y solo estábamos esperando que el viento soplara a nuestro favor para zarpar.

Mientras la oportunidad llegaba vendí la fábrica de carteras, negocio en el que tanto esfuerzo y dedicación había invertido y el que había sido durante mucho tiempo mi vía de escape y mi consuelo cuando pasaba por los "peores momentos de mi vida", durante mi tratamiento médico para la depresión.

No obstante todos estos sentimientos, de toda la emotividad que significaba para mí este negocio, sabía que venderlo era la decisión apropiada, era lo mejor para mí. Así que elegí de manera consciente procesar este evento de una manera positiva pues era la única opción que tenía. La vida una vez más me ponía a prueba y por supuesto a mí no me quedó más remedio que entregarme a la experiencia y abrazar aquel momento presente.

Como siempre sucede cuando estás en armonía contigo y con tu entorno, el universo se encarga de hacerte la vida más fácil y más fluida. Ni siquiera tuve que poner aviso en prensa promocionando el negocio, el comprador llegó a mi puerta. Así que al poco tiempo estábamos cerrando la negociación. ¡Mejor, imposible! ¿Cierto?

Venía el dilema: *¿Ahora qué voy hacer con tanto tiempo libre?*

No te voy a mentir, al principio me sentía un poco fuera de lugar; era lógico, mi mente estaba adaptándose a esta nueva realidad. Por mucho que yo me hubiese preparado para ella y asumido el cambio de una manera positiva, igual tenía que afectarme. Eran muchas las emociones y sentimientos involucrados. Pero no tardé mucho en darme cuenta de que era el espacio de tiempo que de a ratos añoraba y solicitaba al universo, así que decidí dedicármelo a mí.

No he sido muy disciplinada en materia de ejercicios, otro reto que la vida me presenta a diario para superar mis autolimitaciones; sin embargo, empecé a practicar yoga y a hacer ejercicios con más regularidad, comprobando los excelentes beneficios que estas prácticas pueden aportar a tu vida.

Tampoco he sido muy empática con los quehaceres del hogar, otra limitación a vencer. Así que el universo considerando que yo tenía mucho tiempo libre, decidió que mejor los hacía yo porque la chica que me ayudaba con los asuntos de la casa estaba felizmente embarazada. Excelente porque me conecté con sensaciones físicas; aromas, texturas, etc., especialmente en lo relacionado con la cocina, que me hicieron recordar que Dios nos ha dotado de cinco sentidos maravillosos para que experimentemos el mundo a través de ellos.

Esto sería el inicio de mi práctica consciente de vivir en el ahora.

A pesar de que crecí sin mi padre biológico como ya sabes, la vida me dio un padre sustituto maravilloso que me ha entregado todo su amor y sus cuidados durante toda mi vida. También, por supuesto, ha sido parte importantísima en toda esta experiencia de vida porque desde muy pequeña tuve que enfrentar muchos sentimientos encontrados que genera tu mente cuando creces con un padrastro. Término que realmente no me gusta utilizar por lo peyorativo que a veces puede resultar, pero para efectos de esta historia lo usaré para no generar confusión entre mi padre biológico y mi padre sustituto.

Lo cierto es que en esta etapa de mi vida mi padrastro estaba sufriendo de un deterioro significativo en su sistema renal, producto de una afección que padecía desde hacía muchos años y que le estaba pasando factura. Mi mamá quien siempre ha sido un ejemplo de vitalidad para mí, de quien he aprendido que uno no debe rendirse ante las circunstancias por muy angustiantes que estas luzcan o por muy cuesta arriba que parezca superarlas, ya estaba bastante preocupada por el estado de deterioro que observaba día a día en él, producto de esta afección. A pesar de que le habían recetado los medicamentos necesarios y estaba en control perenne con su médico, parecía no mejorar.

El médico no quería someter a mi padrastro a un tratamiento de diálisis, pero viendo lo angustiada que estaba mi mamá y lo desmejorado que yo lo veía, decidí intervenir de forma más activa. Me involucré en todos los detalles de su enfermedad, evalué junto con ellos las opciones que teníamos y juntos tomamos la decisión que lo mejor para él era someterse a diálisis.

Realmente en ese momento, como una revelación, me di cuenta de que gracias a esta pausa que estaba haciendo en mi vida laboral, podía dedicarle a mis padres el tiempo que ellos requerían de mi parte, y así poder retribuirles de alguna manera todas las noches de desvelos y angustia que ellos vivieron a mi lado, cuando yo de niña me enfermaba o algo me pasaba.

Si hubiese estado trabajando no habría tenido el tiempo suficiente para darles la calidad de ayuda que ellos necesitaban de mi parte, o quizás lo hubiese hecho pero manejando unos niveles altísimos de estrés por querer atender todo a la vez.

Afortunadamente para mí, había elegido asimilar esa etapa de mi vida de una manera positiva, así que pude darme el permiso de disfrutar cada minuto que estuve al lado de mis padres, acompañándolos en este reto que la vida nos estaba entregando y que requería de nuestra intensa presencia.

Esto no solo me conectó espiritualmente con ellos, sino que al elegir vivir el ahora, poniendo todos mis sentidos en el presente, sin que mi pensamiento volara más allá del día que estaba viviendo, permití que los planes personales que tenía junto con mi esposo tomaran su curso natural, fluyeran sin el apego a los resultados de parte nuestra. Así que un par de meses más tarde, luego de haber iniciado el tratamiento mi padrastro, llegaba a mi vida el momento que mi esposo y yo nos habíamos dedicado a sembrar en estos últimos años y seis meses más tarde nos encontrábamos mudándonos a otro país para empezar una nueva vida.

¿Te imaginas si yo no hubiese aceptado el regalo que la vida me estaba dando de pasar más tiempo con mis padres? ¿Te imaginas si yo no hubiese elegido abrazar el presente, el ahora y aceptar las experiencias que la vida me estaba entregando?

TE REGALO ESTA FRASE. Me ha sido de mucha utilidad para aterrizar mi mente cuando quiere huir de la realidad: *Elijo soltar el fantasma del tiempo pasado y del tiempo futuro. Elijo concentrarme en el ahora no perdiendo ninguna oportunidad que se me presente para vivir. El momento presente será una oportunidad para vivir y no solo un medio para conseguir algo en el futuro. Abrazo el ahora y lo hago mi amigo, permitiendo que sea tal como es, suelto la resistencia... ¡me entrego!*

Decide vivir el ahora tal como se presenta; cuando lo abrazas, cuando logras que tu vida se impregne de él, cuando decides que no hay otro momento para vivir que el presente, empiezas a ver grandes cambios en tu vida, pero lo más importante es que empiezas a valorar cada instante de tu vida y vivirlo como si fuera el último. Abres tu corazón para que nuevos sentimientos surjan y te reencuentres con aquellos que estaban muy en el fondo de este y que por estar tan ocupado no te habías dado el permiso de experimentarlos.

No se trata de soportar pasivamente cualquier situación en la que te encuentres sin hacer nada al respecto. No significa dejar de hacer planes, ni dejar de tomar acciones positivas para cambiar tu realidad actual, si es que esta te resulta muy frustrante. Se trata de renunciar a la resistencia interior que experimentamos a vivir el momento presente cuando este no cubre las expectativas que teníamos sobre él.

Como la aceptación es un proceso interno, de conexión pura con tu ser, no implica que no puedas emprender acciones hacia tu exterior para cambiar la situación. La resistencia solo está en nuestra mente, así que cuando te liberas de ella inmediatamente te conectas con tu Ser Divino y empiezan a ocurrir cosas maravillosas en tu vida.

Lo que creías imposible hasta ahora, si está en orden divino y en perfecta armonía con el universo que sea para ti, te llega con el menor esfuerzo de tu parte o cuando menos lo estés esperando.

PEQUEÑOS CAMBIOS QUE PRODUCEN GRANDES AVANCES

Cuando me di cuenta de que la aceptación era la clave para ver cualquier cambio manifestarse en mi vida, empecé a notar la desarmonía que había en algunas situaciones que estaban en mi entorno. A pesar de que no me agradaban tenía que lidiar con estas a diario. Como cambiarlas estaba fuera de mi control, tenía que buscar la forma de armonizarme con estos hechos y aceptarlos.

Una de estas situaciones desagradables era el tráfico en mi ciudad, no solo por lo cantidad y el tamaño del parque automotor o por las pocas vías de desahogo existentes, sino por la actitud de los conductores, la falta de tolerancia, el poco respeto hacia las señales de tránsito y la poca educación cívica que muestran muchas personas cuando se colocan detrás de un volante.

Mientras estuve con la fábrica, debido a mis responsabilidades, me pasaba muchas horas del día manejando. Te podrás imaginar la angustia, entre la prisa mía y la de los otros conductores, cada uno queriendo llegar a su destino. Llegaba a mi casa indignada, quejándome del tráfico, con mucha rabia y demasiada carga negativa. Era estresante y sumamente agotador para mí lidiar todo el día con tal situación. Ni hablar del agotamiento físico que esto me generaba.

Un día puse las cosas en perspectiva y me dije: *Bueno, realmente no puedo cambiar esta situación y meterme en la cabeza de cada conductor para hacerle entrar en razón, además me estoy enfermando. Tampoco puedo decidir no manejar más porque no hay más nadie en la fábrica que pueda hacer lo que yo hago, el único vehículo lo tengo yo.* Así que simplemente elegí aceptar la situación.

Dejé de quejarme y acepté que si me tocaba estar atascada en el tráfico no tenía una mejor opción que colocar una música agradable y dejar que todo fluyera. Cambié mi pensamiento, quizás ese retraso me estaba salvando de algún incidente o de un mal rato más adelante.

Decidí que era mejor ignorar la agresividad y poca tolerancia de los otros conductores, pues su actitud no dependía de mí.

Cuando elegí conscientemente cambiar mi punto de vista hacia el tráfico, fue increíble como todo se empezó a armonizar, ¡hasta me cedían el paso los otros conductores! Me di el permiso de ver más allá del caos que solo percibían mis sentidos y me percaté de que no solamente había malos conductores como yo creía, también había gente amable y educada.

Pero esto no quedo aquí, la armonía que empecé a experimentar con el tráfico, también la empecé a experimentar en mi vida.

¿Te fijas cómo un simple cambio, una simple elección de cambiar un pensamiento negativo por uno positivo, el solo hecho de aceptar, puede significar un gran cambio en tu vida? Como te dije, no se trata de negar la realidad. El tráfico seguía ahí, incluso cada vez peor porque el volumen de autos parecía aumentar cada día, pero lo que cambió fue mi forma de ver y manejar la situación.

NO SE TRATA DE ENGAÑARTE A TI MISMO DICIÉNDOTE QUE NO PASA NADA MALO. Reconoces que quieres salir de esa situación que te agobia, pero no te dedicas a ponerle etiquetas. La clave es no rechazar, o desaprobar, no catalogar, ni emitir juicios, sino **aceptar**.

Cada vez que tú haces un espacio en algún aspecto de tu vida para que tu Ser Divino se cuele, elevando tu nivel de consciencia y dejando que este se manifieste, te estás alineando también con el universo y su propósito. Es por eso que apenas con hacer un pequeño cambio en tu vida, puedes empezar a obtener grandes beneficios.

Todo en el universo está relacionado y entrelazado. Todo aquello que en él existe, incluyéndonos por supuesto, forma una red de procesos y energías conectadas entre sí. Quiere decir que lo que tú haces me afecta y lo que yo hago te afecta a ti también, aunque no podamos ver con nuestros ojos esta conexión y así estemos a kilómetros de distancia uno del otro.

Cuando conscientemente elegimos transmutar una emoción negativa hacia una más positiva, también estamos elevando nuestra vibración. Recuerda que somos energía. Cada pensamiento, emoción o estado mental tiene una intensidad y modalidad vibratoria. Por lo tanto cuando nos armonizamos, no solo nos conectamos con ese todo y nos convertimos en parte consciente de esa red universal, sino que empezamos a atraer cosas a nuestra vida (situaciones, gente, etc.) que tienen la misma frecuencia vibratoria, la misma carga energética que nosotros. Lo semejante atrae lo semejante.

Esto es lo que yo llamo dejar que el universo conspire con nosotros y obre a nuestro favor. El resultado, te lo aseguro, es que comienzan a ocurrir con frecuencia las casualidades y los encuentros fortuitos. Aquel documento que estabas esperando, llega. Aquella llamada que esperabas con ansias, la recibes. Aquel amigo que hace tiempo no veías, te lo encuentras, y así muchos más sucesos sincronizados, inexplicables desde nuestra limitada percepción, pero milagrosamente posibles por esta interconexión que existe en esta red vasta e infinita.

Recuerda…

1. Aceptar que estamos deprimidos con todo lo que esto implica, es el primer paso para transmutar la depresión. No analices, no juzgues, solo acepta.

2. No te resistas a la depresión, no quieras eliminar el síntoma, esto traerá más dolor a tu vida. Debes encontrar tus propias claves para reconciliarte con tu sombra. Cuando aceptas, te armonizas con el todo, con el universo y dejas de percibir tu vida de una manera polarizada. Encuentras el equilibrio.

3. Presta atención a tus pensamientos, a tus emociones, porque siempre te están diciendo algo. Conviértete en el observador. Cuando lo logres comenzará tu verdadera transmutación del sufrimiento.

4. De nada sirve negar el pasado o pretender que no existió, ni tampoco seguir girando en torno a él. Esto hace que nuestra energía se estanque. Si tienes asuntos del pasado que te mantienen estancado o que te resultan muy dolorosos, puedes buscar ayuda de un profesional que te permita identificarlos. Pero recuerda, la clave

es aceptar las cosas tal como sucedieron, sin rabia y sin culpa.

5. Una situación no es buena, ni mala, todo dependerá de cómo tú quieras asumirla. No podemos controlar ni escoger cada experiencia que llega a nuestra vida, pero sí podemos decidir cómo procesarlas. No te preguntes *¿por qué pasó?*, sino *¿para qué pasó?*

6. La depresión es una forma de evadir el presente y la única manera de transmutar este sentimiento es aceptando el ahora, por más doloroso que este pueda resultarnos. Valora cada instante que la vida te entrega. Si una situación no te gusta, si tu realidad actual te genera mucho sufrimiento, tienes todo el derecho de querer cambiarla. Pero antes debes soltar la resistencia interna que manifiesta tu mente ante esta situación, negándote a vivirla. Primero acéptala. Cuando te liberas de la resistencia, te conectas con tu esencia divina y cosas maravillosas comienzan a suceder.

7. Un pequeño cambio puede significar grandes avances en nuestra vida. Acepta las cosas cotidianas de tu vida tal como se presentan. Cambia tu actitud hacia aquellos aspectos de tu vida que no está en tu poder cambiar. Todo en el universo está relacionado. Lo semejante atrae a lo semejante. Si estás armonizado, seguirás atrayendo más armonía hacia ti. Armonía significa más salud, más amor en tu relación de pareja, más prosperidad, más dinero, más amor por tu prójimo, más solidaridad con aquel que te necesita. La armonía entrará en cada aspecto de tu vida mientras tú se lo permitas.

¡LA VIDA SE HACE MÁS FÁCIL CUANDO TE ENTREGAS SIN RESISTENCIA A VIVIRLA TAL COMO SE PRESENTA, SOLO ASÍ COMENZARÁ LA VERDADERA TRANSMUTACIÓN DE TU DEPRESIÓN!

CAPÍTULO 4

EL AUTOSABOTAJE
PARTE I: LA NEGATIVIDAD

Hay un principio de PNL (Programación Neuro-Lingüística)[3] que dice: Si lo que has hecho hasta ahora no te ha funcionado, haz cualquier otra cosa. ¿Para qué seguir haciendo "más de lo mismo"? Cualquier otra cosa que hagamos, menos esa que ya sabemos que no funciona, nos dará un resultado diferente.

Tenemos cincuenta opciones más una, pero siempre preferimos escoger esa única con la cual nos sentimos cómodos y seguros, la que nos permitirá quedarnos en nuestra zona de confort. Entendiendo por zona de confort el espacio mental donde nos sentimos seguros, porque es lo que conocemos, no importa si es agradable o desagradable, nos hace sentir a salvo.

Estoy segura de que si aún continúas leyendo este libro, es porque quieres transmutar tu depresión. Es solo cuestión de soltar nuestro escudo de protección, salir de nuestra zona de confort, haciéndonos conscientes de nuestros pensamientos y emociones, para así abrir nuestra mente y nuestro corazón a todas las cosas buenas que la vida

---

3 PNL: Es un modelo que intenta explicar cómo funciona la mente y la percepción humana, es decir cómo el cerebro procesa la información a través de nuestros sentidos y cómo evaluamos y filtramos el mundo exterior según lo percibimos. Investiga también los procesos que nos permiten trasmitir nuestra representación del mundo a través del lenguaje. Es por esto que es una poderosa herramienta de transformación personal.

tiene para ofrecernos. ¡Todo depende de ti, es tu elección!

El autosabotaje es un continuo hábito condicionado y determinado por experiencias dolorosas o traumáticas en el pasado, que no solo interfiere en nuestro desarrollo espiritual y búsqueda de consciencia, sino que también socava una y otra vez nuestro éxito personal, profesional o social. Es un acto inconsciente y aparentemente inexplicable por lo que es complejo notarlo; nadie de manera consciente quiere sentirse fracasado o vivir en un estado de sufrimiento. Por eso es difícil reconocer en nosotros mismos cuándo estamos siendo víctimas de nuestro propio saboteo. Al menos no hasta que decidamos, de manera consciente, detectarlo, aceptarlo y aplicar estrategias para deshacernos de él.

El autosabotaje también viene dado por nuestro miedo a reconciliarnos con nuestra sombra. Preferimos mantenerla oculta y por tanto cualquier comportamiento o actitud de nuestra parte que quiera traerla a la luz, será una amenaza para nuestro ego, quien se encargará de que esto no suceda, sometiéndonos a una lucha interna constante con nosotros mismos, entre dos sentimientos incompatibles. Por un lado nuestro diálogo interno que nos dice: *Quiero hacer de mi vida algo mejor,* y por el otro, el ego en su rol de protector te hace creer que no lo estás haciendo tan mal y entonces escuchas más bien algo como: *Mejor me quedo donde estoy.* Esta constante batalla con nuestros pensamientos, nos hace sentir peor, agregando más sufrimiento y culpa a nuestra autoestima, ya suficientemente golpeada.

Lo positivo es que detrás de tu resistencia hay una oportunidad de crecimiento espiritual. Por ser el autosabotaje un hábito, una conducta aprendida, lo podemos cambiar. Primero, haciéndonos conscientes de este cuando aparece, observando nuestros pensamientos y atrapándolos en el momento justo, antes de que se apoderen de nosotros y segundo, identificando cuáles son las causas que lo originan, reconociendo nuestras sombras, para entonces atender el problema desde la raíz.

Recuerda, hemos aprendido a usar el sabotaje como mecanismo de autoprotección, por lo tanto no lo hacemos adrede, pero sí lo provocamos. Lo importante entonces es reconocer de qué forma nos saboteamos, pero desde la aceptación, sin culpa, sin rabia. Solo así podremos transmutar nuestra depresión.

¿ERES TÚ UNA PERSONA NEGATIVA?

Una forma de detectar si estamos recurriendo a una conducta de autosaboteo, es escuchando nuestro diálogo interno con mucha atención, observando nuestros pensamientos. Así podremos identificar cualquier resistencia interna que estemos experimentando en el momento presente y que estemos volcando hacia nuestro mundo exterior en forma de queja, inconformidad, rabia, crítica e impaciencia hacia todo lo que nos rodea, incluyendo eventos, personas o circunstancias.

¿Quizás en más de una ocasión te has observado juzgando y criticando todo lo que sucede a tu alrededor? ¿Frecuentemente no te das la oportunidad de que otros te conozcan bien, porque de antemano descartas una amistad, dejándote llevar por la primera impresión? ¿Eres de los que se empeñan en ver solo el lado negativo de las cosas? Si alguien tiene un gesto favorable o amable hacia ti, ¿enseguida te surgen dudas sobre si esa persona está siendo honesta contigo? ¿Tiendes a preocuparte excesivamente por todo lo que te rodea viendo siempre el lado catastrófico de la situación?

Si eres de las personas que cuando evalúan una circunstancia o evento que está sucediendo en su vida, o ante una posibilidad de cambio, suelen justificar su negatividad ante otros y ante sí mismos, diciendo que son "personas realistas", no negativas, estás cayendo en la trampa de tus pensamientos, estás siendo víctima de tu propio saboteo.

De igual forma aquellas personas con mentalidad de *sí, pero…,* siempre tienen una objeción a toda posible solución. Podemos entonces observar un diálogo como este, entre dos amigos, en el cual José quiere recuperar su condición física y conversa con su amiga Rosa al respecto:

Rosa: ¿Qué tal si vuelves a retomar tu antigua rutina de ejercicios?

José: Sí podría, pero por ahora no tengo mucho tiempo. Tengo demasiado trabajo en la oficina y se me hace difícil en estos momentos comprometerme con una actividad regular.

Rosa: ¿Qué te parece si aprovechas los fines de semana para hacer deportes con tus hijos? ¿Por qué no los inscribes en una actividad como la natación?

José: Sí, pero realmente eso no es un ejercicio ya que tengo que pasar la mayor parte del tiempo vigilando a los niños.

Rosa: Si no puedes hacer alguna actividad física, ¿por qué no intentas ponerte a dieta para perder unos kilos?

José: Realmente necesito perder peso, pero me cuesta hacer dietas porque mi esposa y yo llegamos muy cansados a la casa como para ponernos a cocinar para el día siguiente y a la hora de la cena estamos tan cansados que comemos cualquier cosa en la calle. Además, no me gusta eso de hacer dieta. Lo ideal es hacer una actividad física, pero realmente no sé de dónde sacar el tiempo.

Estamos tan acostumbrados a encontrarle un "pero" a todo, que no permitimos que nuestro cerebro busque otras formas de solucionar el problema. Con nuestra negatividad, inmediatamente lo estamos programando para que siga haciendo las cosas de la misma manera como las venimos haciendo. Si nos permitiéramos explorar otras posibilidades, convertiríamos ese deseo de querer que las cosas sean diferentes, en una meta que pudiéramos alcanzar.

Muchas veces es difícil hacernos conscientes de cuán negativos podemos ser. Estamos tan sumergidos en la negatividad que nos resulta difícil abandonar los pensamientos negativos. Es así como nos volvemos pesimistas, abandonamos la ilusión de vivir y como consecuencia nos convertimos en personas deprimidas. Como todo en nuestro entorno es dañino y malo según nuestra mente, negaremos o sabotearemos todo lo positivo que llegue a nuestra vida, resistiéndonos una vez más a vivir el momento presente.

Ocasionalmente, en algún momento de nuestra vida, podemos asumir algunas de las actitudes que te mencioné anteriormente. El peligro para nuestro bienestar emocional y el de quienes nos rodean es cuando dejamos que estos pensamientos, de manera recurrente, se apoderen de nuestra personalidad. Cuando estamos pasando por un período de depresión estos pensamientos negativos pueden ser cientos, quizás hasta miles. No ha de sorprendernos entonces, que nuestra mente asediada por tanta presión negativa se venga abajo, al igual que un organismo físico inundado por gran cantidad de virus se enferme. Es entonces cuando entramos en un círculo vicioso, porque no podemos parar de tener ese tipo de pensamientos, que a su vez nos deprimen más y más, nublando nuestra percepción de la realidad y por supuesto produciendo más pensamientos contaminantes. Esta actitud nos conduce directamente y sin freno, hacia el profundo abismo que significa vivir eternamente deprimidos.

Es normal que cuando estamos pasando por una depresión o un momento de tristeza en nuestra vida, muchas veces no tengamos la fuerza suficiente para tan siquiera levantarnos de la cama, mucho menos lidiar con los asuntos y rutinas del día a día, que nos resultan totalmente abrumadoras y sin sentido.

Todas las palabras de aliento y consuelo que nuestros seres queridos nos brindan, con el único objetivo de hacernos sentir mejor, resbalan por nuestra mente como frases vacías, carentes de todo sentido. Cualquier invitación simple para hacer algo diferente a quedarte en tu cama viendo televisión o sacarte de tu rutina habitual, puede ser interpretada por nuestra mente inconsciente como una agresión.

Si te reconoces diciendo alguna de estas frases: *Para qué voy a ir, aquí estoy bien,* o *para qué voy a probar, si ya sé que no funciona,* o quizás, *seguro que será más de lo mismo, nadie me comprende,* o alguna de estas: *No insistas, te dije que no quería ir,* o, *yo me conozco, sé que no me va a gustar.* Estás presenciando un ataque de pánico de tu ego ante la posibilidad de experimentar algo diferente a tus rutinas habituales.

Muchas veces hasta podemos tener respuestas agresivas, llenas de ira, ante esta manifestación de preocupación, porque creemos que la otra persona simplemente no entiende. Queremos seguir siendo las víctimas y por supuesto todo aquel que quiera sacarnos de esta posición defensiva, quitarnos nuestro escudo de protección, será interpretado por nuestro ego como "el enemigo". Así que solo recibirá de nuestra parte agresividad.

Como la negatividad es solo una manipulación de nuestra mente inconsciente, producto de nuestros pensamientos, viciados por nuestras creencias y nuestras experiencias desagradables, nuestro ego se aferra a ella porque está convencido de que funciona. Pero es todo lo contrario, solo nos mantiene atascados en el estado indeseable en el que estamos, impidiendo que emerja el bienestar, la armonía y la alegría por vivir que tanto queremos sentir.

La negatividad de cualquier tipo, no es más que la representación hacia el exterior de nuestra resistencia interna. Es una forma de autosabotearnos por el miedo que tenemos de vivir el presente.

Desde el punto de vista puramente físico, la negatividad es un sistema enfermo de pensamiento y por tanto refuerza nuestro estado depresivo, ya que debilita nuestro sistema inmunológico. Nuestras células no permanecen ajenas a nuestro monólogo interno. Cada vez que tenemos un pensamiento negativo en el cual profundizamos, el cerebro libera sustancias que influyen sobre el sistema nervioso, la musculatura y los sistemas cardiovascular, respiratorio y digestivo. O sea que nos sumergimos en una especia de círculo vicioso donde cada día nos hundimos más y más.

CÓMO SUPERAR TUS PENSAMIENTOS NEGATIVOS

Lo primero que debemos hacer es entender que no somos nuestros pensamientos, solo estamos identificándonos con ellos, por lo tanto la culpa no tiene cabida. Sin embargo, una vez que los reconocemos debemos hacernos cargo. Al igual que nuestras emociones, nuestros pensamientos son energía pura, por lo tanto si podemos transmutar una emoción, basándonos en el principio de la alquimia, también podemos hacerlo con los pensamientos.

Para ayudarte a identificar tus pensamientos negativos, a continuación te voy a describir algunas de las distorsiones que solemos emplear para sustentar dichos pensamientos, con la idea de que reflexiones sobre las mismas y puedas manejar este asunto de la negatividad de una manera más práctica. Recuerda que solo trayendo la luz a la oscuridad, en este caso reconociendo nuestros patrones de pensamiento, podremos transmutar cualquier conducta que queramos.

TIPOS DE DISTORSION	
Pensamiento del tipo "todo o nada"	Equivale a ver la realidad en "blanco y negro". Una cosa es correcta o incorrecta, buena o mala, positiva o negativa. No se admiten matices intermedios. Supone rigidez mental. La persona que utiliza con frecuencia este tipo de distorsión, tiende a pasar de la euforia al desánimo con mucha facilidad.
Sobregeneralización	Cuando partiendo de un acontecimiento puntual negativo, generalizamos excesivamente. Es decir, exageramos las conclusiones más allá de lo razonable. Es frecuente en este caso el uso de expresiones tales como "todo", "nunca", "siempre", etc. Por ejemplo, se me estropea el automóvil y enseguida me digo: *Todo me sale mal.* Una persona hace algo que no me gustó, y pienso: *No se puede confiar en nadie.*
Personalización	Cuando asumimos toda la responsabilidad por un hecho que no está o estaba totalmente bajo nuestro control. Por ejemplo, nuestra pareja se separa de nosotros y automáticamente pensamos que es nuestra culpa.
Filtro mental	Cuando escogemos solo el detalle negativo de una determinada situación y centramos ahí toda nuestra atención, de manera que la perspectiva general se oscurece. Por ejemplo, recibo elogios de mis compañeros de trabajo por la presentación de un proyecto nuevo, pero uno de ellos expresa una ligera crítica. Si soy una persona con tendencia a la negatividad, lo más probable es que por unos días me obsesione con su reacción, olvidando todo lo positivo que me han dicho los demás y probablemente buscando en mí, cuál fue la falla que originó la no aceptación de mi compañero.
Descartar lo positivo	Cuando rechazamos las experiencias positivas sobre una determinada situación o persona, argumentando que "no cuentan". Por ejemplo, realizo un buen trabajo en algo pero me resto valor a mí mismo diciéndome que cualquiera podría haberlo hecho.
Precipitarse en las conclusiones y/o hacer predicciones negativas	Cuando interpretamos las circunstancias de forma negativa sin que haya suficientes hechos que avalen nuestra conclusión. O bien nos anticipamos al futuro pensando que algo va a salir mal. Por ejemplo, me encuentro con mi amigo José, lo veo muy serio y, sin tener más datos, concluyo que está molesto conmigo por algo. O tengo que ir a una entrevista de trabajo y antes de salir de casa ya estoy convencido de que saldrá mal.

TIPOS DE DISTORSION	
Lectura del pensamiento	Cuando asumo lo que determinadas personas están pensando o sintiendo, con poca o ninguna evidencia. Por ejemplo, me digo: *Sé exactamente por qué María me respondió ayer de esa manera*, sin más evidencia que mi "intuición". O pienso que no hace falta pedirle directamente a mi pareja lo que necesito, en un momento dado, porqué "él/ella ya lo sabe" o "si me quisiera realmente, ya lo sabría".
Magnificación y/o Minimización	Cuando exageramos la importancia de un problema, de nuestros defectos o puntos débiles, etc., o bien minimizamos la importancia de nuestras aptitudes y de las cosas buenas que hemos conseguido.
Razonamiento emocional	Cuando utilizamos nuestras emociones como evidencia objetiva de algo o para validar una creencia o pensamiento, sin tener en cuenta otros aspectos de la situación. Por ejemplo, siento pánico de viajar en avión, por lo tanto concluyo que es muy peligroso, sin siquiera detenerme a mirar o analizar las estadísticas que demuestran lo contrario.
Pensamientos "debería/ debo/ tengo que..."	Cuando estamos convencidos de que las cosas "deberían" o "deben" ser de una determinada manera, tal como nosotros queremos o esperamos que sean. Eso nos lleva fácilmente a sentimientos de culpa y frustración. Por ejemplo: *No tendría que haber cometido este error, las cosas tendrían que ser más sencillas, fulano debería ser de tal o cual manera*. Es conveniente substituir los "debería..." por "me gustaría que...", "estaría muy bien que...", etc. En vista de que estas distorsiones se refieren a obligaciones personales que nos imponemos, podríamos mejor plantearnos si queremos realmente hacerlo o no, y asumir las consecuencias de nuestra decisión, en lugar de martirizarnos con los "debería/ tengo que...".
Etiquetaje	Cuando hacemos algo de lo cual no estamos orgullosos, cometemos alguna equivocación, etc. y en lugar de centrarnos en lo que hemos hecho, nos cuestionamos toda nuestra persona. O cuando alguien hace alguna cosa que nos molesta y, en lugar de referirnos a la conducta concreta que desaprobamos, generalizamos toda su persona poniéndole una etiqueta. Por ejemplo, cometo un error en mi trabajo y me digo: *Soy tonto*, en lugar de: *Me he equivocado en tal o cual cosa*. O alguien hace algo que me molesta y le digo: *Eres un tonto* en lugar de: *Me ha dolido que hicieras...*

Como comenté al principio del capítulo, tenemos cincuenta opciones más una, para decidir cómo afrontar una determinada circunstancia o evento en nuestra vida, pero si somos personas negativas siempre escogeremos la única opción que conocemos por temor a experimentar algo diferente que nos haga salir de nuestra zona de confort. Por lo cual con frecuencia distorsionaremos la realidad, para que esta se ajuste a nuestras creencias, para reforzar siempre nuestro ego.

Identifica tus pensamientos

A continuación te entrego un ejercicio que te permitirá hacerte consciente de tus pensamientos negativos, cuando estos se presenten:

1. *Lleva una bitácora de tus pensamientos automáticos.* Los pensamientos negativos normalmente se presentan de forma automática, ya que están condicionados por nuestras creencias y experiencias pasadas. Para hacerte consciente de ellos te invito a que de ahora en adelante tomes nota de todos esos eventos que te producen sufrimiento y crees una lista con ellos. Estos eventos pueden ser externos, como un conflicto con otra persona, una circunstancia que se presente en tu trabajo, en los estudios, con tu pareja, la familia o con los amigos. También puede ser un recuerdo del pasado que te haya generado dolor o preocupaciones infundadas ante un acontecimiento futuro que te produce estrés.

Cuando se presente el evento, describe qué tipo de pensamiento te produjo el mismo. Asígnale una puntuación del cero (nada) al diez (totalmente cierto), según la credibilidad que te merezca ese pensamiento. Seguidamente, identifica la emoción asociada a este pensamiento, puede ser angustia, estrés, ansiedad, rabia, miedo, tristeza, etc. Colócale también a esta emoción un valor de cero (nada) al diez (extremadamente intensa).

Sería algo como esto:

Fecha	Evento	Pensamiento (0-10)	Emoción (0-10)
03/Mayo	Mi pareja no me devolvió la llamada	Ya no le importo (9)	Tristeza (7)- Miedo (4)

Este registro, esta observación de tus pensamientos automáticos, deberás practicarla durante varios días hasta que logres, de manera consciente, reconocer cómo influye la interpretación que hace tu mente inconsciente acerca de los eventos, en la generación de tus diferentes estados emocionales.

Esta práctica te puede ocasionar cierto malestar, te puede resultar algo incómodo enfocarte en los eventos negativos que ocurren en tu vida, pero es imprescindible que seas honesto y claro contigo mismo, de nada sirve aquí el autoengaño. Para transmutar nuestra depresión, eliminar de nuestra vida aquello que nos produce sufrimiento, debemos primero identificarlo. Solo así podrás reconocer tu sombra.

2. **Identifica las distorsiones que haces de la realidad.** Una distorsión, es una interpretación deformada de la realidad, sustentada por nuestros hábitos de pensar y de sentir, que hacemos de manera involuntaria. En este segundo paso, una vez que hayas tomado consciencia de la relación entre el grado de credibilidad que le otorgas a tus pensamientos negativos y la intensidad de las emociones negativas que despiertan en ti, verás que es más fácil identificar las distorsiones que hacemos de las situaciones o eventos que suceden a nuestro alrededor y entenderás que son estas distorsiones, y no los hechos en sí, las que te hacen inmensamente infeliz.

En nuestro ejemplo sería algo así:

Fecha	Evento	Pensamiento (0-10)	Emoción (0-10)	Tipo de Distorsión
03/Mayo	Mi pareja no me devolvió la llamada	Ya no le importo (9)	Tristeza (7) Miedo (4)	LECTURA DEL PENSAMIENTO

3. **Cambia tus pensamientos distorsionados.** Ahora que has traído a la luz tus pensamientos negativos, haciéndote consciente de ellos y has comprendido cómo estos distorsionan la realidad de los hechos, estás en condiciones de sustituirlos por unos más racionales, más realistas, más objetivos y por supuesto más positivos y cónsonos con tu búsqueda de crecimiento espiritual.

Para hallar alternativas racionales a tus pensamientos negativos, que generalmente son infundados y cargados de una gran exageración y dramatización de nuestra parte, tendrás que debatir contigo mismo, más bien con tu ego, acerca de las razones que tienes para pensar así. Deberás escarbar en tu memoria e ir en busca de pruebas fehacientes que refuercen estos pensamientos; si no las consigues, el grado de credibilidad hacia estos será menor. Esta es la idea del ejercicio, que no le concedas tanta importancia, ni des como válidos todos los pensamientos negativos que llegan a tu mente inconsciente.

Para esto vas a usar como referencia tus anotaciones, pero con un nuevo esquema como el siguiente:

PRIMER PASO: DESCRIBE EL EVENTO QUE TE PREOCUPA
Mi pareja no me devolvió la llamada

SEGUNDO PASO: ANOTA TUS EMOCIONES NEGATIVAS Y LA PUNTUACIÓN QUE LE ASIGNASTE
Tristeza (7) Miedo (4)

TERCER PASO: ASIGNA UNA RESPUESTA RACIONAL A ESE PENSAMIENTO

Pensamiento (0-10)	Tipo de Distorsión	Respuesta racional
Ya no le importo (9)	Lectura de pensamiento	En otras oportunidades me ha devuelto la llamada enseguida, quizás esta vez se le presentó algún inconveniente.
Se molestó conmigo por la broma que le hice / Soy un(a) tonto(a) (7)	Etiquetaje Precipitarse a las conclusiones	No tengo motivos reales para pensar así, hasta ahora siempre la hemos pasado bien juntos. No me considero una persona tonta.
A lo mejor me está engañando con otro(a) (6)	Precipitarse a las conclusiones	No hay hasta ahora ningún indicio de que me esté engañando.
Siempre tengo mala suerte con las parejas (9)	Sobregeneralización	¿Realmente siempre he tenido mala suerte con todas las parejas? He tenido buenas relaciones también.

4. *Conéctate con tus nuevos pensamientos.* Una vez que has analizado la situación que tanto te preocupa y has logrado colocarla en perspectiva, conéctate con las emociones que te producen ahora estos nuevos pensamientos, describe cómo te sientes en ese momento. Es bueno que escribas tus observaciones y las utilices como reforzamiento y estímulo para mantener una actitud positiva.

Este ejercicio por sí solo no te ayudará a eliminar totalmente tus pensamientos negativos, para ello debes indagar un poco más en tu mente inconsciente, para identificar el origen de los mismos, esto lo haremos en el capítulo seis. Sin embargo, si durante varios días te dedicas a registrar tus observaciones, comprenderás mejor tu manera de pensar y te harás consciente de cómo esta afecta tus emociones. Podrás identificar si existe en ti algún patrón de negatividad atrapado en tu mente inconsciente y que usas como mecanismo de autosaboteo para evadir el momento presente.

CÓMO ADOPTAR UNA ACTITUD POSITIVA ANTE LA VIDA

1. *Deja de crearte problemas que solo existen en tu mente.*

Libera tu vida de complicaciones, ya sean reales o ficticias. No le concedas tanta importancia a todos los sucesos negativos que pueden ocurrir a tu alrededor. No sigas torturándote con todo lo negativo que pudiera ocurrirte mañana, la próxima semana, el próximo mes o en los próximos años. Recuerda, el futuro no existe.

2. *Rompe con ese afán de querer tener siempre la razón.*

No siempre las cosas son blanco o negro, las medias tintas existen y nadie es dueño de la verdad. Permítele a otros participar en tu vida con sus comentarios positivos, escucha atentamente cuando alguien te plantea algo diferente a lo que ya conoces, bien vale la pena. Seguramente te puede aportar una idea que te permitirá salir de la frustración que estás enfrentando al ver que las cosas no son como tú quisieras. Abre tu mente. Permite que esta sea flexible como una pelota de goma, no rígida como una pelota de acero. La pelota de goma mientras más duro la sueltan contra el piso, más alto rebota.

3. *Aprende a perdonarte y aceptarte a ti mismo.*

Deja de sentir autocompasión, creyéndote el único responsable de todo lo que te ocurre y de todo lo que sucede a tu alrededor. Comprende que hay situaciones que escapan de tu control.

4. *Rodéate de personas agradables y positivas.*

Elige amigos que te nutran, amigos que te ayuden a superarte, no que te hagan hundir cada día más en el pantano. Amigos comprometidos con su proceso de evolución interno, que contribuyan con tu proyecto de vida. No se trata aquí de darle la espalda a un amigo cuando tenga un problema, o cuando su forma de vivir sea diferente a la de nosotros; se trata de que te hagas consciente de que si tú adoptas su mismo comportamiento no traería para ti ningún beneficio. Entonces podrás ayudarlo realmente, pero sin quedarte enganchado a sus emociones de baja vibración energética. Además, recuerda, somos energía y lo semejante atrae lo semejante. Si tu actitud ante la vida es positiva, atraerás a tu espacio gente igual o más positiva que tú.

5. *Realza lo positivo.*

Te invito a que hagas una lista de todas las cosas buenas que tienes actualmente en tu vida. Revisa todos los aspectos de tu entorno: familia, trabajo, pareja, amigos, salud, dinero, etc. Te aseguro que encontrarás muchas más cosas por las cuales sentir gratitud, que aquellas por las que no.

Agradecer las cosas buenas que tenemos nos lleva siempre a sentirnos mejor y más relajados. Si deseas sentirte mejor contigo mismo, más motivado y mejorar tu autoestima, refuerza este hábito en ti; te permitirá mantenerte enfocado siempre en lo positivo, restándole importancia a las cosas no tan positivas que pudieras estar experimentando en tu vida.

Acostumbra al final del día, quizás cuando ya estés en la cama listo para dormir, a repasar tu día y agradecer por lo menos diez cosas que recibiste y que seguramente hicieron tu vida mejor. No tienen que ser grandes logros, ni cosas trascendentales, simplemente puede ser: la sonrisa que tu vecino te brindó esta mañana cuando te vio; el señor que te abrió la puerta; la cajera del supermercado que te dio las gracias por tu compra; los buenos días que recibiste cuando te montaste en el ascensor; el taxi que dio la vuelta para recogerte; el alimento que recibes; un hogar donde llegar después de un día agotador; una ducha tibia; tu pareja que te recibió con un gran abrazo. La lista puede ser tan larga como tú quieras.

Cuando agradecer se convierta en un hábito para ti, verás que no hará falta que llegue el final del día para elaborar tu lista, sino que estarás conectado permanentemente con ese sentimiento de gratitud y en cada momento, cada acontecimiento que llegue a tu espacio, lo reconocerás y agradecerás de forma automática.

Aprovecha cada momento que la vida te brinde para experimentar un cambio en tu rutina. Abraza el momento presente. A medida que tu práctica del ahora sea cada vez más un hábito, ya no necesitarás la negatividad, ni la depresión como salvavidas para mantenerte a flote. Ya no tendrás que seguir escapando de tu realidad, aprenderás a aceptarla y a vivirla con todo lo que ella te ofrezca, tal como se presente.

Recuerda...

1. Si quieres obtener un resultado diferente, debes elegir hacer algo diferente.

2. El autosabotaje es un acto inconsciente. Viene dado por nuestro miedo a reconciliarnos con nuestra sombra. Existen muchas maneras de autosabotearnos y desafortunadamente pocas veces nos damos cuenta de que los estamos haciendo. Debes convertirte en el observador de tus emociones y tus pensamientos. Hacerte consciente de ellos.

3. La negatividad ante la vida es una forma de expresar nuestra depresión. Por lo tanto también representan nuestra resistencia interna a vivir el ahora. No juzgues lo que la vida en este momento te está ofreciendo, solo disfruta la experiencia y repítete frases que refuercen positivamente la misma.

4. La negatividad también afecta nuestro cuerpo y nuestro sistema

inmunológico, debilitándolo. Nuestras células reaccionan ante nuestro monólogo interno, haciendo que nuestro cerebro libera sustancias "tóxicas" que afectan nuestros sistemas nervioso, cardiovascular, respiratorio y digestivo.

5. Reconoce tus pensamientos negativos en el momento que aparecen. Hazte consciente de tus pensamientos automáticos e identifica las distorsiones que tu mente inconsciente hace de la realidad, esto te permitirá comprender que es esta distorsión y no los hechos, lo que te afectan y originan tu sufrimiento.

6. Cuanta mayor credibilidad le otorgues a un pensamiento negativo, más intensa será la emoción que te produzca. Cuestiónate la certeza de tus pensamientos negativos y sustitúyelos por pensamientos racionales, más objetivos, que te produzcan emociones positivas y contribuyan con tu crecimiento espiritual.

7. Deja de crearte problemas que solo existen en tu mente, recuerda que el futuro no existe. Aprende de otros, abre tu mente, no quieras tener siempre la razón. Haz que tu mente sea tan flexible como una pelota de goma. Perdónate y acéptate a ti mismo. Escoge rodearte de personas que te enriquezcan como ser humano, recuerda que lo semejante atrae lo semejante.

8. Haz una lista de todos tus aspectos positivos, de las cosas buenas que tienes en la vida y da gracias a Dios y al universo por tenerlas. Cuando surja la negatividad, chequea esta lista, te dará fuerzas para mantenerte positivo. Convierte el agradecimiento en un hábito de vida.

CAPÍTULO 5

EL AUTOSABOTAJE - PARTE I:
¿TENGO MIEDO DE ENFRENTAR MI DEPRESIÓN?

La depresión o la tristeza se deben principalmente al hecho de que no aceptamos lo que está sucediendo en nuestro entorno, en nuestra vida. Es muy doloroso lo que está pasando y por eso nuestra mente inconsciente decide que es mejor evadir la situación, por lo tanto nos ausentamos por completo. Aunque estemos físicamente, nuestra mente está en otro lado.

Vivimos entonces en un constante estado de negación, resistiéndonos internamente a aceptar el ahora. Adoptamos la negación, en este caso enmascarada bajo nuestra depresión, como mecanismo de defensa inconsciente que nos impide aceptar la realidad, dándonos una falsa sensación de "protección".

Nos identificamos con la depresión, como quien se identifica con su profesión, con un objeto material o con una persona que le causa placer. Nos sentimos a gusto con ella, porque nuestro ego nos hace creer que nos está protegiendo. Por lo tanto no queremos soltarla, no queremos dejarla porque funciona para nosotros. ¿Y qué haces cuando un amigo que te cuida y te protege te quiere dejar?, ¡te resistes! ¿Verdad? Por supuesto que no deseas que se vaya, es el único que te comprende y con él te sientes bien, es lógico que quieras que tu amigo permanezca a tu lado.

Igual sucede con la depresión, en tu profunda inconsciencia no deseas un cambio para mejor porque quedarás expuesto al ahora que tanto temes, al que le estás huyendo. Entonces harás caso omiso, negarás o sabotearás cualquier cosa positiva que quiera entrar en tu vida para transmutar tu sufrimiento.

Esta negación o resistencia la podemos expresar como irritabilidad, impaciencia, deseo de morir, frustración o culpa. En ese momento vemos el mundo como un lugar inhóspito, donde no hay esperanza ni razón para vivir. Todo nos parece una pérdida de tiempo. Aquello que deseamos, aquello que creemos nos hará felices y salir de nuestra depresión, se quedó en el pasado y nos la pasamos añorándolo y recordándolo con nostalgia. O bien, solo es una proyección de nuestro futuro y entonces viviremos ansiosos. Bajo esta energía, nada de lo que nuestros seres queridos en su afán por hacernos sentir bien, intenten hacer por nosotros, nos parecerá regocijante, ni nos producirá alegría, porque estamos buscando nuestra salvación en un tiempo que no existe.

Cuando estamos en una actitud de negación, actuando ante el mundo con nuestra máscara de deprimidos, estamos inconscientemente también creando un mecanismo de evasión del dolor. Estamos evitando a toda costa que nuestra sombra emerja del lugar oscuro donde yace desde hace mucho tiempo.

EVADIENDO EL DOLOR

Si no reconoces el dolor que ha estado vivo muy dentro de ti, seguirá contaminándote y saboteando tu vida.

En un capítulo anterior te comenté que cada uno de nosotros, producto de nuestras vivencias y experiencias de vida, vamos cargando con un morral a cuestas que contiene todos nuestros dolores del pasado. Cuando hablo del pasado puede ser un hecho de hace veinte o cinco años, o de la semana pasada, o incluso de ayer. Este dolor puede ser de fracaso, de pérdida por un ser querido, de resentimiento hacia alguien que nos hizo daño, de creer que no somos lo suficientemente buenos para algo, o cualquiera otra representación de no sentirnos bien con lo que somos y estar inconformes con la vida.

Como el enfrentar ese dolor puede generar mucho sufrimiento, nos negaremos a toda costa, por supuesto de manera inconsciente, a cualquier intento de sanación, venga de donde venga.

La mayoría de las veces el problema no es que la terapia, el médico o el terapeuta no sirvan, el problema somos nosotros que estamos negados a resolver nuestros conflictos y sanar el dolor. Y así vamos todos los días agregando más sufrimiento a nuestra carga, con la firme creencia de que desapareciéndolo de nuestra vista, no hablando al respecto, también desaparece de nuestra vida. O también al contrario, buscaremos situaciones que nos revivan el dolor, el sentimiento, para perpetuar la creencia que se instaló en nosotros a partir de ese evento.

Tal es el caso de la niña cuyo padre, cada vez que llegaba borracho a la casa, maltrataba física y verbalmente a su madre. En algún momento de ese acto brutal, su padre, sucumbiendo ante un pequeño destello de consciencia que de pronto le golpeaba, pedía perdón a la niña y le daba las muestras de afecto que probablemente en pleno uso de sus facultades, era incapaz de expresar. Así la niña creció convencida de que la única manera de recibir amor de parte de los hombres, es después de un acto de violencia.

Por eso durante toda su vida, mientras no decida concientizar este dolor y traer a la luz esta experiencia, buscará parejas que la agredan física y verbalmente, pues para ella, según su creencia, el amor está asociado con el maltrato. Por otro lado, como esta creencia atenta contra cualquier intento de felicidad que esta niña, siendo ahora una adulta, pretenda experimentar, pasará toda su vida siendo una mujer infeliz y seguramente deprimida, al sentirse culpable por no saber elegir la pareja correcta para ella o sintiéndose poco merecedora de un hombre que realmente la valore y la ame sin violencia.

Lo cierto es que sea cual sea la acción que dicha creencia desencadena en nuestras vidas, es nociva para nosotros y hasta que no se libera, seguirá operando y contaminándonos. Podremos llegar a tener noventa y cinco años y seguir recreando las experiencias dolorosas una y otra vez, porque ya está instalada en nosotros la creencia que aceptamos como válida cuando teníamos cinco años.

El ser humano, mientras actúe bajo su profunda inconsciencia, hará siempre todo lo que esté a su alcance para evadir el dolor, por eso sanarse es cuestión de elección. Para sanar deberás enfrentar tus miedos más profundo, tus temores más ocultos.

Esa necesidad de evadir el dolor puede llevarnos por caminos llenos de mucho sufrimiento, e inclusive, creyendo que vamos a encontrar la paz, podremos hasta refugiarnos en cosas que nos den una aparente tranquilidad o que calmen nuestros demonios internos.

A como dé lugar, de manera inconsciente, nos empeñaremos en ocultar nuestra sombra, porque esos sentimientos que de a ratos se asoman en nosotros, quizás de rabia hacia algo o hacia alguien que nos hirió, si se trata especialmente de nuestros padres o algún ser querido, los consideraremos "pecado", nos culparemos por ello y querremos desaparecerlos a como dé lugar. Trataremos de reprimirlos, porque retumban en nuestra cabeza como un tambor, pero al no poder hacerlo por nosotros mismos, para no ahogarnos, buscaremos aferrarnos a una tabla de salvación, como por ejemplo alguna religión o grupo de pensamiento, porque al actuar bajos sus dogmas, siguiendo su línea de pensamiento, no daremos cabida a los nuestros. Les permitiremos a otros tomar las riendas de nuestra vida y decirnos qué debemos hacer, de esta manera no tendremos que tomar ninguna decisión, ni esforzarnos en pensar, porque solo pensar nos causa dolor.

En este caso podrás sentir una falsa sensación de bienestar. La religión, o cualquiera que sea la tabla de salvación que hayas escogido, solo hará que tu sombra se adentre aun más en la oscuridad. Tu ego te hará creer que estás a "salvo" pero es mentira, esto solo será una ilusión de tu mente inconsciente.

LIBERA TU DOLOR: DEJA QUE TU CONSCIENCIA TE GUIE

Ya te he comentado que pasé gran parte de mi vida evadiendo enfrentarme con el dolor que causó en mí la muerte prematura de mi padre, que no solo me hizo desarrollar el hábito de evadir el presente, sino que cuando empecé a hacerme terapia y a medida que he ido avanzando en mi proceso de sanación, he descubierto que albergaba una cantidad de sentimientos y temores en mi interior producto de esa experiencia y que estaban afectando muchos aspectos de mi vida: laboral, familiar, de pareja, social.

Mi padre murió en un accidente de tránsito a la temprana edad de veintinueve años, cuando estaba pasando por un gran momento en su vida. Estaba felizmente casado, había nacido yo después de mucho desearlo junto a mi madre y además estaba iniciando un proyecto laboral con mucho entusiasmo, en otra ciudad. Murió en plena flor de su vida, como decimos de manera coloquial.

Gracias a que tuve una infancia feliz, con altos y bajos por supuesto, porque así es la vida, con aciertos y desaciertos, nunca sentí, de manera consciente, ese dolor. Además siempre recibí mucho amor de parte de mi madre, mi familia y del padre sustituto que la vida se encargó de regalarme. Mi padre para mí fue alguien maravilloso que formó parte de mi vida, sin embargo no tengo ningún recuerdo de él, y no porque él no hubiese compartido lo suficiente conmigo, al contrario, me adoraba, yo era lo mejor que le había sucedido, me cuentan mis familiares y mi madre, pero mi mente inconsciente prefirió "borrar" todo recuerdo para evitarme dolor.

Cuando alguien o algo por ahí asomaba que podía haber una conexión entre la muerte de mi padre y mis padecimientos, enseguida mi ego salía en mi "defensa" alegando que esto era imposible pues la muerte de mi papá había sido un accidente y para nada yo sentía aflicción o rencor por ello. ¡Cuán equivocada estaba! Cuánta inconsciencia había en mis palabras.

Por supuesto cuando empecé a asumir la responsabilidad por mis emociones y por mi vida, lo primero que apareció en las sesiones de psicoterapia, lo primero que saltó de mi morral, fue ese dolor evadido por mí durante mucho tiempo. Para mí fue un verdadero descubrimiento y un total desconcierto las emociones que salieron a la luz. Al decidir enfrentar mi pena, dejé un espacio grandísimo para que emergiera mi consciencia, esa consciencia que durante mucho tiempo estuvo perdida en las formas y en las representaciones que mi ego hacía de mí y que por supuesto me servían para "estar a salvo y protegida del dolor".

En mi caso estas representaciones se manifestaban en diferentes facetas de mi vida; en algunas con más dolor que en otras y en unas más fáciles de sanar que en otras. Pero sobre todo en mi aspecto laboral y profesional, porque siempre, hasta ahora, había sido el aspecto de mi vida que más frustración y estrés me generaba. Es donde despliego mis mejores y más elaborados mecanismos de autosabotaje. El que siempre ha sido todo un reto para mí. Era el sueño cumplido pero a medias, porque siempre sentía que algo se había quedado o perdido en el camino.

Por supuesto, al ser algo tan importante para mí, muchas veces esta frustración se traspasaba a otros aspectos de mi vida, sin siquiera yo estar consciente de dicha relación. Así que al sanar uno, como un efecto dominó, se sanaban todos los demás.

El hecho de que mi papá muriese en pleno desarrollo de su proyecto de vida, en el momento en que hacía cambios importantes y asumía riesgos para crecer en su aspecto laboral, significó para mí durante mucho tiempo, un patrón de conducta que repetía de manera inconsciente para emular a mi padre. Por lo tanto, todo proyecto laboral y profesional que empezaba, sin importar qué tan grande o tan pequeño fuese, o qué tan bueno o malo hubiese llegado a ser, estaba condenado a morir siempre a mitad de camino. Bajo la influencia de esa creencia, para mí el éxito en lo laboral y profesional estaba estrechamente ligado con la muerte y el abandono. Así que te podrás imaginar como mi ego, en su rol de "protector", no permitía que concretara ningún proyecto. Saltaba de proyecto en proyecto, de empleo en empleo, como pájaro de flor en flor. El miedo a la muerte que se traducía en miedo al éxito, era mi sombra.

No fue fácil para mí reconocer este mecanismo de autosabotaje, realmente ha sido uno de mis más recientes descubrimientos en este camino de transmutación de mi depresión. Pero la clave aquí fue darme cuenta de que había un patrón de conducta que se repetía una y otra vez en mi vida; me dediqué a observarlo desde la aceptación. Haciéndome consciente de su presencia y permaneciendo abierta a lo que mi esencia divina me quisiese trasmitir, lo traje a la luz.

Lo más bonito y gratificante de este proceso de toma de consciencia, es que no tienes que esforzarte por conseguir las respuestas. Cuando le envías un mensaje claro a tu Ser Divino de que estás comprometido y dispuesto a hacerte responsable por tu vida y por tus emociones, el universo conspira a tu favor para entregártelas, poniendo a tu alcance los recursos que sean necesarios para que lo logres. Estos recursos pueden ser una persona que llega a tu vida, un libro que te regalan, un médico que te recomiendan, el descubrimiento de una nueva terapia, un viaje al que te invitan; en definitiva, lo que tu alma y Dios crean que facilitará tu sanación y evolución espiritual. Solo tienes que elegir vivir el momento presente, abrir tu mente y tu corazón, dejar la negatividad a un lado y abrazar el ahora con tus cinco sentidos y el sexto que es la intuición. Dejando que todo fluya, permitiendo que tu consciencia esté cada vez más presente y emerja en ti el ser de luz que todos somos.

Por eso ahora ya no me aterra el éxito pero tampoco dependo de él para sentirme bien, para estar en armonía conmigo misma, porque aprendí que ya no lo necesito para obtener aprobación y aceptación del mundo externo. Yo soy por mí misma mi mayor logro, mi mayor éxito. El éxito es para mí de ahora en adelante una demostración de que puedo lograr todo lo que me propongo, porque he doblegado algunos de mis miedos más profundos, como el temor a comprometerme, pero su búsqueda ya no me domina y el reconocimiento y la aceptación de quién soy y lo que soy, no está sujeta a su encuentro.

¿QUÉ HACER PARA DEJAR DE EVADIR EL DOLOR?

El primer paso es hacerte consciente convirtiéndote en el observador de tus emociones, tus pensamientos y tu comportamiento. Mantente alerta a cualquier señal de infelicidad en ti.

Una vez más te invito a que tomes nota de tus observaciones en el momento en que se presenten.

1. Puedes comenzar identificando: ¿Cuáles han sido esos acontecimientos que te han marcado tan profundamente que al recordarlos sientes un sabor amargo, que todavía te producen un dolor tan grande que no

lo puedes soportar? Quizás la muerte de un ser querido, un divorcio, la pérdida del trabajo, pérdidas económicas, el divorcio de tus padres o algo más sencillo, pero no por eso menos importante. Quizás te obligaron a dar un discurso y no estabas preparado y sientes que hiciste el ridículo, un amigo se burló de ti cuando eras pequeño(a) y te humilló frente a tus compañeros.

2. Conéctate con las emociones que ese suceso despierta en ti, pregúntate: *¿Con qué vibración energética me estoy identificando?* Puede ser rabia contigo mismo, con tu entorno o con la persona que te infligió dolor, quizás confusión, desesperanza, ganas de morir, ansiedad, frustración, desconfianza, tristeza, enfermedad. No filtres, no juzgues, solo siente. Desahoga toda esa emoción que quizás ha estado reprimida por mucho tiempo. Date el permiso de hacerlo, no sientas temor. Permite que sea tu Ser Divino el que guía la experiencia, no lo bloquees con tus pensamientos cargados de juicios, ni con calificativos, ¡vamos, déjalo salir!

3. Hazte consciente de tu diálogo interno. Constantemente nos estamos diciendo frases de reprobación y encontrando aspectos negativos en nosotros. Observa atentamente tus pensamientos, quizás te reconozcas en alguna de estas frases: *No lo voy a lograr; no soy nadie en la vida; para qué intentarlo, si ya he fallado tantas veces; por qué tuvo que ser así.* Desactiva tu ego protector, ese que constantemente cree que nos está salvando del peligro que representa el mundo exterior. Cambia estas frases por pensamientos positivos, más cónsonos con lo que quieres lograr.

4. Trázate metas pequeñas y alcanzables, no quieras correr antes de aprender a caminar. Así evitarás que tu ego te recrimine y más adelante termines diciéndote: *Lo sabía, sabía que esto me iba a salir mal.*

5. Prémiate cada vez que lo logras, así reforzarás esta conducta positiva en ti.

La idea es que te hagas consciente de que tienes un patrón que se repite en tu vida, de forma constante o en ciertos y determinados momentos. Se trata de reconocer y explorar nuestros pensamientos, hábitos, actitudes, emociones y sobre todo nuestros miedos, para entender cómo pueden estar influyendo en nuestra conducta. Esta es una forma de traer la sombra a la luz de tu consciencia.

Estas emociones, estos pensamientos, significan mucho dolor acumulado y quizás pueden ser parte responsable de tu depresión; también te pueden llevar a algo peor, como las drogas o el alcohol. Así que es importante que los atiendas, que los observes. Cuando logras identificarlos comienzan a perder su poder sobre ti. Ya no te podrán seguir usando más, ni alimentándose de ti, en este caso de tu inconsciencia. Haz roto el círculo vicioso.

Al principio es normal que sientas un poco de resistencia interior, pero recuerda que ese no eres tú, es tu ego resistiéndose. Tú mereces tener una vida mejor. Dios te creó con el propósito de servir a tu prójimo y ser feliz, y si no estás en armonía contigo mismo no podrás alcanzar ninguna de estas dos cosas. En ti está el poder para decidir pensar de manera diferente. Puedes hacerte cargo de tus pensamientos y escoger pensar de una manera positiva de forma consciente, desde ya, dejando de vivir en el pasado y optar por vivir en el presente, en el ahora. Si crees que se puede, podrás y si crees que no, pues así será también, siempre tendrás un resultado de acuerdo a tus creencias.

Este despertar solo tú puedes lograrlo, nadie puede hacerlo por ti. Puedes tener la suerte de encontrar un guía espiritual o un excelente psicoterapeuta, como me sucedió a mí. Eso te ayudará y te permitirá acelerar las cosas. Pero esta persona solo te puede ayudar a encontrar las respuestas en tu interior haciéndote las preguntas apropiadas, siendo la chispa que avive el fuego dormido en ti desde hace mucho tiempo. En ti está comprometerte y disciplinarte para lograr el cambio. Descubre si estás usando la negatividad y la negación como mecanismo de protección para mantenerte a salvo del dolor que significaría enfrentar tu depresión.

En todo proceso de transformación debes aplicar el desapego y la no resistencia, no se trata de luchar contra tus emociones y pensamientos, pues esto traería más dolor a tu vida, se trata de identificarlos y de observarlos para que no te dominen. El cambio se irá dando por si solo a medida que vayas incorporando más cosas positivas a tu vida. Pero también recuerda que cualquier cambio que introduzcas en ella, será superficial y pasajero si no surge de un verdadero cambio en tu nivel de consciencia. La clave está en mantenerte presente. Mientras logras que vivir en el ahora se convierta en un hábito para ti, aprovecha tus emociones y tus pensamientos negativos para recordarte que todavía tienes que estar más presente.

Recuerda...

1. Quizás estás viviendo en un estado de negación, resistiéndote internamente a aceptar el ahora y a enfrentar tu dolor. Estás usando tu depresión como mecanismo de defensa inconsciente. Para reconocer si te estás saboteando, observa cuáles son esas conductas o comportamientos que revives una y otra vez en tu vida y que te están generando sufrimiento. Identifica cuáles son tus patrones de conducta. Mantente alerta a cualquier señal de infelicidad que surja en ti.

2. Toma nota de tus observaciones. Hazte preguntas poderosas que te permitan identificar qué te está generando dolor. Observa tu diálogo interno para saber si te estás saboteando mediante la desaprobación constante de tus actos y sentimientos. Desactiva tu ego protector; cambia las frases negativas por pensamientos positivos que se parezcan más a lo que quieres de ti. Trázate metas a corto plazo y prémiate cada vez que las logres.

3. Por último recuerda que tu ego querrá evitar a toda costa que sanes ese dolor que absorbe tu campo de energía desde hace mucho, pues de él se alimenta. Por eso es necesario que te mantengas presente y atento a cualquier pensamiento que provenga de tu mente inconsciente y que quiera sabotear tu despertar, tu búsqueda de crecimiento espiritual. Ten siempre presente: Tú tienes el poder para elegir cómo quieres que sea tu vida. ¡Haz uso consciente de tu libre albedrío!

CAPÍTULO 6

LA PRÁCTICA CONSCIENTE DEL AHORA

Si el universo se ha encargado de juntarnos a ti y a mí, a través de este libro, es porque definitivamente quieres liberarte del sufrimiento y no estás dispuesto a aceptar más dolor en tu vida. "Quieres hallar felicidad, pero te asemejas al hombre que cree haber perdido su caballo, se pasa toda la vida buscándolo, y al final descubre que siempre estuvo montado en él". (Chuang Tzu).

Seguramente si en este momento te pregunto qué es lo que más deseas en la vida, a lo mejor dirás: una pareja estable, un matrimonio feliz, ganarme la lotería, ser multimillonario, gozar de salud, viajar por el mundo, tomar vacaciones, tener mi propio negocio, conseguir un trabajo, etc. Pero realmente si vamos más allá de la respuesta inmediata, probablemente deseas todas o alguna de estas cosas por la paz y la felicidad que crees traerán a tu vida, ¿cierto?

La mayoría de nosotros nos pasamos la vida buscando la felicidad afuera y echándole la culpa a los demás o a las circunstancias de todo lo malo que nos sucede, o de lo terrible que nos sentimos. Incluso si no tenemos alguien cercano a quien echarle la culpa, lo más probable es que hagamos responsable a Dios de todo lo malo que nos sucede, atribuyéndolo como un castigo divino.

De manera que nuestra felicidad dependerá de cómo percibamos las circunstancias de la vida, lo cual a su vez dependerá de nuestro nivel de consciencia. Si logramos expandir la consciencia y reconciliarnos con nuestra sombra, crearemos circunstancias más favorables, ya que estas son una proyección de la mente y de nuestras emociones, por lo tanto lograremos la felicidad que tanto anhelamos. Nuestra vida no cambiará, si no elevamos nuestro nivel de consciencia y nos deshacemos del control que ejerce el ego sobre nosotros a través de la mente inconsciente.

Todo el sufrimiento que somos capaces de experimentar los seres humanos se debe a que permitimos que el ego nos domine, controlando todos los aspectos de nuestra vida y por supuesto moldeando nuestras circunstancias. Si nos insultan, reaccionamos de inmediato insultando; si hieren nuestro amor propio sufrimos, y hasta nos enojamos. Cuando contemplamos todo el panorama de la vida, si hacemos una retrospección de la misma, seguramente podremos evidenciar claramente que hemos sido como una pajita que el viento sopla de aquí para allá sin rumbo, debido precisamente a que hemos permitido que nuestra vida sea controlada por la mente y las emociones. Hemos permitido que sea el ego el que nos controle, por lo tanto no le hemos dado oportunidad a nuestra esencia divina, al ser, para que se exprese a través de nosotros.

Siempre queremos resolver las cosas bajo la influencia del ego: reaccionamos ante cualquier palabra dura, ante cualquier problema, ante cualquier dificultad, con lo primero que se nos viene a la mente. Al ego le encanta quejarse y resentirse con las otras personas, y por supuesto con las circunstancias. Nos sentimos heridos cuando alguien nos hiere, o contentos cuando cualquiera nos alaba. Hemos sido "víctimas" de todo el mundo, hemos soltado las riendas de nuestro destino, permitiendo que sean otros y las circunstancias, los que dirijan nuestro barco.

Cada vez que nos enfrentamos ante una situación o persona que nos "desagrada", enseguida el ego nos hará pensar: *Esto no debería estar pasándome; No quiero estar aquí; Están cometiendo una injusticia conmigo; No quiero seguir escuchando a esta persona.* Y como bien dice Eckhart Tolle en su libro *Una Nueva Tierra* (2008): "…el peor enemigo del ego es el momento presente, es decir, la vida misma". Por eso la clave para hallar la felicidad, para vivir en armonía y sanar nuestra depresión para siempre, es vivir cada instante intensamente. Es aceptar las experiencias que la vida te entrega tal como son, sin juicios, ni calificativos. Es abrazar el ahora, el momento presente.

• • •

"Los hombres olvidan siempre que la felicidad humana es una disposición de la mente y no una condición de las circunstancias".
Locke, John.

APRENDIENDO A SER CONSCIENTES

Estamos habituados a tener toda nuestra atención enfocada hacia afuera, percibiendo y calificando con nuestra mente lo que es bueno o es malo, según nuestras creencias. Pero nuestra verdadera felicidad no está en el plano externo, en el de las formas, sino en lograr la reconexión con nuestra consciencia. De lo contrario, nos pasaremos toda la vida anhelando ser aquello que no somos, tener aquello que no poseemos y sufrir enormemente porque no podemos alcanzarlo.

La belleza, el amor, la creatividad, la alegría, no provienen de nuestros pensamientos, de nuestra mente, sino que surgen del alma. La mente solo etiqueta, discrimina, pero no siente.

La mente no sabe vivir el tiempo presente, porque está demasiado ocupada para percibirlo. Entonces nos pasamos reviviendo el pasado y rebuscando en los archivos del dolor, o planeando el futuro con apego a los resultados y por tanto sintiendo ansiedad por el mismo. Los pensamientos proyectados al futuro te paralizarán de miedo, porque se enfrentan con la incertidumbre.

• • •

El miedo es tu peor consejero, recuérdalo. Si lo aceptas como huésped atraerá hacia ti precisamente aquello que más temes.

Sin embargo, también podemos usar nuestra mente para conectarnos con la felicidad, si realmente contamos con una verdadera disposición y compromiso para lograrlo.

Cuando tomamos la determinación de ser felices, de manera consciente, debemos aprender a disciplinar nuestra mente y usar nuestros cinco sentidos para conectarnos con el aquí y el ahora. Vivir el momento presente te permite disfrutar y apreciar realmente tu mundo exterior, a través del regalo que representan nuestros sentidos. Así comenzaremos a trascender nuestro concepto del tiempo. Dándonos cuenta de que el pasado no existe ya, y que el futuro escapa de nuestras manos, pues en él solo hay incertidumbre. La verdadera felicidad solo podemos encontrarla en el presente, porque es el único momento que existe.

Solo viviendo el momento presente, permitiremos que nuestra consciencia tome las riendas, así lograremos que nuestra mente y nuestros pensamientos dejen de tener el control sobre nosotros y pasen a servir a la consciencia. Es ahí cuando comenzarás a ser verdaderamente libre de todo tu dolor, de todo tu sufrimiento y verás cómo la depresión ya no podrá apoderarse de ti, porque habrás aprendido, a través del uso consciente de tu mente, a lidiar con tu sombra y hacerla parte de ti. Desde el amor, no desde la lucha, ni desde la resistencia.

¿CÓMO SABER SI TE ESTÁS RESISTIENDO A VIVIR EL AHORA?

Si descubres que tu diálogo interno, tus pensamientos, están cargados de juicios y calificativos hacia la situación o circunstancia que estás experimentando, estás evadiendo el presente, no estás aceptando las cosas tal como son. Si estás ansioso, preocupado por el futuro, pensando: *¿Qué pasará si…?*, también estás resistiéndote a vivir el presente. Cuando revives una y otra vez lo que te causó dolor en el pasado, bien sea en tu mente, sintiéndote "víctima", o contándoselo a otro para que sepa lo mal que "el mundo te ha tratado", también estás negándote a experimentar el momento presente. Entonces, cuanto más identificado estés con tu mente inconsciente, más contaminado y lleno de negatividad estará tu diálogo interno y más doloroso se te hará vivir el ahora. Con más razón buscarás escapar de él, creyendo que en el pasado o en el futuro, encontrarás alivio.

CÓMO ENFRENTAR EL MIEDO A VIVIR EL PRESENTE

Elimina el juicio por tu pasado, liberándote del dolor que este te produce. Acéptalo tal como fue, así lograrás disiparlo con el convencimiento de que siempre hiciste lo mejor que pudiste, escogiste la mejor y quizás la única opción que tenías en ese momento, era lo que te tocaba vivir. Afronta tu pasado desde el presente. Mantente alerta a tus emociones, a tus estados de ánimo, en el aquí y el ahora tal como surgen, porque ellos son tu puerta al pasado.

Recuerda que todo se origina en nuestro sistema de creencias, producto de nuestras vivencias. Si te mantienes atento, viviendo el presente y atajando tus pensamientos cuando estos se presentan para sabotearte, sin criticarlos, ni juzgarlos, recordando que la clave es la aceptación, entonces es cuando verdaderamente estarás afrontando tu pasado y disolviendo el dolor que te produce, a través del poder de tu consciencia y te referirás a él en el presente solo para rescatar lo aprendido, pero sin dolor.

Por otro lado, el futuro dejará de amenazarte cuando aceptes la incertidumbre como parte natural de la vida. Tú, al igual que como era yo, seguramente vives obsesionado con tener el control de todos y cada uno de los acontecimientos futuros, pero eso es imposible.

. . .

Cuando aceptes la incertidumbre, el temor dejará de dominarte, el miedo a vivir la vida ya no será tu sombra. Por lo tanto tu depresión ya no tendrá razón de ser, ni de alojarse en ti.

Se te abrirá un mundo de infinitas posibilidades y estarás dando espacio para que el cambio entre en tu vida. Como dijo el filósofo romano Tácito: "El anhelo de la seguridad interfiere con todas las empresas grandes y nobles". Cuando aprendemos a convivir con la incertidumbre, desde la aceptación, expandimos nuestra consciencia y logramos conectarnos con nuestro verdadero ser.

Quizás estés pensando: *Entonces, ¿no vale la pena planificar?*

Claro que sí puedes planificar tu vida, es más, tienes el derecho de hacerlo, tienes el derecho a elegir cómo quieres vivir tu vida, pero como te dije anteriormente sin el apego por los resultados.

Cuando actuamos desde el momento presente, sin apegarnos a los resultados, estamos siendo conscientes de que, por mucho que hayamos planeado y cuidado cada detalle de aquello que nos proponemos ejecutar, los imprevistos pueden existir. Actuando en función de esto, permitimos que nuestra mente se vuelva más flexible, más suelta y así sufriremos menos cuando tengamos que adaptarnos a los cambios de planes que surjan "de la nada".

Se trata de planear, pero desde la aceptación, dejándonos fluir y permitiendo que las cosas sean como tienen que ser. El propósito de un plan, su valor en realidad, es que sea una manifestación clara y nítida al universo de nuestra intención, de lo que queremos, logrando con esto enfocar nuestra energía de una manera productiva y permitiendo que el universo se alinee y conspire a nuestro favor, para entregarnos lo que queremos, siempre que sea en orden divino y en perfecta armonía para nosotros.

Un plan no es para predeterminar, porque nada está escrito. Hacer un plan es asumir la responsabilidad de que junto con el universo seremos cocreadores de nuestro destino, pero cualquier cosa que quieras lograr, tienes que comenzarla a gestar en el momento presente, en el aquí y ahora. El plan solo te servirá como guía, como mapa, pero si en el camino hay desviaciones, acéptalas, disfrútalas y rescata el aprendizaje que de seguro esta experiencia te está entregando, recuerda: Si la vida te da un limón, ¡aprende a hacer limonada!

ACEPTAR LA INCERTIDUMBRE ES ABRAZAR EL AHORA

Nuestra resistencia a vivir el presente, sintiéndonos preocupados constantemente por un futuro que no existe, se traduce en ansiedad. Recuerda que como vivimos controlados por nuestra mente inconsciente, la única forma que tenemos de conectarnos con nuestras emociones, es a través del cuerpo. Cuando te sientas ansioso, sabrás que te estás resistiendo a vivir intensamente el ahora.

Pero ¿y qué es la ansiedad?

La ansiedad es la respuesta de nuestro organismo ante una situación de peligro. Pasamos a un estado de alerta tensando los músculos, segregando hormonas que nos mantienen en esa fase de máxima reacción ante un peligro, como por ejemplo el cortisol y la adrenalina.

Cuando se da esta situación, suelen aparecer algunos de los siguientes síntomas y signos: aumento de la sudoración, tensión muscular, palpitaciones, taquicardia, dolor abdominal o de estómago, temblores, mareo, dolor en el pecho, escalofríos, dificultad para tragar, sensación de ahogo.

Ahora bien, hay que aclarar que hay dos tipos de ansiedades:

Una que se presenta como respuesta natural de nuestro organismo. Es decir, cuando la situación de peligro es real, nuestra actitud suele ser la de huir, o la de evitar la situación, o de enfrentarla si no tenemos otra opción. Aquí no interviene nuestra mente inconsciente con sus juicios y calificativos, aquí solo hay una reacción orgánica de nuestro cuerpo, que nos hace actuar de acuerdo con el instinto de supervivencia que tenemos todos los seres vivientes.

Del otro lado de la cuerda está la ansiedad negativa o patológica, que se produce cuando nuestro ego, a través de la mente inconsciente, interpreta una situación como peligrosa. De acuerdo a esto suele generarse en nosotros preocupación y miedo por algo que pudiera suceder en el futuro, pero que no está pasando, ni tenemos garantía alguna de que pasará. Por ejemplo:

- Nos llama el jefe a su oficina, pensamos: ¿Qué habré hecho mal?
- Nuestro hijo no ha llegado y es tarde, ¿qué le habrá pasado?
- ¿Y si se desploma el edificio estando yo dentro?
- ¿Y si no me llaman de ese empleo que tanto deseo?
- ¿Y si el avión se cae?
- ¿Y si no soy lo suficientemente bueno(a) para él/ella, y me abandona?

Todas estas son situaciones que sentimos como reales, las vivimos, las sufrimos y desatan en nuestro cuerpo lo mismos signos anteriormente descritos, aunque racionalmente sabemos que no existen. Nos pasamos la vida preocupándonos por cosas que probablemente nunca van a suceder. Esto nos resta energía, nos agota. Cuando nos preocupamos, en lugar de ocuparnos, abandonamos el presente, para irnos directo a un futuro donde solo hay incertidumbre. A medida que vamos pensando más y más en una situación, el desfile de qué pasara si..., se vuelve más real y más extenso. Esto inevitablemente genera ansiedad y sufrimiento en nosotros.

• • •

Si algo he aprendido a lo largo de estos años, es que los problemas no existen, solo existen situaciones o circunstancias que debemos manejar, y en el único espacio de tiempo donde podemos manejarlas, es en el ahora.

No traigamos el futuro al presente, invirtiendo energía en un hecho que no ha ocurrido. Si vivimos constantemente ansiosos, sintiendo miedo por el futuro, conectados con el temor, no estamos haciendo el espacio necesario para que nuestra consciencia surja. Recuerda: para que algo nuevo entre en nuestras vidas, algo tiene que salir. Debemos liberar nuestra mente de todos esos pensamientos recurrentes y nocivos y dejar de crear más dolor para nosotros mismo. La única forma de romper este patrón de conducta es a través de la práctica consciente del ahora.

Cuando te encuentres dándole vueltas en tu mente a un asunto, obsesionado pensando en todo lo malo que puede suceder, te sugiero lo siguiente:

1. *Asume tu rol de observador.* Analiza la situación acercando la luz sobre ella. Hazte consciente de tu diálogo interno y verás que es totalmente negativo. Aquí puedes hacer uso de la herramienta que te enseñé en el capítulo anterior. También puedes elegir contarle a alguien. En este caso procura escoger la persona apropiada para conversar sobre tus problemas, alguien que realmente sientas que te va a dar una retroalimentación positiva. Compartir con otro nuestra

visión nefasta acerca de algo que nos preocupa, siempre ayuda; primero porque la otra persona no tiene el compromiso emocional que tenemos nosotros con la situación, por lo tanto su opinión casi siempre será más objetiva que la nuestra; y segundo porque cuando nos escuchamos a nosotros mismos hablando del problema, nos percatamos de que no es tan grave como nuestra mente se lo estaba imaginando.

2. **Identifica qué te desencadena la ansiedad.** Una vez que te haces consciente de que la emoción está ahí, es bueno que te preguntes a ti mismo: *¿A qué le temo?, ¿qué es lo peor que puede pasar si mis temores se hacen realidad?* Seguro que te darás cuenta que no será nada grave, nada que tú no puedas enfrentar o resolver con la ayuda de tu intelecto.

3. **Suelta el control.** Cuando percibo que estoy dándole vuelta a una situación, me digo a mí misma: *Que ocurra lo que tenga ocurrir, no está en mis manos evitar ni controlar esta situación.* Además, recuerda que todo sucede por algo y para algo, ¡Todo es perfecto!

Si haces esto, estarás trayendo consciencia a la situación. No te estás resistiendo a vivirla, entiendes que la emoción está ahí, reconoces que estás ansioso, pero no permites que la emoción te domine.

Asumir la responsabilidad por tus pensamientos y por tus emociones, es la llave que te permite elegir cómo reaccionar ante una situación conflictiva, o salirte del círculo vicioso cuando observas que tu mente le está dando vueltas a un asunto y te estás preocupando por algo que no existe. Es bueno preguntarte en ese momento: *¿Lo que estoy pensando me ayuda a resolver el problema?, ¿gano algo con seguir dándole vueltas?*

En alguna ocasión quizás nos haya pasado que necesitamos hablar con alguien sobre un asunto que sabemos puede resultar un poco incómodo para ambas partes, quizás con un compañero de trabajo, un familiar o un amigo. En este caso, probablemente pasaremos días pensando en eso, preguntándonos si debemos o no conversar con la persona. Creando cualquier cantidad de imágenes mentales sobre las reacciones que suponemos tendrá la otra persona, todas infundadas y distorsionadas por supuesto, porque son solo eso, creaciones de nuestra mente.

Lo cierto es que mientras tengamos el asunto rondando en nuestra cabeza, estamos invirtiendo una gran cantidad de energía en él, agregando más ansiedad y más preocupación, lo que hará que nos paralicemos aun más y la situación igual siga sin resolverse. Conforme vayan pasando los días nos iremos sintiendo peor, ya no solo por la cantidad de ideas negativas que nos hemos encargado de fabricar, y que estarán afectando nuestro estado de ánimo, sino también por el malestar que de por sí genera la situación y que por supuesto va creciendo como una bola de nieve.

Si eliges seguir cavilando sobre el problema, a lo mejor en medio de tu angustia y buscando apoyo para armarte de valor, implicarás a otras personas en la situación, logrando ponerlos en una posición muy incómoda al tener que elegir a quién apoyar. Esto solo agregará más drama a la situación y no te acercará para nada a la solución, todo lo contrario, te alejará cada vez más de ella.

En lugar de seguir por este camino tortuoso, enfrenta la situación, pero no desde tu ego, no con rabia, sino permitiendo que sea tu ser el que se exprese. De esta manera no solo lograrás resolver lo que tanto te preocupa, sino que si te mantienes plenamente consciente durante tu conversación con la otra persona, difícilmente caerás en la trampa de tu ego de querer tener la razón a toda costa, o de hacerle ver a esa persona lo "mal que te ha tratado", por supuesto viéndolo desde tu papel de víctima. Todo lo contrario, seguramente tendrás una conversación muy provechosa, donde ambos podrán exponer sus puntos de vistas y llegar a un acuerdo favorable para ambas partes.

Si en verdad hay una situación que puede atentar con tu bienestar, que implique un verdadero riesgo para ti de cualquier índole: material, físico o emocional, empieza por aceptar la situación tal como se está presentando. No le pongas la etiqueta de "problema", porque al hacerlo estás asumiendo de una vez que es dolorosa y que requerirá mucho esfuerzo de tu parte para resolverlo.

Quédate anclado en el ahora, no permitas que tu mente comience a proyectar situaciones imaginarias que agreguen más dolor. Reconoce que la única solución posible solo está aquí, en el momento presente. De esta forma estarás creando el espacio para que tu Ser Divino te entregue las respuestas sobre lo que debes hacer para atender dicha situación, a través de tu intelecto. Es así como verdaderamente estarás colocando la mente al servicio de la consciencia, no a la inversa, como siempre solemos hacer.

CLAVES PARA SUPERAR LA RESISTENCIA A VIVIR EL PRESENTE

1. No juzgues lo que la vida en ese momento te está ofreciendo.

No lo califiques, no lo analices tanto. Date el permiso de experimentarlo solamente "haz como si".

Esta es una frase muy poderosa de PNL que me enseñó mi psicoterapeuta y que uso mucho en esos momentos cuando entiendo que no soy yo, sino mi mente dominada por el ego la que se manifiesta a través de mí, resistiéndose a vivir la experiencia. Esta simple frase lo que hace es desarmar tu cerebro ante la respuesta ya programada por tu mente inconsciente, permitiéndote aceptar la experiencia más fácilmente.

De ahora en adelante cuando alguien te diga: *Anda vístete, vamos a salir,* antes de decir algo como: *No quiero, prefiero quedarme en la cama,* di en voz alta, hablando contigo mismo: *Vamos haz como si quisieras salir. O por qué no te animas a intentar hacerlo de otra manera,* en vez de soltar de una vez: *Ya lo he intentado todo.* Di mejor: *Está bien, haz como si estuvieses empezando de nuevo.*

2. Cuando estés experimentando el momento, solo vívelo, disfrútalo.

Cuando observes que tu mente quiere escapar del ahora, tráela de vuelta. Conéctate con lo que tu cuerpo está percibiendo en ese momento a través de tus sentidos. Si estás comiendo algo, saboréalo como nunca antes. Si hay música, deja que esta fluya a través de ti. Si te gusta bailar hazlo. Si es agua, deja que recorra todo tu cuerpo sintiendo como te refresca y te llena de vitalidad. Date el permiso de estar ahí, de disfrutar el momento al máximo. Si estás en compañía, permíteles que se involucren contigo. Disfruta de la conversación escuchando con atención a tu interlocutor.

Conéctate con la energía positiva del momento, dejando que fluya a través de ti. Verás cómo empiezas a sentirte mucho mejor.

3. Una vez concluida la experiencia aprovecha ese momento de regocijo que seguramente estás sintiendo y úsalo como refuerzo positivo.

Repítete a ti mismo frases positivas de agradecimiento por ese momento tan maravilloso que elegiste experimentar. Esto hará que tu mente poco a poco se vaya desconectando del estado de negatividad y resistencia en el que vives perennemente.

VIVIENDO EL AHORA A TRAVÉS DE NUESTRO CUERPO

El presente tienes que vivirlo no con la mente y sus juicios interminables, sino con la consciencia de tu cuerpo físico. Esto lo consigues si enfocas tu atención hacia tu interior, sintiendo el cuerpo por dentro.

Cuando la mente interfiera para sabotear tu percepción, vuelve inmediatamente tu atención hacia el cuerpo. Este te servirá para anclarte al ahora. Hay dos formas rápidas y eficientes de lograrlo:

• Haciendo consciente tu respiración, respira profundo al menos cinco veces, siente como inhalas y exhalas, como todo tu cuerpo se involucra en el acto de respirar. Solo concéntrate en tu respiración, en nada más. Cuando tomamos consciencia de nuestra respiración, apartamos nuestra mente de los pensamientos. Estamos haciendo espacio para que emerja más consciencia.

• Conectándote con los latidos de tu corazón. Tómate el pulso por unos minutos y pon toda tu concentración en ello. Reconoce que hay vida dentro de tu cuerpo.

En ambos casos estarás sintiendo cómo la energía fluye a través de ti, impregnando todo tu cuerpo y llenándote de vitalidad. Conéctate con las sensaciones que estás experimentando. No pienses, no razones, solo

siente.

Otra forma de abrazar el ahora a través de nuestro cuerpo, es empleando tus sentidos al máximo:

- Cuando estés en algún lugar, observa a tu alrededor. Mira sin interpretar, ni calificar. Observa las luces, las formas, los colores, las texturas. Hazte consciente de todas las percepciones sensoriales que te llegan.

- Escucha los sonidos sin juzgar. Hazte consciente del silencio también, de la paz y la quietud que el momento te está ofreciendo.

Con esta práctica estarás soltando, de manera consciente, todo el control que ejerce tu mente sobre ti, permitiendo vivir el momento tal como se presenta, sin juicios ni calificativos, sin interpretaciones que lo enrarezcan, ni agoten tu energía.

EN TU VIDA COTIDIANA

Para mí la vida estaba llena de hastío si no tenía una actividad laboral cotidiana con la cual me sintiera identificada y que, bajo mi limitada perspectiva de mí misma, agregara valor a mi vida. Pasé gran parte de mi vida identificándome con lo que hacía, con mis títulos, con mis trabajos, con mis logros, pero no con lo que realmente soy. Encontrarme con mi ser realmente ha sido y sigue siendo todo los días un reto para mí, porque ha significado romper con una cantidad de creencias y prejuicios que tenía acerca de mí misma.

Por eso cuando la vida me dio la oportunidad de desligarme por un tiempo de una rutina laboral, aproveché para incorporar mi práctica del ahora, de una manera consciente. A medida que el tiempo ha pasado, y en todo este proceso de sanación, esta ha sido realmente la clave para curar mi depresión de una manera definitiva. He aprendido a lidiar con el estrés que te puede generar vivir en un país diferente al tuyo, con diferentes costumbres, con muy pocas amistades, lejos de tu familia y sin tener una actividad concreta que desarrollar para mantener mi mente distraída y no caer en depresión.

Esto lo he logrado aprendiendo a disfrutar de las cosas cotidianas que la vida me ofrece. Si estoy haciendo los quehaceres de la casa, trato de enfocar toda mi atención en lo que hago. Al principio me quejaba, después me di cuenta de que esta actitud de resistencia, lejos de aliviarme, me generaba más rabia y dolor. Decidí aceptarla, porque además yo había elegido que fuera así. Es decir, vivo en un departamento cómodo, pero pequeño, por eso cuando mi esposo ha sugerido que contrate una persona para que me ayude, le digo que no es necesario, que yo puedo sola. Entonces, bajo estos argumentos, no tiene ningún sentido que me queje, porque ha sido una decisión consciente de mi parte. En un hogar hay actividades que de cualquier manera las tenemos que hacer, en este caso somos nosotros los que decidimos cómo realizarlas: agobiados pensando en el tiempo que nos consumen, o aceptando el regalo del momento presente.

Como dice Eckhart Tolle, en su libro *Practicando el Poder del Ahora (2001)*: "No te centres en las cien cosas que vas a tener que hacer o que tal vez tengas que hacer en el futuro, sino en la única cosa que puedes hacer ahora".

Por otro lado, contribuir con el bienestar de mi esposo, colaborar con él cuando me necesita, en pocas palabras, estar disponible para él, ha sido muy gratificante. Es para mí una forma de agradecerle y retribuirle lo que él hizo por mí cuando yo pasaba por los peores momentos de mi vida. Como pareja hemos logrado construir un equipo de trabajo, donde nos complementamos. Es decir, cada uno conoce las fortalezas y limitaciones del otro, por lo tanto en vez de convencernos mutuamente de hacer algo que no nos gusta, todo lo contrario, cada uno saca el máximo provecho de sus habilidades y de sus conocimientos, para el beneficio de nuestra relación de pareja.

Por ejemplo, en mi caso, siempre he sido muy buena administradora, y mi esposo está consciente de ello, así que yo lo apoyo en esta gestión y en vez de esperar que él después de un día agotador se ponga a revisar cuentas y me diga lo que hay que pagar, yo he tomado las riendas y le aligero la carga. Por otro lado, me he convertido en toda una experta en economía doméstica, no solo por el tema de ahorrar en las compras del día a día, también por el hecho de que estoy siempre buscando nuevos mecanismos que nos permitan obtener el mayor rendimiento y beneficio de nuestro dinero. De esta forma me mantengo entretenida, pero lo más importante es que estoy haciendo algo que me gusta y para lo cual tengo las habilidades. Esto último lo resalto porque a veces queremos, o los demás nos convencen, de hacer cosas que no nos gustan o para las cuales no tenemos las destrezas requeridas y terminamos llenos de frustración y decepción con nosotros mismos. Sobre esto hablaré un poco más en el próximo capítulo.

Como te dije al principio, si eliges cambiar tu percepción de las circunstancias, no permitiendo que sea tu ego el que te domine y te haga emitir calificativos y juicios que incrementan tu resistencia a vivir el ahora, verás en toda situación que la vida te presente una oportunidad para aprender y expandir tu consciencia.

En tu vida cotidiana hay cualquier cantidad de tareas y actividades rutinarias, a través de las cuales puedes hacer consciente tu práctica del ahora. Por ejemplo, al lavar los platos (si es que no te has rendido aún a la tecnología), siente la temperatura del agua, el olor del jabón, el tacto de los diversos materiales, la visión del cristal reluciente que acabas de limpiar.

También cuando vayas caminando por la calle, observa todo lo que te rodea, los sonidos, la gente, siente la brisa, el sol. Abre tus cinco sentidos al máximo. Permanece atento a tus movimientos, incluso a tu respiración. Mantente presente.

Cuando te estés bañando, presta atención a todas las percepciones que te llegan a través de tus sentidos: la temperatura y el sonido del agua, el aroma del jabón. Si te gusta la cocina, presta atención a las texturas, a los colores y olores de los ingredientes.

Tenemos muchas actividades en nuestra rutina diaria, que no tienen por qué ser solo un fin para conseguir algo, sino que pueden convertirse en un fin en sí mismas. O sea, no es solo cocinar para obtener el alimento, o de caminar para llegar al sitio, o de bañarnos por ser higiénicos, sino se trata de disfrutar de la experiencia, utilizando nuestros sentidos al máximo y manteniéndonos totalmente presentes en ella, atentos a cada movimiento, a cada percepción, a cada detalle por más trivial que este parezca.

Recuerda...

1. La forma cómo percibimos las circunstancias y las experiencias que la vida nos brinda, dependerá de nuestro nivel de consciencia.

2. Si queremos realmente que la felicidad inunde nuestra vida, entonces debemos elegir soltar el control que sobre nosotros ejerce el ego a través de nuestra mente inconsciente. Dejemos de calificar con nuestra mente lo que es bueno o es malo. Nuestra felicidad no está en el plano externo, sino en lograr la reconexión con nuestra consciencia, con nuestra esencia divina.

3. Para sanar nuestra depresión y hallar la felicidad, debemos aprender a vivir cada instante intensamente, aprender a vivir en el momento presente. Aceptando las circunstancias tal como son, sin juicios, ni calificativos.

4. Solo decidiendo vivir en el ahora, permitirás que tu consciencia se expanda. Es ahí cuando comenzarás a ser verdaderamente libre de sufrimiento. La depresión ya no podrá permanecer en ti porque habrás perdido el miedo a vivir, habrás logrado reconciliarte con tu sombra. Desde el amor, no desde la lucha, ni desde la resistencia.

5. A través de la práctica consciente del ahora, te liberas del dolor que puede representar tu pasado, solo harás referencia a este para rescatar lo aprendido y utilizar este aprendizaje como referencia en el momento presente. El futuro dejará de preocuparte, aprenderás a aceptar la incertidumbre como parte natural de la vida.

6. Tenemos el derecho de planificar qué queremos hacer de nuestra vida, pero debemos hacerlo sin el apego a los resultados, permitiendo que toda fluya. Un plan siempre está sujeto a imprevistos, porque nada está escrito. El plan debemos usarlo como una herramienta poderosa para atraer a nuestra vida lo que queremos y enfocar nuestra energía en ello. Convirtiéndonos en cocreadores, junto con el universo, de la vida que merecemos. Construyendo en el aquí y ahora el futuro que queremos.

7. Los problemas no existen, solo existen situaciones que debemos manejar y el único tiempo donde podemos hacerlo es en el presente. La única manera de liberar nuestra mente de la preocupación por lo que pasará en el futuro es viviendo intensamente el ahora. Cuando te sientas ansioso por el futuro, recuerda asumir tu rol de observador, identificar qué te ha generado la ansiedad y reconocer que no tienes el control sobre la situación.

8. Cuando le das vueltas a un asunto, estás derrochando una gran cantidad de energía y dejando de utilizarla para algo que realmente sí te haría avanzar en tu vida. Cuando analizas demasiado algo, te creas dramas mentales y distorsionas la realidad, fabricando situaciones que existen solo en tu mente y agregando más sufrimiento a tu vida.

9. Usa tu cuerpo físico para acceder al poder del ahora usando al máximo tus cinco sentidos cuando estés realizando cualquier actividad. También haciéndote consciente de tu respiración y de los latidos de tu corazón, estarás abriendo un espacio para que entre más consciencia a tu vida.

10. Nuestras rutinas diarias no solo son un fin para conseguir algo, también pueden transformarse en un fin en sí mismas, si las usas para anclarte al ahora. Estando inmersos en la experiencia, utilizando nuestros sentidos al máximo. Permaneciendo atentos a cada movimiento, a cada percepción, a cada detalle, sin importar que tan trivial puede parecer.

CAPÍTULO 7

¡ENCUENTRA LO MEJOR DE TI! DESCUBRE TUS CREENCIAS

Muchas veces nos convertimos en nuestro peor enemigo, no necesitamos que nadie más nos haga sentir mal porque somos especialistas en hacerlo. Durante todo el día tenemos miles de pensamientos, más de ochenta mil, de los cuales casi el 80% son repetitivos, inconscientes, cargados de negatividad, manifestando queja y dolor por el pasado o preocupación y duda por el futuro.

En algún momento de nuestra vida, especialmente en la infancia, alguien importante para nosotros, un maestro, nuestros padres, un familiar cercano, un amigo, quizás nos dijo que no teníamos actitudes para algo en particular, que mejor intentáramos otra cosa. Quizás te dijeron que eras demasiado disperso, que no te concentrabas y tú enseguida procesaste: *Yo no puedo con los estudios, jamás seré alguien en la vida.* A medida que vamos creciendo y dado que nuestro cerebro siempre busca el camino más fácil, el que mayor satisfacción inmediata le produce, estaremos siempre buscando experiencias y creando circunstancias que refuercen las conductas por las cuales recibimos reconocimiento e ignoramos las que nos cuestan trabajo y requieren mayor esfuerzo de nuestra parte. Seguramente en este caso, creceremos con una autoestima muy baja, creyéndonos incapaces de hacer algo productivo con nuestra vida o evitaremos a toda costa cualquier actividad donde los estudios sean el medio para lograr un fin.

A medida que vamos creciendo, nuestras propias vivencias, nuestras frustraciones y los mensajes que recibimos de nuestro entorno nos hacen creer que nuestras "debilidades" nos hacen seres humanos inferiores y no es así. Aquello que llamamos "debilidades" son simples aspectos de nuestra personalidad que no determinan quienes somos.

De igual modo sucede cuando estamos pasando por un momento depresivo en nuestra vida, es común que nuestra autoestima se encuentre muy baja y estemos convencidos de que el mundo sería un mejor lugar sin nosotros en él. Pero esto es solo una distorsión que hace nuestra mente inconsciente de la realidad, para seguir reforzando nuestra conducta depresiva.

En mi caso, una vez que comprendí que mis creencias acerca de mí misma y mi entorno habían moldeado la vida que hasta ese momento llevaba, decidí que era el momento de comenzar a "limpiar y ordenar la casa" si quería ver cambios en ella. Como siempre el universo conspiró a mi favor y me hizo llegar el mensaje a través de mi esposo, quien en ese momento estaba haciendo un taller en la empresa donde trabajaba llamado "Cómo descubrir tus fortalezas".

Cuando él me explicó de qué se trataba, inmediatamente comprendí que tenía mucho tiempo martirizándome por lo que no era capaz de hacer, fijándome más en mis aspectos negativos, en mis debilidades, que en mis puntos fuertes.

Todos tenemos dones únicos. Seguro que si hacemos el ejercicio de ver hacia atrás en nuestra vida nos daremos cuenta de la cantidad de obstáculos y retos que en el transcurso de ella se nos han presentado y los hemos sorteados, logrando salir adelante. Quizás aprobaste una asignatura complicada, o conseguiste ese puesto de trabajo o ese ascenso que tanto anhelabas. Lograste que ese chico que tanto te gustaba te invitara a salir. Tal vez ganaste la competencia deportiva que creías imposible. Gracias a tus buenas notas conseguiste esa beca que te permitió continuar tus estudios. O comenzaste una dieta y te mantuviste firme hasta que lograste rebajar los kilos extras que querías. Piensa en ese momento, piensa en lo que significó para ti. Recuerda la satisfacción que sentiste. Las palabras de felicitaciones que recibiste. Conéctate con esa energía de triunfo nuevamente y date el permiso de experimentarla en el aquí y el ahora, en este momento de tu vida.

Te regalo esta afirmación:

Yo tengo un universo que me complace. Yo me amo y me acepto tal como soy. Aquí y ahora elijo tener el poder para cambiar mi vida. Renuncio a todo aquello que me separa de mis objetivos. Renuncio a todo aquello que me aleja de mis éxitos. Renuncio a todo aquello que me aleja de la salud total. Renuncio a todo aquello que me distancia del éxito, la prosperidad y la abundancia. Renuncio a todo aquello que me separa del bien y de hacer el bien.

CONSTRUYE TU LISTA DE RECURSOS

En vez de pensar en aspectos "buenos" y "malos", mejor piensa: ¿Qué aspectos me hacen único? En lugar de enfocarte en tus debilidades, refuerza aquellos aspectos que te gustan de ti, aquello que sabes hacer, y piensa en tus supuestas debilidades como oportunidades de mejora. Quizás esta "debilidad" que tanto te perturba puedas convertirla en una gran fortaleza cuando descubras el modo de usarla a tu favor.

Ahora toma papel y lápiz y conectándote nuevamente con la emoción, con la energía de triunfo, sigue estos pasos:

1. Enumera diez logros importantes en diferentes aspectos de tu vida: laboral, familiar y social.

2. Selecciona uno, aquel del cual sientas más orgullo y analiza qué destrezas utilizaste para obtener ese resultado positivo. Ejemplo: utilicé mi creatividad, logré influenciar positivamente a los demás, tuve confianza en mí mismo, logré comunicar mi mensaje con claridad, fui constante con mis entrenamientos, hice una lista de cosas por hacer y la cumplí, etc. En fin, todos aquellos recursos que te permitieron conectarte con tu objetivo y llegar a la meta.

3. Haz lo mismo con los otros nueve logros de tu lista.

4. Ahora revisa el ejercicio y te darás cuenta de la gran cantidad de conocimientos, habilidades y destrezas que tienes. Estoy segura de

que esta lista es más grande en comparación con la de tus supuestas "debilidades", solo que no te habías dado el permiso de conectarte con ellas, de reconocerlas en ti.

5. ¿Qué puedes hacer con este descubrimiento? Piensa en alguna situación en particular que no has logrado solventar, traslada estas habilidades que ya sabes que tienes y úsalas a tu favor para generar un cambio positivo. De ahora en adelante cuando te plantees nuevas metas en tu vida, podrás hacer uso de tu Lista de Recursos para motivarte y ayudarte a alcanzar el resultado deseado.

Importante tener en cuenta...

• Son más las cosas que puedes lograr que las cosas que no puedes lograr. ¡Ya lo has hecho antes, así que lo puedes volver hacer!

• Hay cosas que quizás no has logrado hasta este momento, pero no por eso quiere decir que no sirvas para eso. ¡Dale la vuelta a ese pensamiento! Si tanto te interesa revisa que habilidades te faltan para lograrlo y dedícate a reforzarlas. Adquiere nuevos conocimientos que te acerquen más a tu meta.

• Concéntrate en tus cualidades ¡Deja de preocuparte por tus debilidades, ocúpate de reforzar tus destrezas!

• Valora tus conocimientos, habilidades y destrezas, todas ellas constituyen tus fortalezas. Agradece a Dios que te ha dotado de ellas. ¡Celebra que eres único e irrepetible!

• Acepta los elogios y cumplidos que te hace la gente cercana a ti, es importante dar pero también saber recibir. ¿Qué es lo primero que se te viene a la mente cuando alguien te elogia de manera sincera? Tu respuesta a esta pregunta es importante, porque muchas personas tienden a menospreciarse, a sentirse indignas o poco merecedoras. Por ejemplo, ¿cuántas veces has oído a alguien responder de la siguiente forma, cuando le dan un regalo?: *Pero para que te molestaste, no hacía falta*. Si la persona se tomó la molestia de escoger algo para ti, es porque siente que tú te lo mereces. Esa persona quiere demostrarte su afecto. Lo único que hace falta es un sencillo "gracias" y una sonrisa. De esta manera, tanto el que da el regalo, como el que lo recibe, estarán satisfechos.

¡EL MAPA NO ES EL TERRITORIO!

Me encanta este principio planteado por PNL (Programación Neuro Lingüística) para referirse al hecho de que cada uno de nosotros tiene su propia idea del mundo, la cual hemos ido construyendo a lo largo de nuestra vida instalando creencias, incluso desde antes de nacer. De la misma manera en que un mapa es la representación cartográfica de un territorio, pero no es el territorio que describe, significa que las ideas y creencias que nos hacemos cada uno de nosotros del mundo, es nuestro mapa, pero no es el mundo.

No obstante crecemos y vamos por la vida creyendo que es así, lo que implica que tengamos una cantidad de ideas y conceptos preconcebidos que nos hacen actuar de una determinada manera, ante una situación en particular. Nuestras creencias afectan la percepción que tenemos de nosotros mismos, de los demás, de las cosas y de las situaciones que nos rodean.

Al igual que un mapa, hacer uso de nuestras creencias para reaccionar ante los sucesos que la vida nos presenta, puede sernos útil en algunos momentos cuando estamos extraviados (creencias potenciadoras). Sin embargo, la mayoría de las ideas que hemos instalado en nuestra mente son el reflejo de los miedos que tienen los demás acerca de sí mismos, especialmente los padres y familiares más cercanos, y de nuestros propios miedos por supuesto (creencias limitadoras). Así encontramos el típico ejemplo de la madre que constantemente le dice al hijo: *no te mojes en la lluvia que seguro te vas a refriar.* De adulto este chico evitará a toda costa hacerlo para no enfermar y vivirá con miedo de enfermarse con tan solo apenas una salpicada de agua. El miedo de su madre se ha convertido en parte de su sistema de creencias. Las creencias se forman a partir de ideas que confirmamos o creemos confirmar a través de nuestras experiencias personales.

Algunas de ellas se convierten en reglas y las utilizamos como pautas para guiar nuestra vida, ejemplo:

Si tengo un buen automóvil la gente me respetará. Si aprendo de mis experiencias y me desarrollo, tendré éxito en mi vida. Si tengo ingresos fijos, entonces tendré seguridad. Si me muestro tal como soy, seré rechazado. Si me mojo con la lluvia me voy a resfriar. Es mejor ser pobre, pero honrado…y muchas más.

Lo cierto es que a medida que vamos creciendo ya este mapa puede no resultarnos tan útil, porque el territorio está evolucionando y por supuesto va cambiando. Ya comenzamos a enfrentarnos a nuevos retos donde nuestros padres, nuestros maestros y hasta nuestros amigos, ya no pueden servirnos de muletas para avanzar y tenemos que hacer uso de nuestros propios recursos. Sucede entonces que queremos seguir explorando muchas de estas situaciones o territorios con esta guía obsoleta que ya no sirve para navegar y por supuesto hará que nos perdamos en el camino.

También sucede que como el mapa te ha sido útil en muchas situaciones, aunque no te haya producido bienestar te ha hecho sentir seguro, crees que es el único que sirve, que es el único que representa fielmente el territorio y por eso crees que todos aquellos que hacen vida junto a ti, entiéndase familiares, pareja, hijos, amigos, vecinos, etc., tienen que usar y estar de acuerdo con él. Cualquier intento de otra persona por hacerte ver que el plano que estás utilizando está errado, será considerado por ti, por tu mente mejor dicho, como un intento de hacerte daño. Cualquiera que haga o siga una coordenada diferente a la que tú mapa indica, será considerado por tu ego como una persona demente y sin sentido. Así nuestro sistema de creencias, se convierte en un filtro que distorsiona toda la información que recibimos del mundo "real".

Nosotros no vivimos la realidad en sí, sino una elaboración mental de la misma. Lo que hace que la vida sea un constante manantial de esperanza y ricas alternativas o una inevitable fuente de sufrimiento. Lo que vivimos tal como lo vivimos, depende más de la representación y elaboración de nuestro mapa mental, que del territorio "real" en sí. ¡Por lo tanto el mapa no es el territorio!

Pero la buena noticia es que podemos trabajar nuestras creencias, podemos cambiar nuestros pensamientos acerca de nosotros mismos y del mundo que nos rodea para vivir en bienestar y tener la calidad de vida que nos merecemos, sin importar qué tan caótico esté nuestro entorno. La clave está en identificar cuáles son nuestras creencias esenciales, cambiar aquellas que nos están limitando (creencias limitadoras) y substituirlas por creencias potenciadoras.

¿POR QUÉ CAMBIAR?

Uno de los aspectos de mi vida que se vio más beneficiado cuando comprendí que **mi mapa no era el territorio**, fue mi relación de pareja.

Durante veintiún años de matrimonio mi esposo ha estado conmigo en las buenas y en las malas. Especialmente me dio su amor y su apoyo incondicional en esa etapa de mi vida que fue la depresión. Me acompañó a cada médico que fui, siempre estuvo pendiente de cómo me sentía, buscaba información sobre alternativas de sanación para ayudarme, pero lo más importante fue el hecho de que nunca me exigió más de lo que él sabía que yo podía darle en ese momento.

Cuando empecé a reencontrarme conmigo salieron a la superficie muchos de mis viejos temores, incluso algunos que ni siquiera sabía que existían, los cuales me hacían muy insegura y me generaban muchas dudas sobre lo que quería en ese momento y ni hablar de cuando pensaba en el futuro. ¡Sentía pánico!

Traté de calmar y poner en orden mi mente. Fue cuando entendí que muchas de las situaciones de desarmonía que se estaban generando entre mi esposo y yo, tenían mucho que ver con algunas creencias limitadoras, especialmente asociadas al hecho de querer que mi esposo viera y entendiera las situaciones que me preocupaban, desde mi punto de vista. O sea, yo quería que él usara mi mapa como referencia, para ver lo que estaba pasando a nuestro alrededor.

Me di cuenta de que eso era imposible, porque su sistema de creencias es muy diferente al mío, y ¡está bien que sea así! Al mismo tiempo entendí que muchas de las cosas que me molestaban de mi esposo no eran más que un reflejo de aspectos que me molestaban de mí misma. ¡Él simplemente estaba sirviéndome de espejo! Él solo estaba iluminando mi sombra, para que yo la reconociera a través de él.

Así que empecé a soltar, a dejar que todo fluyera dejando de identificarme con mis pensamientos y con mi mente inconsciente, tratando de controlar la impulsividad de mi mente de juzgar cada comportamiento de mi esposo ya que esto generaba conflicto y un drama, que solo en mi mente existían. Digno de cualquier telenovela.

PRIMERO DEJÉ DE JUZGARME A MÍ MISMA. Cuando comprendí que mi esposo solo estaba sirviéndome de espejo, tuve que entender que estaba siendo muy dura conmigo misma en muchos aspectos, y en otros, simplemente reconocer que estaba actuando de una manera equivocada, usando mis creencias limitadoras. Empecé a aceptar a mi esposo tal como era, dejando de juzgarlo y de intentar cambiarlo. A partir de ese momento mi mente dejó de crearse telenovelas e historias donde yo era la víctima y la sufrida. Se acabaron los juegos mentales y al apego adictivo a tener la razón en todo.

RECONOCÍ MIS CREENCIAS LIMITADORAS. Seguramente tú al igual que yo, has pasado mucho tiempo identificándote con tu mente inconsciente, con tus pensamientos, apoyándote en tu mapa para recorrer el territorio. Especialmente cuando estamos deprimidos, esto nos hace sentir más seguros. Por eso la mayoría de las relaciones están más fundamentadas en nuestra ideas preconcebidas y muchas veces erradas de lo que creemos "debe ser" una relación, y por lo tanto se convierten más bien en fuente de dolor, dominadas por problemas y conflictos.

Es importante entender que muchos de los retos que nos llegan para elevar nuestro nivel de consciencia y lograr nuestro crecimiento espiritual, llegan a través de nuestras parejas o de aquellas personas con las que tenemos vínculos emocionales muy fuertes.

Cuando acepté y reconocí los hechos, sin andar persiguiendo el fantasma de una pareja ideal, me di el permiso para ir más allá de mi mente y descubrir cuáles eran algunas de las creencias limitadoras que no me permitían estar en paz conmigo misma. Lo que era inconsciente, mi sombra, empezó a salir a la luz.

Comparto contigo algunos de mis descubrimientos:

1. *¿Realmente necesito la aprobación de los demás para subsistir?*

De niña fui muy tímida, por lo tanto era también una niña muy susceptible. Si me miraban mal, lloraba. Si me hablaban duro, lloraba. De adulta, a pesar de estar consciente de que esa actitud no era sana, ni para mí, ni para mi relación con los demás, muchas veces con mi esposo no lograba mantener esa objetividad y caí en mi propia trampa, pensando que las cosas que él hacía o decía eran para juzgarme o para incriminarme. Un día me dije: ¿Sabes qué? *Yo no necesito la aprobación de mi esposo ni de nadie para sentirme amada y aceptada. Me doy el permiso de equivocarme y aprender de mis propios errores, me doy el permiso de mostrarme tal como soy, sin que esto signifique que voy a ser rechazada. Acepto que los demás tienen el derecho de estar en desacuerdo conmigo. Elijo aprender de esta experiencia.*

Así que conscientemente dejé de sentir que mi esposo era mi juez, mi verdugo. Simplemente entendí que en esos momentos estaba expresando su punto de vista, su opinión, sin que esto significase que estaba agrediendo mis sentimientos o dejando de tener empatía hacia los mismos.

2. *Venciendo el temor a ser rechazada*

En mi búsqueda de aprobación por parte de los demás, crecí con la creencia limitadora de que si pedía lo que quería sería rechazada o que recibiría un no por repuesta. Por lo tanto a medida que fui creciendo siempre tenía miedo de expresar abiertamente lo que necesitaba y solicitar lo que quería.

Esto limitaba la comunicación con mi esposo, pues ante mi temor de ser rechazada por manifestar mis deseos, yo pretendía en muchos casos que él adivinara lo que yo quería hacer o decir, o peor aún, que adivinara lo que yo estaba sintiendo. Por supuesto, él no sabía lo que sucedía en mi interior y siempre demandaba de mi parte que fuera más específica en lo quería de él. Además el cerebro de los hombres funciona muy diferente al de las mujeres, y ellos necesitan instrucciones directas, su cerebro no procesa las ambigüedades. Para ellos es blanco o es negro, no existen los medios tonos. Por supuesto, esto generaba una cantidad de conflictos y discusiones innecesarias, a veces hasta por los temas más tontos e inverosímiles que te puedas imaginar, como por ejemplo: ¿Salimos a comer *afuera o nos quedamos en casa?*

Cuando llegaba el momento de tomar una decisión, en mi mente se entretejía una telaraña de pensamientos. Desde mi rol de víctima, la escena mental era más o menos algo así: *No puede ser que a estas alturas, después de veinte años de casados, este no sepa lo que me gusta comer y lo que no… ¡insólito! ¿Por qué se lo tengo que pedir si él debería saber lo que quiero?… claro si nunca me presta atención, poco le importa lo que a mí me gusta…además para qué voy a molestarme diciendo lo que yo quiero, si al final es él quien termina decidiendo…y si me dice que no, que él prefiere comer otra cosa…bueno me quedaré con las ganas, podemos ir otro día, total siempre soy yo la que se sacrifica en esta relación.* Una vez agotados todos mis argumentos en contra de mi pobre marido, no encontrando ninguna otra distorsión más que hacer de la realidad, entonces concluía mi drama mental, con la estocada final en contra mía: *También yo sé que no le gusta tanto la comida china como a mí, entonces se va a sentir obligado a ir a comer por complacerme…qué mala esposa soy, qué injusta.* Guao, una novela de Corín Tellado se queda corta ante semejante drama.

Cuando me hice consciente de este patrón en mí, decidí que tenía que enfrentar mi miedo. ¿Cómo lo hice? Llegado el momento lo primero que hacía era reconocer ese temor en mí, observar la emoción, conectarme con lo que sentía a través de las sensaciones de mi cuerpo. No importa por qué y cómo se había instalado, esa creencia estaba allí haciéndome daño. Sin juicios ni calificativos hacia mi persona, se trataba solo de hacerme consciente del momento. Era estar atenta a las palabras que salían de mi boca para reconocer que era mi miedo hablando a través de mí.

Paso siguiente, pensando muy bien antes de hablar, respirando profundo para calmar mi mente y no dejarme arropar por la emoción, me daba el permiso de decirle a mi esposo exactamente qué y cómo lo quería, por ejemplo: *Sí, quiero comer afuera y quiero comer comida china en el restaurant X.* Lo más impresionante era la respuesta tan simple y corta de mi esposo: *Ok mi amor, está bien.*

En ese momento me decía: ¿*Viste que no fue tan difícil?* Cuántas discusiones, frustraciones y momentos de dolor se pueden evitar con solo decir lo que uno quiere. Ya cuando de manera consciente pones esto en práctica, tu mente se va expandiendo y va reforzando la nueva creencia, hasta que llega un momento en que no requieres esfuerzo de parte tuya para dar la respuesta adecuada a la situación. No te preocupes si al principio te cuesta, eso es parte del entrar en consciencia. Hay una resistencia normal de nuestra mente inconsciente a rendirse, a ceder el control. Lo importante es que te des el permiso de hacerlo.

Trabajar en esta creencia limitadora no solo me sirvió para mejorar la relación con mi esposo, sino que la transferí a otros aspectos de mi vida. Reconocer los patrones de conducta que nos atan y nos mantienen estancados, es como liberarse de un yugo que te mantiene preso y no permite que camines en total y absoluta libertad por la vida, porque cada vez que intentes hacer algo que vaya en contra de esa creencia, tu ego se encargará de decirte que no lo hagas y seguro terminarás saboteándote.

Además recuerda que en el universo todo está relacionado, y cuando armonizas un aspecto de tu vida, los otros aspectos se benefician de esto como un efecto dominó.

3. *Reconociendo que mi mapa no es el territorio*

Mi ego constantemente me está diciendo que a pesar de todos mis esfuerzos y mi afán por lograr el objetivo, siempre es poco lo que hago. Siempre pienso que debí haberme esforzado aun más. Esto me convierte en una persona sumamente autocrítica y perfeccionista, que anda por la vida creyendo que los demás nunca hacen lo suficiente para que las cosas o las situaciones se den. Pero como no me atrevo a exigir por temor a ser rechazada, entonces este afán de perfección se me convierte en un boomerang y muchas veces termino diciéndome: *Mejor lo hago yo, así sale bien desde el principio;* o, *mejor lo hago yo, así no tengo que trabajar doble.*

Antes de hacerme consciente de ¡tan agotadora actitud!, era sumamente demandante y exigente con mi esposo. Esto provocaba la mayoría de las veces que alguno de los dos, o ambos, perdiéramos la paciencia y termináramos discutiendo, muchas veces por tonterías. O peor aun, ni siquiera era capaz de expresar mi malestar, mi molestia con la situación, e iba almacenando una cantidad de emociones negativas que me hacían sentir muy frustrada y dolida. Toda una víctima. Esto resultaba sumamente frustrante para mí, porque no le encontraba explicación al hecho de que mi esposo no entendiera lo que yo esperaba de él, ¡guao, realmente se la ponía difícil! Para él resultaba igual de frustrante, porque no importaba cuánto se esforzara, para mí siempre era insuficiente.

Comprender este patrón de conducta en mí, entender lo que significaba que mi mapa no era el territorio, fue como recibir un balde de agua fría en la cara, haciéndome reaccionar y despertar de mi paranoia de que todo tiene que ser perfecto.

Me di cuenta de que todas las frustraciones sentidas por mí y que según mi ego eran ocasionadas por mi esposo no eran sino una creencia limitadora basada en que él debía actuar según mi mapa y cuando esto no sucedía, para mí ego significaba en pocas palabras que él no me quería. Recordemos que la creencia actúa siempre como un filtro o como unos anteojos que nos colocamos, a través de los cuales veremos e interpretaremos la realidad (nuestra realidad) y que el ego se afianza en ella para protegernos de cualquier sufrimiento. Por otro lado, las creencias no se basan necesariamente en un sistema de ideas lógico, así que su función no es coincidir con la realidad, sino protegernos.

Todos manifestamos nuestro amor de formas diferentes. Nuestra pareja no tiene por qué ser una copia fotostática de nosotros. Él o ella tienen el derecho de pensar y actuar de forma diferente a la nuestra. La idea no es pretender que los dos pensemos iguales o que creamos en las mismas cosas para que la relación funcione. El punto está en aceptar que somos diferentes y tratar de conciliar las diferencias. Pero no agrediendo, ni juzgando, sino más bien buscando un punto de unión entre ambas posiciones y construyendo a partir de ahí la relación que ambos quieren y se merecen.

Recuerda que cada reto que la vida nos presenta, cada situación que nuestro mapa percibe como una amenaza, contiene una brillante oportunidad para elevar tu nivel de consciencia y hacer que tu vida sea como tú quieres.

Verás cómo tus relaciones se iluminan cuando te liberas de la necesidad de reaccionar juzgando todo lo que tu pareja hace o deja de hacer. Cuando creas el espacio suficiente para que la consciencia entre en tu relación de pareja, traes la luz. No hay mejor catalizador de la transformación que permitirle a las personas ser como son. Cuando aplicas esto a tu vida, te aseguro que tu pareja no podrá seguir a tu lado y continuar siendo inconsciente. Si está listo(a), atravesará la puerta que le has abierto y se unirá a ti, para juntos seguir creciendo espiritualmente. Si no lo está, se separaran y cada uno seguirá su camino. Parafraseando al autor Eckhart Tolle en su obra *El Poder del Ahora*, (2000): ¡La luz puede resultar extremadamente fuerte y dolorosa para quien desea mantenerse en la oscuridad!

ELIGE TUS CREENCIAS: ¡ACTUALIZA TU MAPA!

La elaboración de un buen mapa comienza con la identificación de nuestras creencias limitadoras y sigue con una limpieza de ellas. La mayoría de estas son inconscientes, por lo tanto debes ser curioso, ir más allá de la fachada exterior y preguntarte: *por qué soy así; por qué hago esto; por qué me cuesta tanto esto*, y escuchar la primera respuesta que te surja. La primera respuesta siempre es la mejor, porque no está filtrada por la mente, sino que viene directo del inconsciente.

Por ejemplo si digo: *¿Por qué aplazo las decisiones? o ¿por qué si entiendo que hacer esto me va a generar muchos beneficios, lo sigo aplazando?* Si lo analizamos conscientemente seguramente encontraremos muchas razones, pero más que razones, generalmente y lo sé por experiencia, son justificaciones. Posiblemente te dirías cosas como: *no tengo tiempo; soy perfeccionista y tardo más que otros en terminar las cosas; no tengo el conocimiento suficiente para hacerlo; no quiero fallar*, y pare usted de contar todas las justificaciones que nuestra mente nos puede dar.

Pero si la primera respuesta que me viene a la mente es algo así como: *porque soy indisciplinado y no tengo constancia*, entonces esta es una creencia profunda sobre mi identidad y debo trabajarla.

Trabajarla implica que una vez identificada te traces una estrategia para liberarte de esa creencia y cambiarla por otra más positiva. Esto requerirá compromiso de tu parte, porque si bien es cierto esta es una creencia limitadora, creada por tu ego para evitar que vayas más allá en busca de lo que quieres, también es cierto que te hace actuar de determinada manera; es una realidad que está en tu vida y que se ha convertido en un patrón de conducta. Entonces se trata de que la identifiques para que la cambies por otra conducta que te traiga más satisfacción y eleve tu nivel de consciencia.

Por ejemplo, si crees que eres "indisciplinado e inconstante", ya sabemos que esta creencia es limitante y no te permite expandirte más allá de tu zona de confort, porque estás convencido de que cada intento que hagas, estará destinado al fracaso debido a tu falta de compromiso. Sin embargo, esa creencia instalada en tu mente inconsciente, tiene una razón de ser. Seguramente en el pasado has hecho múltiples intentos por emprender o llevar a cabo algunos proyectos, y estos no han resultado del todo favorables. Te has culpado a ti mismo por estos fracasos, insistiendo en que no hiciste lo suficiente para lograr que estas iniciativas se concretaran y alcanzaran su desarrollo. Entonces tu creencia de que eres "indisciplinado e inconstante", está suficientemente reforzada por tus experiencias pasadas y se ha convertido para ti en un patrón de conducta, que de manera inconsciente se manifiesta cada vez que decides emprender algo nuevo en tu vida.

En el momento en el que te haces consciente de esta creencia y entiendes que la misma te hace actuar de determinada manera, ya estás dando el primer paso para transmutarla. En este momento tienes que asumir el control de la situación, no desde la culpa, ni desde la rabia, como siempre te digo, sino desde la aceptación. Es aquí cuando te dices: *Está bien, reconozco que en ocasiones he actuado como una persona indisciplinada e inconstante, pero también entiendo que esto no soy yo, esto ha sido un comportamiento, resultado de mis experiencias, pero esto no me determina como persona.*

A partir de este momento, deberás enrumbarte por un nuevo camino, uno que te permita el reencontrarte con tus valores, tus fortalezas e identificar los mecanismos de saboteo a los cuales te aferras para mantenerte a salvo, dentro de tu zona de confort. Solo de esta manera lograrás cambiar la antigua creencia limitadora por una nueva que te empodere y eleve tu frecuencia energética. Ahora tu nueva creencia quizás pueda ser: *Soy una persona constante, disciplinada y segura de mi misma, que logra todo lo que se propone,* y cada vez que la vida te lo permita, asumirás cualquier reto que se te presente, utilizando esta nueva creencia para abrirte paso ante cualquier adversidad.

¿CUÁLES SON TUS CREENCIAS?

Dicho esto, te invito nuevamente a que tomes papel y lápiz y comiences a escribir todo lo que llegue a tu mente acerca de lo que crees sobre ti, de lo que piensas del mundo que te rodea y de cómo te ves en relación con otras personas. Trata de identificar todo aquello que des como cierto, no importa si es agradable o desagradable. Aquí no se trata de juzgar sino de identificar.

Te doy un ejemplo para que te sea más fácil reconocer tus creencias.

- **Reflexiona acerca de lo que piensas sobre ti:** Soy inteligente. No soy bueno para los deportes. Soy amoroso. Soy inconstante. Soy sortario (tengo mucha suerte).

- **Qué piensas del mundo que te rodea y cómo te percibes en él.** Es mejor ser pobre, pero honrado. Puedo hacer todo lo que me propongo. El trabajo duro siempre tiene su recompensa.

- **Cómo te ves en relación con otras personas**. Me cuesta decir que no. El amor no existe. No tengo suficiente dinero para compartir con los demás. Me cuesta tomar decisiones. Tengo la suerte de tener buenos amigos.

Con la lista de creencias que acabas de elaborar, harás lo siguiente:

1. Dibuja tres columnas. Titula la primera "Mis Creencias", la segunda columna "Mis recompensas" y la tercera "Mis ganancias o costos". Tal como te muestro en el ejemplo 6-1, descrito abajo.

2. Con la información de la lista, coloca todas tus creencias en la primera columna.

3. Ubicándote en cada creencia, sintiéndola, quizás recordando algún momento de tu vida donde has hecho uso de ella, pregúntate amablemente: ¿Por qué la crees? Recuerda no analizar las respuestas, solo debes permitir que vengan a ti. Entonces vas a detallar en la

segunda columna ¿Qué aporta a tu vida cada creencia?, puede ser un sentimiento de orgullo, de seguridad o de amor. ¿Algo tangible quizás?, como un buen sueldo, ansiedad o estrés, una cuenta bancaria con muchos dígitos. ¿Cuál es tu recompensa?, quizás te hace sentir bien a corto plazo, pero crees que te impide avanzar a largo plazo, por ejemplo.

4. Piensa ahora ¿qué has ganado con esta creencia o cuál ha sido su costo para ti?, ¿cómo te favorece u obstaculiza que tengas esta creencia? Puede ser desde un punto de vista financiero, emocional o físico. Coloca el detalle en la tercera columna.

EJEMPLO 6-1		
Mis creencias	**Mis recompensas**	**Mis ganancias o costos**
Me cuesta decir que no.	No quiero que la gente me rechace.	He asumido responsabilidades que no he querido. Me he sentido frustrado por eso.
No tengo suficiente dinero para compartir.	Evito que los demás se aprovechen de mí.	Me siento mal por evadir mis responsabilidades.
Es mejor ser pobre pero honrado.	No tengo que esforzarme. Con lo que tengo me basta.	He rechazado oportunidades para generar riqueza. Me he arrepentido de no hacerlo.
El amor no existe.	Evito que otro me lastime. No quiero compromisos.	Sigo soltero y eso me duele.
Soy sortario (tengo mucha suerte).	Me siento tranquilo y relajado.	No necesito esforzarme para conseguir las cosas. Todo me llega con facilidad.
Puedo hacer todo lo que me propongo.	Me siento poderoso.	Acepté un empleo en otra ciudad y me va mejor.
El trabajo duro siempre tiene su recompensa.	Siempre consigo la fuerza necesaria para culminar mis tareas.	Logré el ascenso que quería.
No sé tomar decisiones.	No tengo que asumir la culpa si las cosas salen mal.	Me siento mal con las decisiones que los otros toman por mí.
Tengo la suerte de tener buenos amigos.	Los aprecio y me siento querido.	He contado con ellos cuando los he necesitado. Me siento protegido.

Importante tener en cuenta...

• Nuestras creencias limitadoras están en nuestra mente, forman parte de nosotros. Son el producto de una experiencia, están respaldadas por una vivencia, por lo tanto existen por alguna razón. Ellas están ahí para protegernos y lo más probable es que tengamos evidencias suficientes para justificarlas, por lo tanto reconocerlas y deshacernos de ellas no siempre es una tarea fácil, pero hacerlo nos traerá mucho más recompensas que dolor, permitirá que los milagros ocurran en tu vida.

• No importa dónde y cómo se originó la creencia en ti, tampoco hay que sentirnos mal por tenerla, ya que nosotros no la elegimos de manera consciente, solo nos fue útil en algún momento de nuestra vida y por eso forma parte de nuestro mapa, pero si ya no te sirve, es hora entonces de soltarla. La clave es aceptar, no calificar.

• Si notaste que hay un patrón que se repite en tu vida producto de una creencia limitadora, pero aún no logras identificarla, no llega a tu mente de una manera consciente, pídele asistencia a tu Ser Divino. Puedes utilizar una frase como: *Divina presencia de Dios en mí, ayúdame a descubrir cuál es la creencia/pensamiento al que me estoy aferrando e impide que_____ (aquí escribes lo que deseas) se manifieste/fluya en mi vida de manera abundante.*

• Si te sientes abrumado con este ejercicio, es normal. Recuerda que nuestras creencias son parte de nosotros, nos han ayudado a recorrer el camino, han sido nuestra guía, por lo tanto el ego se resiste a dejarlas morir. Relájate, tómate tu tiempo y regresa al ejercicio cuando ya te sientas listo. Ten presente que como toda resistencia proveniente de nuestro ego, hará todo lo posible por evitar que logres tu objetivo, en este caso culminar el ejercicio. Así que si te observas dándole demasiadas largas al asunto, mejor llénate de valor y decide afrontar esta oportunidad de crecimiento que la vida te está entregando. Habla con tu ego, puedes decirle algo como: *Está bien, reconozco que tengo miedo, lo acepto, es normal, pero elijo aquí y ahora dejar que mis creencias limitadoras salgan a la luz, se descubran ante mis sentidos".* Cuando haces esta pausa y emites esta declaración en voz alta, estás permitiendo que tu cerebro se reorganice ante la nueva experiencia. Este tipo de declaraciones te empoderan y rompen estructuras, resultando ser un poderoso mecanismo para que tu mente inconsciente abra puertas y tienda puentes por donde ingresaran los nuevos conocimientos y experiencias, directamente a tu cerebro, logrando sortear los filtros que tu ego se encargará de colocar.

• • •

Para moverte al próximo nivel en tu vida debes tener el coraje de desafiar las creencias limitadoras que te mantienen donde estás. ¡Vamos, el mundo es de los que se atreven!

AMPLÍA TU LISTA DE RECURSOS

Si has llegado hasta aquí, te felicito, has sido muy valiente. Se requiere mucho coraje para enfrentar nuestras creencias. Estás un paso más cerca de la vida que quieres para ti.

Este ejercicio te permitió identificar tus creencias, aceptando que forman parte de ti. Algunas veces basta con reconocer que una creencia te limita para que pierda todo su valor.

Pero ahora tenemos que movernos al siguiente nivel.

En la tabla que construiste, ubícate en la tercera columna. Revisa aquellas creencias que han tenido para ti un costo, que han significado un sacrificio, que te han traído dolor, frustración o rabia. Estas son tus creencias limitadoras. Aquellas que por el contrario te han traído ganancias, satisfacciones a tu vida, son tus creencias potenciadoras.

Ahora bien, seguro te estarás preguntando y ¿qué hago con ellas?

Tus creencias potenciadoras te servirán de puente para pasar de tu estado actual al estado futuro que deseas tener y experimentar. ¡El que te mereces! Te han sido útiles y por lo tanto te servirán de apoyo en el camino que hoy empiezas a recorrer hacia la vida que quieres. Refuérzalas constantemente en tu día a día, cuánta más información y situaciones experimentes para obtener pruebas de que sí te funcionan, más fuertes se volverán tus creencias potenciadoras. Agrégala a tu Lista de Recursos, la que creaste al principio de este capítulo.

Estas creencias potenciadoras, junto a tu lista de habilidades, te servirán para reforzar tu autoestima en esos momentos en que las dudas se quieran apoderar de ti. Te harán recordar que tú sí puedes, que tienes los recursos apropiados para lograrlo. Solo se trata de hacer unos pequeños ajustes al plan y seguir, con plena confianza en tu Lista de Recursos. ¡Vamos tú puedes!

Sigamos con el ejercicio.

CÓMO REPLANTEAR UNA CREENCIA LIMITADORA

1. Ahora construye una nueva lista, pero solo con tus creencias limitadoras.

2. Decide cuál de ellas quieres eliminar (¡Ojalá que todas!). Quizás quieras empezar enfocándote en aquellas que más dolor te generan, o las que te están impidiendo alcanzar lo que quieres. La decisión es tuya.

3. Trae a tu mente un pensamiento opuesto a cada creencia negativa y escríbelo al lado, en otra columna. Escribe tu nueva creencia siempre en primera persona (yo). Ejemplo:

Creencia Limitadora	Creencia Potenciadora
Soy inconstante.	Yo soy constante y disciplinado en todo lo que decido emprender.
No tengo suficiente dinero para compartir.	Yo tengo dinero en abundancia para mí y para compartir con los demás.

2. Repasa nuevamente tu lista y en cada creencia tacha las palabras negativas con un trazo grueso, dejando las frases incompletas. Esto permitirá derrumbar las estructuras o asociaciones que existen en tu cerebro con esta frase. En nuestro ejemplo sería algo así:

~~No~~ tengo suficiente dinero para compartir.

3. Lee en voz alta las creencias potenciadoras que has construido. Ponle emoción, energía, conéctate con cada una de ellas. Verás cómo tu voz va adquiriendo cada vez más fuerza con cada repetición. Déjate

arrastrar por la emoción, de eso se trata, no la reprimas. Si quieres haz una nueva lista, ahora con tus creencias potenciadoras y ponle color si lo deseas, hazla agradable a tus ojos. Si te resulta fácil visualizar, entonces crea una imagen clara de tu vida con esta creencia. Lo importante es que utilices todos sus sentidos para involucrarte en ella. ¡Tienes que sentirla!

TRATAMIENTO DE 21 DIAS PARA CAMBIAR UNA CREENCIA

Voy a compartir contigo otra herramienta muy poderosa que me ha sido muy útil para cambiar una creencia limitadora. Es muy sencilla. Solo tienes que ser constante. Para que el tratamiento sea más eficaz, escoge sola una creencia potenciadora de tu lista, la que creas más importante, y repítela consecutivamente durante veintiún días. Después de este ciclo, podrás elegir otra y así sucesivamente. No hay límites, tú puedes cambiar todas las creencias que desees.

Te recomiendo que escojas una hora del día en la cual te resulte cómodo y accesible realizar el ejercicio, así será más fácil para ti adquirirlo como hábito y evitarás ser presa de cualquier elemento saboteador, como el teléfono, la TV, los chicos, el trabajo, etc. De igual forma si en otro momento del día te sientes con el sentimiento y las ganas de hacer el ejercicio, hazlo, perfecto. Cuantas más veces mejor. A mí me resulta hacerlo frente a un espejo porque me puedo ver directamente a los ojos y es como tener acceso directo a la mente, sitio donde realmente está alojada tu creencia limitadora. También es más efectivo hacerlo en horas de la mañana, porque tu mente está más fresca, menos aturdida y por tanto tu cerebro puede captar mejor la señal.

Antes de empezar, cierra los ojos y haz tres respiraciones profundas. Inmediatamente lanza al universo tu creencia potenciadora. Recuerda que debes hacerlo con emoción, con energía. Involucrando todos tus sentidos en la experiencia. Sintiendo cada palabra que sale de tu boca, con voz fuerte y clara.

Al final agrega: *Todo esto en perfecta armonía y en perfecto orden divino con el universo, gracias Dios porque ya me has escuchado.*

Recuerda…

1. Debes ser constante y disciplinado si quieres ver realmente un cambio en tu vida. Si te resulta muy difícil crearte rutinas, entonces esta es la primera creencia que debes trabajar en ti. Si lo haces, si dejas a un lado tus miedos y te atreves a asumir la responsabilidad de tu vida, te garantizo que los milagros comenzaran a ocurrir en ella. Dios y el universo premiarán tu constancia.

2. Cuando empiezas a trabajar tus creencias, el universo te toma muy en serio y comienza a entregarte experiencias de vida que te permitirán validarlas y reforzarlas en tu mente. Así que recuerda, debes estar muy atento a las señales, muy presente en el aquí y el ahora para no dejar pasar estas oportunidades. No olvides que también tienes tu Lista de Recursos. Acude a ella cuando te sientas débil, te permitirá recargar las baterías para seguir.

3. Tus creencias son literalmente puertas gigantes que abren tu potencial, tu capacidad y tus talentos. Si quieres las llaves para abrir estas puertas lo único que necesitas es desafiar y cambiar las que te limitan por creencias que te motivan y te ayudan a lograr tus sueños.

4. Identifica tus creencias limitadoras, reconoce tus debilidades, está bien querer ser mejores personas, pero no te juzgues, no te critiques, ni te causes más sufrimiento. Tampoco te martirices por saber de dónde y cómo se formaron cada una de estas creencias que hoy te limitan, eso ya no importa, eso no es relevante. Si ya las tienes identificadas, esfuérzate por transmutarlas, creando una creencia potenciadora que te permita llegar al punto donde quieres.

5. La mejor manera de desafiar una creencia es arriesgándote a enfrentarla, vencer el miedo y actuar. Si tienes miedo de volar en avión, móntate en uno. Si tienes miedo de socializar, socializa. Si tienes miedo de hablar en público, atrévete a dar una conferencia. De esta manera abandonamos inmediatamente nuestra zona de confort, retando nuestro cerebro a través de la experiencia directa. Cuando nos atrevemos a vencer el miedo, es cuando nos convencemos de qué tanto somos capaces.

6. En la medida que vayas avanzando en tu proceso de sanación, empezarás a sentir más confianza en ti mismo y tomarás las acciones necesarias que te llevarán a crear el tipo de vida que quieres y te mereces. ¡Solo tienes que atreverte a dar el primer paso!

7. Plantéate creencias que estén ancladas en la realidad. Para que una creencia realmente se instale en nuestra mente, debe ser optimista, debe empoderarte para que venzas tus miedos, pero también debe ser realista. Por ejemplo, si tienes cincuenta y cinco años de edad y quieres convertirte en el mejor jugador de baloncesto y llevar el equipo de tu país a las olimpiadas, probablemente esta creencia no esté basada en la realidad.

8. Todo en el universo está relacionado, así que empezarás a notar como todo tu entorno se armoniza con tus emociones y se alinea con tu propósito. Así que, cuando no te guste lo que estás recibiendo del universo, revisa conscientemente y sin apegos, qué le estás dando. Lo que tú entregas al universo, se te devuelve mil triplicado. Es la ley de la atracción.

9. Si hay algún patrón que por ti mismo no logras eliminar, puede ser que aún no hayas dado con la raíz del problema porque quizás sea producto de un evento muy profundo y doloroso en tu vida, por lo tanto tu ego se resiste a que te deshagas de él y evitará a toda costa su identificación. En este punto puedes buscar ayuda de un tercero (psicoterapeuta, coach o mentor), para que te facilite el camino. Lo importante es que actúes, no lo postergues. Ya has dado un gran paso al reconocer que tienes un patrón que quieres cambiar, ¡bien por ti!, pero si no puedes hacerlo solo, es completamente valido que busques ayuda.

CAPÍTULO 8

DESCUBRE LOS VALORES
QUE TE MOTIVAN

Muchas veces nos sentimos culpables por no tener la motivación o la voluntad suficiente para emprender una actividad o para seguirla, por más que la hayamos planeado, analizado e incluso nos sintamos comprometidos con ella. Nos cuestionamos y nos convertimos en nuestros peores críticos, bien sea porque no logramos concretarla o porque de un momento a otro dejó de tener sentido para nosotros.

Por experiencia sé que la motivación para llevar a cabo cualquier tarea o actividad solo surge en nosotros si esta actividad o tarea no está en conflicto con nuestros valores. Dicho de otra manera, si nuestros valores, aquello en lo que creemos y que rige nuestra vida y nuestras acciones, no están contenidos en las metas o planes que nos hemos trazado, la motivación para alcanzarlos no llegará.

Cuando mi esposo y yo decidimos venir a vivir a Santiago de Chile, yo estaba muy emocionada y convencida de que en este país podría retomar el camino iniciado en Venezuela con mi pequeña fábrica de accesorios y vestuario, haciendo algo similar. Sin embargo fueron pasando los meses y a pesar de todos mis esfuerzos no lograba concretar el negocio.

En algunas ocasiones logré vislumbrar pequeñas señales que parecían indicarme que sí resultaría, pero no tardaba en darme cuenta de que estaba equivocada y a las semanas se venía abajo lo alcanzado.

Muchísimas veces me cuestioné por ir perdiendo la motivación en el camino, pero como todo en la vida tiene un ciclo, un principio y un fin, parecía que esta actividad en mi vida ya había alcanzado el suyo. Mi Ser Divino me estaba mandando los mensajes claramente, pero yo me negaba a escucharlo, porque la sola idea de "soltarlo" me hacía sentir muy mal. Este había sido mi sueño durante mucho tiempo y por lo tanto me resistía a dejarlo partir. Sentía que me estaba dando de nuevo por vencida y que otra vez dejaba algo inconcluso.

Eran muchos sentimientos y emociones encontradas con respecto a esto, sobre todo sentimientos negativos hacia mí misma, que nublaban mi capacidad de razonamiento y no me permitían ver las circunstancias desde otra perspectiva, desde la aceptación.

Todos los días me preguntaba: *¿Será que no hecho lo suficiente? ¿Será que no he tocado las puertas correctas?* Por más que mi esposo y mi madre me decían que lo dejara ir, que quizás ya había cumplido su ciclo, yo seguía cuestionándome y echándome la culpa por lo que hasta ahora no había podido alcanzar.

¡Guao, qué autodestructivos podemos ser a veces los seres humanos cuando dejamos que sea nuestro ego quien nos gobierne!

Intenté darle un enfoque diferente a como lo llevaba en Venezuela, tratando de apoyarme con nuevas herramientas de mercadotecnia, pero no sentía verdadera empatía con ninguna de estas ideas, no lograba encontrar la motivación para sacarlo adelante y mi frustración iba creciendo cada día más.

Así que una mañana, recuerdo que estaba sentada contemplando la magnificencia de la cordillera andina a través de la ventana de mi sala, tomándome una rica taza de café, mientras sostenía una profunda conversación con Dios, pidiéndole que me iluminara y me diera sabiduría para cambiar aquello que realmente estaba a mi alcance, para aceptar aquello que no podía modificar e inteligencia para reconocer la diferencia.

Mientras respiraba profundo, permitiendo que mi mente se calmara y dando espacio para que mi consciencia y no mi ego fuese quien se manifestase, soltando todo juicio hacia mi persona y hacia las circunstancias, decidí soltar el control una vez más, permitir que todo fluyera y esperar a ver qué me devolvía el universo.

Me dije:

Si Dios me ha traído hasta aquí, por algo y para algo ha sido. Todo en el universo está relacionado, nada sucede por azar. Entrego mi resistencia al momento presente y permito que toda fluya, que todo tome su orden divino, el orden para lo que fue creado. Seguiré buscando mi propósito de vida, abierta a lo que el universo tiene para ofrecerme, pero no desde la lucha, sino desde la aceptación.

¡Bueno, la recompensa no tardó en llegar! Como siempre que estás en armonía con las circunstancias, con tu exterior, el universo conspira a tu favor. Empecé a dedicar más tiempo a la lectura y encontré unos cuantos libros que me resultaron sumamente reveladores. ¡Era como si hubieran sido escritos para mí! A través de su lectura pude abrir mis ojos, haciéndome las preguntas adecuadas, que me llevarían por el camino correcto, aquel que me conduciría a las respuestas que necesitaba para enrumbar nuevamente mi vida.

Uno de esos caminos fue visitar nuevamente un psicoterapeuta para compartir lo que estaba sintiendo. Mientras me decidía a ir, pensando si valdría la pena o no, leí sobre uno que captó mi atención. Como la decisión no fue inmediata, pues nuevamente mi ego se resistía a encontrar la verdad, el universo de a ratos me lo recordaba, haciéndome llegar, como por "casualidad", su publicidad a mi página de Facebook. Tenía meses aplazando la respectiva llamada para reservar una hora de consulta, hasta que un día me dije: *Ya basta, son demasiadas señales como para seguir creyendo que esto es una casualidad.*

Fue muy interesante lo que el psicoterapeuta me hizo ver y que engranó perfectamente con el momento que estaba viviendo. Recuerdo que me dijo muy claramente: *¿Sabías que primero surge el deseo y después le sigue la voluntad?*

Cuando engrané todas las piezas, me di cuenta de que simplemente mis valores habían cambiado y que producto de mi vivencia durante estos últimos años, había logrado elevar mi nivel de consciencia, por lo tanto los valores que actualmente regían mi vida ya no estaban contenidos en ese proyecto que mi mente había ideado para mí. Yo quería hacer algo diferente, solo que no me había percatado de esto, no me había dado el permiso de reconocerlo, sino hasta este momento.

Sentía que el deseo de compartir mi experiencia de vida era más fuerte que cualquier otra cosa. Mi deseo de ayudar a otros se expresaba con demasiada fuerza como para no percibirlo.

Definitivamente, lo que quería de la vida en el aspecto laboral había cambiado, porque realmente comprendí que la única forma de sentirte en paz contigo mismo y lograr la felicidad que tanto anhelas, es alineando tus metas, tus objetivos de vida, a tus valores. ¡Por fin, después de muchos años, me volvía a conectar con mi verdadero propósito en la vida!

¿QUÉ SON LOS VALORES?

Los valores representan nuestra esencia, nos definen como personas, nos hacen únicos e irrepetibles. Son aquellas cualidades o características que consideramos importantes y al igual que un GPS[4], debemos utilizarlos para guiar nuestro destino. Nuestros valores nos ayudan a elegir siempre el mejor camino. Nos ayudan a tomar decisiones y guían nuestras relaciones. Nos permiten definir qué nos hace sentir bien y nos ayudan a determinar las prioridades en nuestra vida, tanto profesional como personal. Cuando actuamos según nuestros valores tenemos el coraje necesario para completar cualquier objetivo o meta que nos tracemos en la vida. Nos permiten vivir la vida con sentido para completar nuestro propósito.

Quiere decir esto que para lograr tener la vida que queremos y merecemos, es importante tener identificados nuestros valores, cuáles son los más importantes, cuáles deseamos mantener y cuáles han dejado de sernos útiles y requieren una revisión de nuestra parte. Conocerlos puede ayudarte también a vencer la apatía, aumentar la autoestima o ser menos conformista.

---

4 Global Positioning System, conocido por sus siglas en inglés como GPS o Sistema de Posicionamiento Global en español.

Si en tu lista de valores están la **honestidad, la integridad y el amor** significa que en toda actividad y en toda relación que establezcas, debes hacer prevalecer estos valores, siendo una persona totalmente honesta con los demás, llena de integridad (no mentir, no insultar a otros, etc.) y de amor (compasión que se demuestra en todo lo que haces, expandiendo abundancia y alegría por donde transitas). Si tus valores son la **responsabilidad, la generosidad y el altruismo** significa que en todo lo que hagas, lucharás por ser totalmente responsable, generoso con tus emociones y acciones y pondrás a los demás antes que a ti mismo.

IDENTIFICA CUÁLES SON TUS NECESIDADES

En vista de que los valores están muy relacionados con las necesidades y estos se expresan en nuestro día a día a través de hechos y acciones cotidianas, debemos identificar antes cuáles son nuestras necesidades. Por ejemplo, podemos expresar nuestros valores a través de la manera de vestir, la forma de relacionarnos con las personas, de expresarnos y de pensar, pero no debemos confundir necesidades con valores.

Un valor es una cualidad que nos sirve siempre de guía para orientar nuestra vida. Mientras que una necesidad es algo que nos resulta imprescindible para sentirnos felices.

Antes de definir cuáles son tus valores, debes identificar cuáles son tus necesidades emocionales. Algunas de estas necesidades pudiesen ser:

• Sentirte apreciado y querido.
• Sentirte seguro y protegido.
• Disfrutar al máximo lo que haces.
• Experimentar cosas nuevas.
• Sentirte especial e importante.

En psicología la necesidad es el sentimiento ligado a la vivencia de una carencia, por lo tanto hará que enfoquemos gran parte de nuestro esfuerzo a suprimir esta falta, en algunos casos inclusive por encima de nuestro propio bienestar. No es fácil satisfacer todas nuestras necesidades, e incluso su satisfacción puede implicar un alto costo para nosotros y puede hacernos caer en patrones de conducta que repetimos sin cesar.

Por ejemplo: La necesidad de sentirte apreciado y querido puede llevarte a querer complacer a todo el mundo, incluso a costa de tu propio bienestar. La de sentirte seguro y protegido, quizás no te permita experimentar cosas nuevas. Necesitar sentirte especial e importante, puede llevarte a que te identifiques con cosas materiales que quizás no te brindan la felicidad que andas buscando, o de hacer cosas que no son las que realmente quisieras, como estudiar algo que no te gusta, por el solo hecho de satisfacer esta necesidad de sentirte importante.

Al igual que tus creencias, tus necesidades pueden desviarte del camino en tu búsqueda de la felicidad o pueden hacerte avanzar a pasos agigantados hacia ella. La clave está en identificar qué te impulsa a actuar de determinada manera, buscando satisfacer esas necesidades de acuerdo a tus valores. Tenemos derecho a tener necesidades, es parte de nuestra experiencia como seres humanos, pero debemos enfocarnos en satisfacer aquellas que realmente enaltecen nuestra vida, no en las que nos someten a vivir como esclavos y dependientes de las circunstancias y/o de los deseos de otros.

Haz un alto en la lectura y en este momento conéctate con tus necesidades y en cómo las satisfaces. Toma papel y lápiz y responde a las siguientes preguntas:

- ¿Cuáles son tus necesidades?
- ¿Cuáles consideras son las más importantes?
- ¿Cómo buscas satisfacerlas? ¿Cuáles de estas formas de satisfacción, consideras que pueden ser negativas para ti o para los demás?
- ¿Cómo pudieras satisfacer la mayoría de tus necesidades de una manera sana y positiva para ti y para los demás?

Una vez que las tengas identificadas, describe qué acciones quieres emprender para satisfacer las que te ayudarán a ser mejor y reenfocar aquellas que no.

DEFINE TUS VALORES

Reforzando lo dicho anteriormente sobre los valores, estos pueden ser definidos entonces como los principios que rigen nuestra vida.

Pueden o no estar relacionados con nuestras necesidades y constituyen la guía para dirigir nuestra motivación hacia el progreso. Cuando actuamos en función de ellos, siempre vamos a dar lo mejor de nosotros mismos y lograremos estar más armónicos con el universo. Si logras sincronizar todos los aspectos de tu vida con tus valores, entonces disfrutaras más la vida, te parecerá más justa y estarás dispuesto a compartir con todos tu felicidad, logrando que tu mundo sea mejor. Adicionalmente cuando actúas en función de tus valores, te vuelves una persona más efectiva, es decir consigues alcanzar tus objetivos usando tu energía de la manera más eficiente, sin lucha, sin tanto desgaste en el camino.

Si por ejemplo, sientes la necesidad de sentirte amado por los que te rodean y tienes como valor la honestidad por encima de cualquier cosa, entonces debes encontrar la forma de hacer prevalecer la importancia de expresar tus opiniones claramente, aunque estas difieran con las opiniones de los demás, de una forma amable, sin imponer tus criterios. De esta manera los que te rodean te seguirán amando, pero también te apreciarán por el respeto que demuestras hacia ellos.

En el capítulo anterior te mostré unos ejercicios que te ayudaron a conectarte con tus habilidades, a identificar tus creencias limitadoras para que las reemplazaras por creencias potenciadoras y de esta forma, comenzaras a construir tu Lista de Recursos. Pues bien, en este capítulo seguirás la construcción de tu lista, pero ahora identificando cuáles son tus valores, las motivaciones que subyacen detrás de cualquier acción que quieras emprender.

Has iniciado tu camino hacia la sanación, has elegido vivir tu vida de otra manera, pero un viaje exitoso solo lo podemos lograr si tenemos nuestro norte claro y contamos con las herramientas apropiadas para mantener el rumbo. A lo largo del camino podremos encontrar muchas distracciones que nos desvíen de nuestro objetivo, que generen confusión nuevamente en nosotros. Por eso la importancia de contar con nuestra Lista de Recursos. Recuerda que ella te servirá para reforzar tu autoestima en los momentos en que las dudas quieran apoderarse de ti y no sepas cómo llegar a la meta o creas que no vas a llegar.

Algunos de estos valores pueden ser:

•AMBICIÓN	•DIGNIDAD	•LÓGICA
•AMISTAD	•DISCIPLINA/ORDEN	•LOGRO
•AMOR	•DISFRUTAR	•OPTIMISMO
•ALEGRÍA	•DIVERSIDAD	•PLACER
•APERTURA	•DIVERSIÓN	•PERSEVERANCIA
•APRENDIZAJE	•EFICIENCIA	•PERSISTENCIA
•ARMONÍA	•EMPATÍA	•PODER
•ATREVIMIENTO	•ESPIRITUALIDAD	•PRECISIÓN
•AUTENTICIDAD	•EXCELENCIA	•PROGRESO
•AVENTURA	•ÉXITO	•PUNTUALIDAD
•BALANCE	•FAMA	•RESPETO
•BONDAD	•FAMILIA	•RECONOCIMIENTO
•BUEN HUMOR	•FE	•RESPONSABILIDAD
•CALIDAD	•FELICIDAD	•RETO
•CARISMA	•FLEXIBILIDAD	•RIQUEZA
•CIVISMO	•GANAR-GANAR	•SABIDURÍA
•COLABORACIÓN	•GENEROSIDAD	•SALUD
•COMPASIÓN	•HONESTIDAD	•SEGURIDAD
•COMPETENCIA	•IGUALDAD	•SERENIDAD
•COMPETITIVIDAD	•INDEPENDENCIA	•SERVICIO
•COMPROMISO	•INDIVIDUALIDAD	•SERVIR A OTROS
•CONFIABILIDAD	•INFLUENCIA	•SINCERIDAD
•CONFIANZA	•INNOVAR	•TIEMPO EN PAZ
•CONOCIMIENTO	•INTEGRIDAD	•TRABAJO
•CREATIVIDAD	•INVENTIVA	•TRABAJO EN EQUIPO
•CREDIBILIDAD	•JUSTICIA	•VALOR
•CULTURA	•LEALTAD	•VENERACION
•DEDICACIÓN	•LIBERTAD	•VERDAD

En algunos casos, nuestra depresión puede ser el resultado de evitar vivir de acuerdo a nuestros valores. Si reprimimos nuestro instinto de ser auténticos, estamos negando una parte de nosotros. A veces seguir los valores personales no es tarea fácil y requiere, en muchas oportunidades, tener que tomar decisiones dolorosas para mantenernos firmes y fieles a ellos. La recompensa es que a la larga encontraremos mayor satisfacción siendo honestos con nosotros mismos, que evadiendo el dolor.

A continuación te invito a que hagas el siguiente ejercicio para que descubras tus valores y los incluyas en tu Lista de Recursos.

Para hacer este ejercicio, debes estar presente e inmerso en la experiencia ya que debes poner especial atención a las palabras que primero llegan a tu mente y a las imágenes, sonidos e incluso sensaciones asociados, e inmediatamente tomar nota de ello.

Construye una tabla de dos columnas, como te indico en el ejemplo 7-1. En ella vas a colocar lo siguiente:

1. En la primera columna, anota las respuestas a la siguiente pregunta: ¿Qué personas, lugares y cosas son primordiales en tu vida, en este momento? Pueden ser tu trabajo, tu familia, tu relación de pareja, tus amigos, etc. Anota todo lo que para ti sea importante.

2. En la segunda columna y sintonizándote con tus valores, escribe tus respuestas a la siguiente pregunta: ¿Qué beneficios me aporta esta persona, lugar o cosa? Por ejemplo, tu relación de pareja te aporta amor, seguridad, confianza, familia. Un objeto, por ejemplo tu nuevo automóvil, te aporta reconocimiento, libertad, éxito. Concéntrate en los aspectos positivos. Puedes utilizar como referencia la lista de valores que enumeré anteriormente y si alguno no está en la lista, agrega todos los que tú consideres pertinentes de acuerdo a tu propia escala.

EJEMPLO 7-1	
Personas, lugares y cosas importantes	**Beneficio que obtengo**
Mi pareja	Amor, seguridad, confianza, familia
Mi trabajo	Seguridad económica, éxito, respeto, alegría, trabajo en equipo
Mi automóvil	Reconocimiento, libertad, éxito
El dinero	Seguridad, optimismo, placer, respeto

Una vez que tengas tu tabla lista:

3. Revísala e identifica aquellos valores que más se repiten, márcalos con un asterisco o rodéalos con un círculo. Habrá algunos que tengan el mismo significado para ti, por ejemplo honestidad e integridad, entonces conviértelo en uno solo y dale el nombre que te parezca más representativo.

4. Ahora haz una lista con los diez valores que más se repiten. No tienes que establecer prioridades en este momento, solo identifica y rescata aquellos que despiertan en ti más sensaciones, aquellos con los cuales te sientes plenamente identificado, que hacen vibrar tu corazón.

5. Ahora dedica unos minutos a analizar cada valor y compara cada uno de ellos con respecto a los otros, para de esta manera establecer cuáles son los valores más importantes para ti y asignarles un valor según su importancia, dentro de una escala del uno al diez, siendo diez el más importante y uno el menos importante. Puedes ayudarte haciéndote preguntas como: *¿Qué es lo más importante para mí en esta etapa de mi vida?* o por ejemplo, *¿si tuviese que elegir en este momento de mi vida, entre compartir mi vida con una pareja y mantener mi independencia, qué elegiría?* La idea del ejercicio es que confrontes tus valores entre sí para que determines cuáles son los más importantes y les puedas asignar un valor. Probablemente no es una tarea fácil, porque son todos valores muy importantes para ti, pero la idea es que puedas asignarle una prioridad a cada uno, que será crucial para trazar tu camino en la búsqueda de tu verdadero propósito de vida. Recuerda conectarte con la emoción, con la sensación que te produce ese valor, imagina cómo sería tu vida presente y futura, viviéndola bajo ese valor, es decir, cuál sería el impacto real de dicha elección. ¿Te gusta lo que ves o lo que sientes? Esto te dará una medida de la importancia que tiene dicho valor para ti. Es importante que tengas presente que dos valores no pueden tener la misma ponderación.

Al terminar de priorizar tus valores, quizás tengas algo como esto:

Amor	10
Seguridad	9
Optimismo	8
Alegría	7
Confianza	6
Respeto	5
Sinceridad	4
Éxito	3
Libertad	2

6. Una vez concluido el ejercicio describe con precisión lo que significa para ti cada uno de estos valores. Por ejemplo, responsabilidad puede significar para ti ser digno de confianza, cumplir con lo prometido, hacerte cargo de tus actos y sus consecuencias, etc. Lo importante es que la definición que hagas tenga sentido para ti, así el resultado serán las coordenadas exactas de tu mapa de motivaciones.

REFLEXIONA ACERCA DE TUS VALORES

Una vez que hayas definido tus valores, es bueno que te hagas las siguientes preguntas:

• ¿Esta lista representa la persona que deseo ser?

• ¿Cómo se reflejan en mi vida actual, en mi trabajo, en mi familia y en mis relaciones estos valores?

• ¿Me hace feliz cómo vivo a diario mis valores?

• ¿Las metas u objetivos que tengo en la vida, están alineados con mi escala de valores?

• Puede ser que tu depresión o tu poco interés por algunas actividades obedezcan a que en ellas no están reflejados tus valores. Quizás descubras que en algún aspecto de tu vida (trabajo, relaciones, amigos, familia, salud, dinero, etc.) haya algún conflicto con tus valores.

Tómate tu tiempo para pensar en ello. Son preguntas que te llevarán a reflexionar muy profundamente y las respuestas pueden tener un impacto enorme en tu vida. No te preocupes si te sorprendes con el resultado de este ejercicio, somos muchos los que descubrimos a través de él, que nuestra vida y nuestros valores no están alineados. Lo importante ahora es que tomes acciones para lograr el equilibrio en tu vida.

Nos pasamos la vida afanados e invirtiendo el tiempo en actividades que a veces no agregan valor a nuestra vida. Dedicamos muy poco tiempo a las cosas verdaderamente importantes y al final del día estamos agotados, estresados y además frustrados. El secreto está en hacer que todos los aspectos de nuestra vida estén alineados con nuestros valores, de esta manera no será para nada difícil que nos concentremos en las cosas importantes y no necesitaremos factores externos que nos motiven para hacer lo que tengamos que hacer, ya que la motivación surgirá de manera espontánea y sin esfuerzo. Cuando todo lo que hacemos está alineado con nuestros valores, la vida resulta más gratificante y menos sacrificada.

Cuando tengas que tomar decisiones importantes en tu vida, usa tu escala de valores para orientarte. Si estás en una disyuntiva y no sabes qué decisión tomar, apóyate en tu escala de valores para ayudarte a resolver este problema, así tomarás la mejor decisión posible para ti y para todos los que están involucrados. Toma en cuenta siempre tus valores para trazar el camino, de esta manera lograrás tener bases sólidas para crear una vida apasionada y alineada con tu propósito de vida.

¿CONFLICTO ENTRE DOS VALORES?

Cuando nuestros valores son confusos, inapropiados o están en conflicto entre ellos, nos pueden generar mucha confusión y dolor emocional. Esta situación de conflicto también se puede estar reflejando en el hecho de que no logramos alcanzar nuestras metas y objetivos, a pesar de todo nuestro esfuerzo y dedicación. O estamos a solo unos pasos de lograr algo que anhelamos profundamente desde hace mucho tiempo y de pronto el pánico nos arropa y decidimos abandonar aquello por lo que tanto habíamos luchado.

Tal es el caso de una persona para quien el éxito laboral y la honestidad son sus principales valores. Esta persona tiene la oportunidad de obtener una promoción en su trabajo que significará un aumento considerable en sus ingresos. Por otro lado, sabe que si acepta esta nueva responsabilidad tendrá que hacer uso de algunas técnicas de ventas que no son de su total agrado, porque afectan su sentido de la honestidad. Ante semejante disyuntiva, esta persona, a fin de ser honesta consigo misma, debe encontrar la forma de preservar y respetar ese valor positivo que posee y no infringirlo en ningún aspecto de su vida, pues esto le traería muchísimo conflicto interno y sufrimiento. Quizás no tenga que renunciar a la posibilidad de conseguir ese ascenso que tanto desea, sino más bien enfrentarse a la técnica de ventas que tanto le disgusta, volverse creativo y plantear nuevas formas para abordar su gestión que estén más alineadas con sus valores.

Por otro lado, existen dos tipos de valores: los morales y los no morales. Los primeros están relacionados con el concepto del bien y el mal y guían las conductas éticas. Entre estos se encuentran por ejemplo: la honestidad, la compasión, el respeto, la responsabilidad, etc.

Los no morales están relacionados más con nuestros gustos y preferencias. Establecen lo que es deseable o indeseable y a diferencia de los valores morales, carecen de todo sentido de obligación. Por lo tanto son menos rígidos. Son valores como salir con los amigos en vez de quedarte en casa, o leer un libro en vez de ver la televisión.

Puede ser que en ocasiones tengamos conflicto entre un valor moral y uno no moral, por lo tanto es importante tener claras ambas definiciones para poder tomar una decisión más acorde con nuestros objetivos de vida.

A continuación describo algunas situaciones comunes, donde podemos apreciar como los valores se encuentran en conflicto:

1. **La persona que no tiene desarrollado su propio sistema de valores** y se rige por lo que dicen los demás (sus padres, la sociedad, las costumbres, etc.). Esta persona se enfrentará constantemente con conflictos internos, cuando sus propias preferencias choquen con las de los demás. Por ejemplo, la persona que desea casarse con otra, que es considerada por su familia como una persona inapropiada. En este caso, la persona deberá elegir cuál es el valor que debe prevalecer en este caso: satisfacer a su familia, o el amor que siente hacia la otra persona.

2. **Valores no morales en conflicto**. Una persona que valora mucho disponer de tiempo libre, pero también valora tener unos ingresos altos. Si para obtener esos ingresos, esta persona requiere trabajar tanto que se le imposibilite disponer del tiempo libre que tanto valora, seguramente se va a sentir muy infeliz. Esto hará que de manera, quizás inconsciente, se sabotee cada empleo bueno que encuentre. En este caso esta persona necesita hacer un alto, identificar que hay un patrón de conducta repetitivo e identificar qué valores están en conflicto y cuál es más importante. Tal vez necesite revisar y cambiar sus valores por unos que lo acerquen más al el tipo de vida que desea.

3. **Valores excesivamente rígidos**. Los valores no morales tienden a ser más flexibles que los morales. Sin embargo, si la actitud de una persona ante los valores no morales es la misma que ante los morales, esto le puede generar un conflicto. Por ejemplo, alguien que considere que aquellos a quienes no le gusta lo mismo que a él/ella son unos ignorantes, o que aquellos que se visten mal son despreciables, o que la gente que no lee, vale muy poco. Esta persona seguramente se mostrará poco tolerante hacia todas aquellas personas que no compartan sus preferencias, e inclusive tal comportamiento, puede ser considerado casi que un acto criminal. Probablemente esta persona le será difícil socializar, o quizás se sienta rechazada por los demás.

Por otro lado también debemos tomar en cuenta que nuestros valores son nuestros y no tienen por qué ser compartidos o validados por los demás. Debemos ser capaces de ser flexibles cuando la situación así lo requiera, entendiendo que somos parte de un sistema y aceptar que los demás tienen el mismo derecho de hacer prevalecer sus valores. Cuando se nos presente una situación donde puede haber conflicto entre nuestros valores y los de otra persona, es bueno colocarse en el rol de observador y mirar dicha situación desde otra perspectiva, con la idea de preguntarnos hasta dónde vale la pena "imponer" mi valor; o en casos extremos, si valdría la pena dar nuestra vida por defenderlo. Esto no quiere decir ser desleal conmigo mismo, sino entender que tengo el derecho de defender y mantener mi valor, pero sin pretender de una manera egoísta cambiar el mundo a mi favor, ni manipular los sentimientos de los demás o las circunstancias, para satisfacer mi necesidad de control.

4. **Valores débiles**. Si al contrario, la persona considera los valores morales con la misma ligereza que los no morales, también tendrá conflictos. Cumplir una promesa o decir la verdad no puede estar al mismo nivel que preferir vestirse con una camisa azul antes que usar una roja. Si una persona no se adhiere con mayor firmeza a sus valores morales, será difícil que los demás confíen en esta persona y probablemente su autoestima se verá afectada porque no tendrá experiencias que le brinden o le refuercen su sentido de integridad personal.

5. **Incongruencia.** Los deberes y derechos van juntos de la mano. Por ejemplo, no podemos esperar que los demás sean considerados con nosotros y muestren respeto por nuestros sentimientos, si no mostramos estas mismas actitudes hacia ellos. Cuando mostramos consideración y respeto hacia otros, tenemos por tanto el derecho a esperar que los demás actúen de igual forma hacia nosotros. En este caso, la incongruencia aparece cuando exigimos un derecho sin aceptar el deber correspondiente, cuando se niega a los demás el derecho que se exige para sí mismo, o cuando exigimos a los demás cumplir con un deber que nosotros no cumplimos. Esto generará rechazo y recriminación de los demás, y posiblemente malestar interno al hacernos consciente de nuestra propia hipocresía.

6. **Valores no alineados con los objetivos de vida.** Puede suceder que en algunas ocasiones enfrentemos un conflicto entre nuestros objetivos personales y nuestra escala de valores. Te voy a dar un ejemplo para que sea más fácil de entender. Tengo una amiga llamada Ana, que es coach o entrenadora de vida, como algunos suelen decir, y a la cual le encanta su profesión porque con sus conocimientos puede ayudar a otros a mejorar su vida. Con todo eso, en más de una ocasión mi amiga se siente frustrada porque no siempre le es fácil lograr su objetivo, pues las personas a quienes ella ayuda profesionalmente, deben comprometerse y establecer cierta rutina o

metodología de trabajo, si realmente quieren trascender la situación actual que les aqueja. Ana sabe que no puede imponerse y obligar a la persona, pues esto atentaría contra todo intento de mejora que ella quiera lograr, así que no le queda más remedio que ser flexible con su valor de la disciplina y buscar de una manera creativa que la persona se comprometa y haga sus deberes, antes de que alguno de los dos decida tirar la toalla y morir en el intento. En este caso, para mi amiga es más importante lograr su objetivo de ayudar a otros que hacer prevalecer su valor. Por lo tanto ella se hace cargo de la situación y no permite que su ego se disfrace de valor, aceptando que su mapa no es el territorio.

Cualquiera de las situaciones anteriormente descritas puede ser un patrón de comportamiento inconsciente que actúa como mecanismo de autosaboteo para alejarnos de nuestro propósito de vida. Por eso es importante hacernos consciente de ello, para evitar caer en las trampas que nuestro ego puede tendernos en la búsqueda de nuestro crecimiento espiritual.

Recuerda...

1. Los valores simbolizan aquello en lo que creemos, rigen nuestra vida y nuestras acciones. Representan nuestra esencia, nos definen como personas, nos hacen únicos e irrepetibles.

2. Hallaremos nuestro verdadero propósito en la vida y esta será más plena y más gratificante, si incorporamos nuestros valores en cada uno de los aspectos que la conforman, de una manera consciente.

3. La motivación para llevar a cabo cualquier tarea o actividad, solo surge si esta se encuentra alineada con nuestros valores.

4. Nuestros valores deben estar contenidos en las metas o planes que nos tracemos, así la motivación para alcanzarlos llegará de manera espontánea y sin mayor esfuerzo de nuestra parte.

5. En algunos casos, nuestra depresión puede ser el resultado de no estar viviendo según nuestra escala de valores. Cuando reprimimos nuestro instinto de ser auténticos, estamos negando una parte de nosotros. Esto puede causar mucha desdicha y dolor.

6. Vivir según nuestros valores personales a veces no es tarea fácil, puede requerir en ocasiones que tengamos que tomar decisiones dolorosas para mantenernos firmes y fieles a ellos. Pero a la larga hallaremos mayor satisfacción siendo honestos con nosotros mismos, que evadiendo el dolor. También recuerda que en ocasiones debemos aprender a ser flexibles en nuestra escala de valores con la finalidad de lograr una convivencia armoniosa con nuestro entorno. No permitas que tu ego se disfrace de valor y te convierta en una persona intransigente o poco tolerante.

7. Una vez que tengas identificados tus valores, hazte preguntas poderosas que te permitan reflexionar sobre los mismos y determinar a través de ellas si la forma cómo vives actualmente la vida, está alineada con tus valores. Es importante que precises si tus metas y lo que quieres de la vida, está impulsado por tus valores más importantes.

8. Mantente alerta para identificar cualquier conflicto que pudiese existir entre tus valores y que de manera inconsciente estés utilizando como mecanismo de autosaboteo para alejarte de tu propósito de vida. Traerlos a la luz es un paso fundamental para lograr tener una mente llena de recursos que se empleen de manera coherente para el logro de nuestras metas y objetivos.

9. Es importante, como seres holísticos que somos, acompañar el descubrimiento de nuestros valores, con la expansión de nuestra consciencia. De esta manera podrás determinar con mayor exactitud, qué es lo realmente importante para ti, aquello que debe permanecer y lo que realmente debe cambiar para lograr la vida que quieres y realmente mereces, e igualmente hacerte cargo de aquello que en definitiva implica un aprendizaje para ti y que como tal debes aceptar.

CAPÍTULO 9

CÓMO CONVERTIR EL CUERPO EN UN ALIADO PARA SUPERAR LA DEPRESIÓN

Nuestro cuerpo puede ser un gran aliado en nuestro proceso de transmutación de la depresión y en la búsqueda de crecimiento espiritual.

Debemos tener en cuenta que en este plano físico donde nos desenvolvemos, es a través del cuerpo que accedemos a las otras dos dimensiones (mente y alma). Por lo tanto es importante cuidar de él y mantenerlo en perfecta armonía, ya que es el templo que alberga nuestra alma y es el vehículo mediante el cual esta se manifiesta en este plano terrenal. A través de nuestro cerebro, se manifiesta nuestro intelecto, el poder creativo de nuestra mente, de allí también la importancia de mantener unos hábitos de vida saludables para obtener de este, su máximo potencial.

CÓMO TRABAJA NUESTRO CEREBRO

El cerebro humano es una masa húmeda y gelatinosa, de forma irregular, que contiene más de diez billones de células nerviosas llamadas neuronas. Cada minuto miles de químicos, conocidos como neurotransmisores o mensajeros químicos, son intercambiados entre estos billones de neuronas mediante impulsos nerviosos que afectan las distintas zonas del cuerpo y su sistema nervioso especialmente el cerebro, médula espinal y los nervios.

La capacidad de aprendizaje, la memoria, los estados de ánimo, el sueño, el apetito y el impulso sexual, todos ellos son controlados por los neurotransmisores, incluso hasta en la coordinación de nuestros músculos intervienen estas sustancias. Los trastornos del estado de ánimo parecen estar relacionados a una falla en la transmisión de los impulsos o de las señales nerviosas en las áreas del cerebro que regulan el estado de ánimo. Muchos estudios coinciden en que la depresión es un desbalance químico que involucra especialmente los neurotransmisores llamados: norepinefrina, dopamina y serotonina. Casi todos los tratamientos antidepresivos somáticos, se han enfocado en tratar el desbalance de estos mensajeros químicos.

Por lo tanto la depresión, a nivel físico, no es más que un desequilibrio químico, una enfermedad del cerebro, así como la diabetes es una enfermedad del páncreas.

Te doy un ejemplo para comprender esto fácilmente:

En un día común y corriente, mientras todo está en equilibrio, nuestro cerebro está constantemente enviando y recibiendo millones de mensajes. Nuestro sistema biogenético envía mensajes que son "felices o positivos", los cuales son transportados por "mensajeros alegres", mientras que los mensajes "negativos o sombríos" son llevados por los "mensajeros tristes".

Pero cuando estás excesivamente preocupado por algo, estás pasando por un mal momento o has vivido algún evento que te ha producido pena y tristeza, todo ese equilibrio natural se altera. Es aquí cuando hace de las suyas el estrés, quien se encarga de desordenar y alterar todo, especialmente la entrega de "mensajes correctos".

Puedes sentirte eufórico sin motivo, o profundamente triste y lleno de angustia; además sientes que no lo puedes evitar conscientemente e inclusive quizás ni le encuentras explicación a tales emociones porque piensas que no hay nada externo que te pueda estar afectando, como me pasaba a mí cuando observaba a mi alrededor y veía que aunque todos los disparadores de mi depresión ya habían sido superados, seguía sintiéndome terriblemente mal. Esto es un antecedente de un estado de desequilibrio químico en tu cerebro como respuesta a una situación de estrés prolongado. Pero tú lo vives como una sensación o sentimiento de tristeza, desgano, desmotivación y falta de fuerza de voluntad, y en algunos casos más extremos sientes que no tienes ganas de vivir.

Los neurotransmisores a su vez están controlados por otras sustancias químicas y estudios como los de la psiquiatría ortomolecular[5], indican que nuestra dieta, el tipo y la calidad de alimentos que consumimos, afectan la calidad y cantidad de estas dichas sustancias químicas. Por lo tanto todas las vitaminas, minerales y aminoácidos, provenientes de nuestra alimentación diaria, son esenciales en la producción de estos químicos.

Cuando ingerimos los alimentos, nuestro cuerpo se encarga de desglosar los aminoácidos, los cuales entran a las células cerebrales (neuronas), y allí son transformados en neurotransmisores, a través de una serie de procesos bioquímicos donde las vitaminas y minerales juegan un rol esencial, ya que actúan como catalizadores para que estos procesos se desarrollen perfectamente. Por lo tanto, es factible tratar los problemas psiquiátricos y emocionales cuidando nuestra ingesta de alimentos garantizando que recibamos a través de ellos todos los requerimientos nutricionales que presenta nuestro cuerpo.

Conjunto básico de veinte aminoácidos

ESENCIALES	NO ESENCIALES
Isoleucina	Alanina
Leucina	Tirosina
Lisina	Aspartato
Metionina	Cisteína
Fenilalanina	Glutamato
Treonina	Glutamina

5 La psiquiatría ortomolecular se basa en que el tratamiento de las enfermedades mentales debe asegurar un suministro óptimo de los nutrientes y otras sustancias naturales, necesarias para el correcto funcionamiento del cerebro.

ESENCIALES	NO ESENCIALES
Triptófano	Glicina
Valina	Prolina
Histidina	Serina
Arginina	Asparagina

Los aminoácidos son también conocidos como precursores, debido a que son sustancias, como mencioné anteriormente, que el cerebro convierte en neurotransmisores. Por lo tanto, cuando diseñamos nuestra dieta y escogemos los alimentos que habremos de ingerir debemos buscar aquellos alimentos que contengan dichos precursores o aminoácidos en cantidades suficientes para que realmente impacten positivamente la salud de nuestro cerebro.

Tabla de Precursores

FUENTE/PRECURSOR	NEUROTRANSMISOR
Colina / Serina	Acetilcolina
Acido Glutámico	Glutamina / Acido Gamma-Amino butírico (GABA)
Histidina	Histamina
Lisina	Carnitina
Fenilalanina	Dopamina, Norepinefrina
Triptófano	Serotonina
Tirosina	Epinefrina, Norepinefrina

Según el padecimiento psíquico que presentemos, hay que saber cuáles aminoácidos ingerir y cuándo, porque muchos de ellos pueden competir entre sí y causar más bien un efecto indeseado en el organismo. Por eso es importante saber en qué momento del día y cómo combinar los alimentos entre sí, para obtener el máximo beneficio de los mismos e influenciar positivamente la química de nuestro cerebro.

No solo se trata de tomar aminoácidos como suplementos, porque esto puede resultar peor. La clave es tomar aquellos suplementos que sean necesarios. Por esto razón sugiero que nuestra primera iniciativa sea revisar nuestra dieta y dejar que sea el médico quien te recete los suplementos que necesites después de haber evaluado tu situación en particular. La idea aquí es darte la clave para que entiendas cómo funciona el cerebro y cómo a través de una alimentación balanceada puedas incrementar la ingesta de estos precursores, de tal manera que tu cuerpo se convierta en un aliado en tu proceso de sanación y transmutación de la depresión.

Por otro lado, el cerebro humano, a pesar de su tamaño relativamente pequeño, representa solo dos por ciento del total del peso corporal, pero consume más energía que cualquier otro órgano de nuestro cuerpo. El cerebro usa 20% del total de oxígeno que entra en el organismo.

El cerebro no puede funcionar sin oxígeno; cuando hay carencia de este, aunque sea por un corto periodo de tiempo, el cerebro puede verse afectado dramáticamente. Pero más importante es entender la razón subyacente por lo que este elemento es crucial para el cerebro. El oxígeno es necesario para crear glucosa, la principal fuente de energía para el cerebro. Por lo tanto para garantizar un óptimo funcionamiento del mismo, debemos contar con una buena fuente de oxígeno. Un flujo adecuado de sangre es importantísimo si deseamos usar nuestro cerebro eficientemente.

LA IMPORTANCIA DE LA SEROTONINA EN NUESTRO BIENESTAR

Mencioné anteriormente cómo este es uno de los principales neurotransmisores involucrados cuando hay un desbalance químico en el cerebro. Dada su importancia, voy a ampliar la información sobre su funcionamiento.

La serotonina junto con la dopamina y la norepinefrina regulan nuestro estado de ánimo. Por lo tanto cualquier desbalance de esta sustancia en nuestro cerebro, está estrechamente relacionado con estados emocionales como la angustia, la ansiedad, el miedo y la agresividad. Esta sustancia también se encarga de regular el apetito emitiendo la señal de saciedad a nuestro cerebro, interviene en el deseo sexual, controla la temperatura corporal, la actividad motora y las funciones perceptivas y cognitivas.

Este neurotransmisor también es necesario para elaborar la melatonina, una proteína fabricada en el cerebro, en la glándula pineal, la cual es la encargada de regular el sueño y los estados de vigilia. La serotonina aumenta al atardecer por lo que induce al sueño y permanece elevada hasta el amanecer cuando comienza a descender.

Los hombres producen hasta un 50% más de serotonina que las mujeres, por lo tanto estas son más sensibles a los cambios en los niveles de serotonina.

Factores como el estrés, los altos niveles de azúcar en sangre y los cambios hormonales, sobre todo en los estrógenos, son algunas de las causas por las que la producción de serotonina se puede ver afectada. Un nivel bajo de esta sustancia, está asociado a desequilibrios mentales como la esquizofrenia, autismo infantil, trastorno obsesivo compulsivo, hiperactividad infantil, depresión, estados de agresividad, migrañas, estrés e insomnio.

El aumento de serotonina en los circuitos nerviosos produce una sensación de bienestar, tranquilidad, una mayor autoestima y mejor concentración.

LA HIPOGLUCEMIA REACTIVA Y SU RELACIÓN CON LA DEPRESIÓN

Dado que el suministro de azúcar (glucosa) en la sangre es crucial para las funciones cerebrales, debemos asegurarnos de que los niveles de esta en el cerebro no caigan demasiado, o muy rápido y no someter nuestro cuerpo a una hipoglucemia reactiva, la cual se origina de la siguiente forma:

Después de comer o beber algo que eleva abruptamente el azúcar en la sangre: por ejemplo azúcar refinada, almidón, alcohol, o cafeína, el cuerpo, para poder manejar este exceso de glucosa, hace que el páncreas segregue más insulina[6] de lo normal y así poder transportar la glucosa a las células corporales. Como consecuencia, a las pocas horas el azúcar en sangre es demasiado bajo y el cuerpo empieza a manifestar incomodidad, especialmente el cerebro, ya que este depende de un suministro constante de azúcar en la sangre para cubrir sus requerimientos de energía. Por lo tanto pueden presentarse síntomas como: confusión mental, debilidad, fatiga, mareos, dolor de cabeza, espasmos, bostezos, visión borrosa, olas de frío, y otros más. Para compensar, las glándulas suprarrenales con el fin de volver a subir los niveles de glucosa de la sangre, comienzan a producir adrenalina y noradrenalina, con el fin de extraer las reservas de glucosa (glucógeno) almacenadas en el hígado. Pero esto puede significar que estas hormonas se conviertan en un detonante que altere nuestro sistema nervioso, produciendo manifestaciones como: sudoración excesiva, sofoco, taquicardia, mareos, náusea, temblores, vértigo, sensación de pánico y miedo, ansiedad, dolores de cabeza, espasmos intestinales, ahogo, sensación de hormigueo.

Ahora bien, antes de caer en el nefasto escenario que te acabo de describir, suele suceder que inmediatamente después que consumimos alimentos con un alto contenido de azúcar, como dulces, chocolates, en fin todos aquellos que contienes azucares refinados, nos sentimos llenos de energía y entusiasmo. Estos es porque aumenta la serotonina en nuestro cerebro, debido a que la insulina, que se eleva bruscamente después de una comida cargada de carbohidratos, promueve indirectamente el paso al cerebro del precursor de la serotonina, el triptófano.

Como nos sentimos bien al ingerir todos estos carbohidratos refinados, podemos caer en la peligrosa trampa de que ahí está la solución para nuestra depresión y entonces nos convertimos en adictos a los carbohidratos y empezamos a comer este tipo de alimentos para sentirnos mejor, menos fatigados, menos tensos, menos confusos y por supuesto, menos deprimidos.

Esto es solo una ilusión. Las recompensas de estas altas dosis de

---

6 La insulina es una hormona producida por el páncreas, la cual actúa como una llave que "abre la puerta" de las diferentes células del cuerpo para que la glucosa, originada por la transformación de los alimentos durante el proceso digestivo, entre en ellas y pueda ser utilizada como fuente de energía para el correcto funcionamiento de todos nuestros órganos.

azúcar en la sangre, son fugaces, pues este pico de energía se diluye igual de rápido que como llegó, y al ser utilizado inmediatamente por el cerebro, no tardamos en sentirnos otra vez tristes y bajos de energía al poco tiempo, y quizás hasta peor si tu organismo resulta ser propenso a sufrir de hipoglucemia reactiva, entonces tendrás que agregar a este escenario el conjunto de reacciones que se producen por la retirada abrupta de la glucosa en la sangre.

La buena noticia es que este desorden hormonal es muy fácil de detectar a través de una sencilla prueba de laboratorio, denominada Test de Tolerancia de la Glucosa o Curva de Insulina. La cual consiste en suministrar al paciente altas dosis de azúcar en intervalos de treinta minutos, hasta completar ciento veinte o más, según lo que indique el médico, e ir extrayendo muestras de sangre en periodos iguales, la cual después de analizada, indicará si el organismo del paciente está o no procesando debidamente la ingesta de azúcar, es decir si la insulina está siendo liberada de manera correcta por nuestro páncreas.

Si te identificas con algunos de los comportamientos alimenticios descritos anteriormente y también sufres de depresión, te sugiero que te practiques dicho examen y así podrás descartar si tu depresión pudiese estar originada por este desorden hormonal.

EL CEREBRO ES UN MÚSCULO...¡EJERCÍTALO!

Está comprobado científicamente que el cerebro es un músculo más de nuestro cuerpo, por lo tanto si no lo ejercitamos adecuadamente, poco a poco se irá debilitando o en el peor de los casos, atrofiando por falta de uso.

Como expliqué anteriormente, nuestro cerebro está constituido por una enorme red de neuronas encargadas de trasmitir los impulsos nerviosos que rigen todas las funciones de nuestro cuerpo, convirtiendo estos impulsos en imágenes, gestos, sensaciones y sentimientos. Por lo tanto, cada vez que utilizamos nuestro cerebro permitimos la movilización de millones de células nerviosas, logrando así el fortalecimiento de esta red de neuronas y por ende las conexiones entre ellas.

Una forma de ejercitar nuestro cerebro es idear una forma

distinta de hacer las cosas. La comodidad y la rutina son tremendos enemigos de nuestro cerebro y lamentablemente muchas veces estamos acostumbrados a hacer las cosas porque sí, siempre de una determinada manera. Nos es difícil romper hábitos y paradigmas. La mayoría de las veces preferimos quedarnos en nuestra zona de confort. Sin embargo si aprendemos a ser conscientes, podemos romper con esa inercia y hallar el verdadero sabor de la vida.

Otro excelente ejercicio es usar nuestra imaginación. Por qué no imaginar cómo podemos hacernos ricos, o cómo ser más felices. También en cómo podemos llevar a cabo nuevos proyectos, o cómo contribuir a hacer un mundo mejor. Nuestra imaginación no tiene límites y antes de que te apresures a desechar mi propuesta, ten presente que todo lo que existe en nuestro mundo físico, antes de ser creado, estuvo en la imaginación de alguien. ¡Vamos, atrévete a soñar!

Mantengamos nuestro esfuerzo por conseguir aquello que queremos, aun cuando muchos consideran que es imposible, incluyéndonos a nosotros mismos. Soñar, plantearnos metas y objetivos, actuar en función de ello, no solo estimula nuestro cerebro, sino que nos hace menos vulnerables a la depresión. No hay forma de estar deprimido si tenemos una razón, un motivo para vivir.

No dejar que nuestro cerebro se estanque, que se acomode a las situaciones, es uno de los mayores retos a los que podemos enfrentarnos en nuestra vida.

Recientemente leí algo que me gustó mucho, planteado por el Dr. Juan Hitzig, autor del libro *Cincuenta y Tantos* (2002), en el cual enfatiza que se debe mantener cuerpo y mente en forma, aunque el tiempo pase.

El Dr. Hitzig explica que el pensamiento es un evento energético que transcurre en una realidad intangible pero que rápidamente se transforma en emoción. Cuando este movimiento de sustancias neuroquímicas y hormonas es negativo hace colapsar a nuestro organismo en forma de malestar, enfermedades e incluso se puede llegar hasta la muerte. Tal afirmación nos hace entender la importancia que tiene para nuestra salud, no solo mantener unos hábitos de vida saludables, sino también una actitud positiva ante la vida porque definitivamente nuestras emociones se derivan de nuestros pensamientos.

Aunque el Dr. Hitzig es especialista en medicina del envejecimiento y prevención gerontológica, él ha desarrollado un alfabeto emocional válido para todos los seres humanos, sin importar su edad, a través del cual se explica la relación directa que tienen ciertas emociones en la producción de importantes neurotransmisores de nuestro cerebro, que a continuación te explico.

Las conductas con R: resentimiento, rabia, reproche, rencor, rechazo, resistencia, represión, son generadoras de cortisol, una potente hormona del estrés, cuya presencia prolongada en sangre es letal para las células arteriales ya que aumenta el riesgo de adquirir enfermedades cardiocerebrovasculares.

Estas conductas R generan actitudes D: depresión, desánimo, desesperación, desolación. En cambio, las conductas con S: serenidad, silencio, sabiduría, sabor, sueño, sonrisa, sociabilidad, sedación, pueden incrementar nuestros niveles de serotonina en el cerebro. Las conductas S generan actitudes A: ánimo, aprecio, amor, amistad, acercamiento.

Algunas reflexiones más del Dr. Hitzig que vale la pena compartir:

- Presta atención a tus **pensamientos** pues se harán **palabras.**

- Presta atención a tus **palabras** pues se harán **actitudes.**

- Presta atención a tus **actitudes** porque se harán **conductas.**

- Presta atención a tus **conductas** porque se harán **carácter.**

- Presta atención a tu **carácter** porque se hará **biología.**

APRENDIENDO A TRAVÉS DE LA EXPERIENCIA

En mi constante búsqueda de la sanación, cuando lidiaba con los peores momentos de mi vida, siempre encontraba en mi camino una razón para mantenerme optimista y motivada, algo que me inyectaba la fuerza necesaria para seguir luchando, para no desfallecer, albergando en mi corazón la firme esperanza de que más temprano que tarde, saldría del abismo en el cual me encontraba.

Así fue como durante mi recorrido, manteniendo siempre mi mente abierta ante cualquier nuevo conocimiento, terapia o simple consejo que llegaba a mi espacio, fui descubriendo que para superar la depresión, no solo es necesario tener la medicación o el apoyo psicoterapéutico adecuado, al igual que la actitud positiva y las ganas de sanar, sino que también existían una cantidad de recursos, al alcance de mi mano, que podían mejorar de manera contundente mi calidad de vida.

Siempre he tenido la convicción de que si Dios nos hizo a su imagen y semejanza, entonces nuestro cuerpo está hecho para funcionar perfectamente. Somos nosotros con nuestros malos hábitos de vida, con nuestras decisiones incorrectas, con nuestra carga de pensamientos negativos, los que poco a poco vamos deteriorando nuestro organismo. Igualmente así como Dios nos entregó un cuerpo físico para albergar nuestra alma, durante nuestro paso por este mundo terrenal, también nos dio, a través de la naturaleza, todo lo necesario para cuidar y mantener ese cuerpo en perfecto orden divino y en completa armonía con el universo.

A través de los alimentos que nos ofrece la madre naturaleza, por supuesto estoy hablando aquí de alimentos no procesados, podemos obtener todos los nutrientes que nuestro organismo necesita para mantenerse en óptima condiciones y recuperar el equilibrio perdido cuando aparece la enfermedad.

Si algo he aprendido durante este trayecto es que el cuerpo, especialmente el cerebro, es un laboratorio perfecto, donde cualquier desajuste por muy pequeño que parezca puede alterar su correcto funcionamiento ocasionando un desbalance químico de grandes proporciones, que quizás pudo haberse corregido a tiempo con solo tomar el nutriente (vitamina, mineral y/o aminoácido) adecuado.

Afortunadamente para nosotros los seres humanos, la ciencia ha avanzado muchísimo en este sentido, y cada día surgen nuevas especialidades médicas que apoyan la búsqueda del bienestar del hombre, yendo un poco más allá del simple estudio de los síntomas. Igualmente, gracias a los aportes de la medicina oriental, tenemos acceso a una cantidad de terapias alternativas, mucho menos invasivas que la medicina occidental o alopática, que pueden incrementar nuestra calidad de vida como seres humanos de manera sostenida en el tiempo y sin los efectos colaterales que traen consigo la mayoría de los tratamientos médicos tradicionales.

A través de las siguientes páginas, te hablaré de las consecuencias que conllevan para nosotros los seres humanos, y especialmente aquellos que tenemos tendencia a deprimirnos, una alimentación incorrecta y una vida sedentaria; así como también de los beneficios que podemos obtener si optamos por unos hábitos de vida más saludables.

Igualmente te presentaré cuáles son los principales nutrientes que debemos considerar e incluir en nuestra dieta diaria y que pueden permitirnos dar pasos agigantados en nuestro proceso de sanación. Te contaré sobre algunos recursos naturales, como por ejemplo algunas raíces y hierbas que me he atrevido a probar durante estos doce años, y que muy a pesar de mi escepticismo inicial, realmente puedo decirte que sí funcionan. Por último, te enseñaré cómo puedes contribuir a movilizar las energías estancadas en tu cuerpo, así como lograr un mejor desempeño de tu cerebro, a través de la actividad física y de algunas terapias y disciplinas alternativas que realmente han contribuido en mi proceso de recuperación y en las cuales tengo una gran fe porque directamente me he beneficiado de sus bondades.

CAPÍTULO 10

CAMBIA TU ALIMENTACIÓN Y CAMBIARÁ TU VIDA

Una buena forma de comenzar a cuidar nuestro cerebro y nuestro cuerpo, logrando optimizar el funcionamiento del mismo, es cuidando lo que comemos. Cuando se trata de prevenir e incluso de curar una enfermedad, una dieta balanceada puede hacer la diferencia.

En mi caso, tratando de encontrar el origen de mi depresión, me hice en reiteradas oportunidades el Test de Tolerancia de la Glucosa, pero los resultados fueron siempre negativos. Cuando empecé a documentarme sobre este tema y entendí cómo nuestro cuerpo reacciona ante nuestros hábitos alimenticios, entré en consciencia acerca de la importancia de la nutrición y cómo esta juega un rol central en el tratamiento de la depresión. A partir de ese momento decidí cambiar mis hábitos alimenticios, y la buena noticia es que no solo he logrado superar mi depresión, sino que de a poco fui bajando de peso, hasta tener mi peso actual, con el cual realmente me siento muy satisfecha.

Estudios han revelado que si se elimina el azúcar y la cafeína de la dieta, esto no solo nos ayudará a controlar la depresión en un corto plazo, sino también traerá muchos beneficios perdurables en el tiempo, para nuestro organismo. Uno de estos beneficios sería la correcta metabolización de la serotonina en nuestro cerebro. Una dieta alta en carbohidratos complejos no refinados, como los cereales, las harinas integrales, etc., es la mejor forma de propiciar un suministro constante y estable de triptófano (precursor de la serotonina) en el cerebro. Por el contrario, la típica dieta de nuestras grandes urbes occidentales alta en proteínas y en carbohidratos refinados, la famosa comida chatarra, solo provoca un ciclo maquiavélico de subida abrupta en los niveles de serotonina, para luego dar paso a un hambre voraz, con los consabidos bajones de ánimo y los dañinos efectos a largo plazo para nuestro cuerpo.

Una dieta balanceada debe estar conformada por alimentos buenos, vitaminas, minerales y otros nutrientes naturales, que nos hagan menos vulnerables a los trastornos del estado de ánimo.

Investigaciones demuestran que cuando una persona presenta deficiencias, es decir niveles bajos de ciertos nutrientes, esto puede ocasionar una baja anormal en su estado de ánimo, por lo tanto puede desencadenar una depresión o hacer que su organismo sea resistente a los tratamientos habituales para tratar la enfermedad. También puede darse el caso de pacientes que sufren una recaída, aun cuando ya se daban por recuperados de su depresión.

Esto sugiere, por lo tanto, que algunas personas deprimidas no solo requieren realizar cambios importantes en su dieta diaria para evitar bajones abruptos en sus niveles de serotonina, sino que además pueden necesitar ingerir ciertos nutrientes en mayores cantidades de las que habitualmente pueden extraer de su diera diaria, y por lo tanto deben recurrir a los suplementos alimenticios para satisfacer estos requerimientos.

A continuación te describo cuáles son los principales nutrientes que contribuyen a mantener el equilibrio de la bioquímica de nuestro cerebro y que por lo tanto debes asegurarte de que siempre estén presentes en tu dieta diaria, bien sea que los obtengas directamente de los alimentos, o a través de suplementos alimenticios, disponibles en el mercado para su consumo.

IMPORTANCIA DE ALGUNAS VITAMINAS

Las vitaminas son compuestos orgánicos vitales para nosotros los seres humanos, por lo tanto debemos asegurarnos de ingerir cantidades fijas de estas diariamente. Solo necesitamos de unos pocos miligramos cada día, pero privarnos de alguna de ellas puede ocasionarnos enfermedades e incluso producirnos la muerte. Necesitamos estos nutrientes esenciales, que no pueden ser fabricados por nuestro organismo, principalmente porque sirven como catalizadores de los procesos corporales, incluyendo miles de los procesos que mantienen el cerebro en marcha, principalmente la producción de neurotransmisores, como expliqué anteriormente. Algunas vitaminas también parecen ser un antidepresivo natural, por lo tanto pueden contribuir significativamente a estabilizar nuestro estado anímico.

Complejo Vitamínico B

El complejo de vitaminas B juega un rol primordial en la formación de neurotransmisores como la dopamina, epinefrina y serotonina. Cada una de las vitaminas que forman este complejo tiene un papel específico en la preservación de las funciones cerebrales y la agudeza mental. Las vitaminas B, por ser del tipo hidrosolubles, no pueden ser almacenadas en nuestro cuerpo, así que dependemos enteramente de nuestra dieta diaria para cubrir los requerimientos de nuestro organismo. Algunas sustancias y alimentos como el alcohol, los azúcares refinados, la nicotina y la cafeína, inhiben la absorción de las vitaminas B, por lo tanto no es sorpresa que muchas personas puedan presentar deficiencias de algunas de estas vitaminas.

Vitamina B1 (Tiamina)

Es esencial para la transformación o metabolización de los carbohidratos en glucosa dentro de nuestro organismo. Por eso es también llamada la vitamina de la energía. También ayuda a la metabolización de las grasas y aminoácidos e interviene en el funcionamiento normal del corazón y el sistema nervioso. Una deficiencia leve de esta vitamina puede producir fatiga, irritabilidad, problemas de memoria, pérdida de apetito, problemas de sueño, malestar abdominal y pérdida de peso. La deficiencia severa produce una enfermedad llamada beriberi, caracterizada por anormalidades en el corazón, el cerebro y los nervios. Estudios sugieren que alrededor de un tercio de las personas con depresión, presentan una deficiencia de esta vitamina.

Estamos más propensos a presentar una deficiencia de vitamina B1 si nuestra dieta está conformada en su mayoría por lo que los doctores llaman calorías vacías, es decir, mucha azúcar y otros carbohidratos refinados.

Fuentes: lentejas, guisantes, arroz integral, pan integral, cerdo, espinacas, nueces, naranja, melón, leche, huevos, levaduras.

Vitamina B3 (Niacina)

La niacina es esencial para el metabolismo de los carbohidratos, grasas y muchas otras sustancias. Algunos doctores, estudiosos de la psiquiatría ortomolecular, están convencidos de que esta vitamina es un antidepresivo natural, especialmente cuando trabaja de manera sinérgica con el triptófano, ya que aumenta los niveles de serotonina en el organismo.

Tener la cantidad adecuada de vitamina B3 o niacina en el cuerpo ayuda a prevenir la ansiedad. La niacina tiene propiedades ansiolíticas y tiene efectos semejantes en nuestro organismo a los producidos por los ansiolíticos farmacéuticos, pero sin los daños colaterales que estos producen a nuestro cuerpo.

Son muchos los productos que la contienen, así que es difícil presentar una carencia severa de la misma; sin embargo, una deficiencia de esta, por muy leve que sea, puede producir agitación, y ansiedad, así como enlentecimiento mental y físico. Una ingesta inadecuada de las vitaminas B2 y B6 aumenta el riesgo de deficiencia de niacina.

Fuentes: Se encuentra en el hígado, pescado (salmón, atún), carne, pollo, pavo, ternera, levaduras, frutos secos, cereales y lentejas, pan integral.

Vitamina B5 (Ácido Pantoténico)

Esta vitamina es esencial para la transformación de los alimentos en energía y en la síntesis de colesterol, proteínas y grasas. Se trata de una importante fuente de energía humana que es vital en la lucha contra estados depresivos, ya que juega un rol importante en la transmisión de impulsos nerviosos en el cerebro y ayuda a las glándulas suprarrenales a responder ante el stress. Interviene en el proceso de fabricación del neurotransmisor acetilcolina. Además de la depresión, la fatiga y el estrés crónico también son indicios de un nivel bajo de ácido pantoténico.

Fuentes: pescado (bacalao, abadejo, merluza), atún en lata, pollo, huevos, leche, yogurt, brócoli, lentejas, aguacate, boniato, champiñones crudos, langosta, pan integral.

Vitamina B6 (Piridoxina)

La vitamina B6 tiene diversas funciones en el cuerpo humano. Es esencial para la síntesis de los neurotransmisores responsables por el buen ánimo, como son: la serotonina, la dopamina y la epinefrina. A través de numerosos estudios se han encontrado niveles bajos de vitamina B6 en aproximadamente el diez por ciento de las personas que presentan una depresión clínica. Por lo tanto es una de las vitaminas que más contribuye a la superación de la depresión.

La vitamina B6 también interviene en el metabolismo de los ácidos grasos, el funcionamiento del sistema nervioso y la formación de los glóbulos rojos. Ayuda a mantener el equilibrio entre los niveles de sodio y potasio disponibles en nuestro organismo, por tanto está vinculada a la salud cardiovascular.

Fuentes: Los alimentos más ricos en esta vitamina son los cereales integrales, plátanos, salmón, pavo, pollo, patatas cocinadas con piel, zumos de verduras, avellanas.

Vitamina B12

La vitamina B12, también llamada cobalamina, está involucrada en el metabolismo de proteínas, lípidos e hidratos de carbono. También es necesaria para la maduración de los glóbulos rojos, la síntesis del ADN y el funcionamiento normal del sistema nervioso.

Normalmente, el organismo tiende a almacenar esta sustancia a partir de la dieta ingerida y en pocas ocasiones hay una deficiencia. Como la mayor disponibilidad de la misma se encuentra de forma natural en los alimentos de origen animal, puede ocurrir que las personas vegetarianas estrictas no consigan los niveles adecuados de esta vitamina si no la toman a través de suplementos. Otra opción son los cereales enriquecidos los cuales son una excelente fuente de vitamina B12, por lo tanto constituyen una valiosa alternativa para los vegetarianos.

Fuentes: almejas, mejillones y cangrejo, seguidas de: salmón, ternera, pollo, pavo, huevos, leche, quesos, los cereales enriquecidos.

Ácido Fólico

La deficiencia de este nutriente está muy vinculado a la depresión, inclusive con mayor fuerza que el resto de las vitaminas nombradas anteriormente. Su deficiencia en el organismo, es originada principalmente por los malos hábitos alimenticios, el alcoholismo, y también el uso de diversos fármacos como aspirina, píldoras anticonceptivas, barbitúricos y anticonvulsivos. La mayor disponibilidad de esta vitamina se encuentra en las hortalizas de hoja frondosa como la espinaca, brócoli y también en los cítricos, por eso su deficiencia suele ser común, ya que muchas personas no suelen ingerir estos alimentos en las cantidades adecuadas. La carencia de esta vitamina puede producir anemia, evidenciada con fatiga, debilidad y sensación de falta de aire. Puede aparecer mareo e irritabilidad, lengua roja y dolorida, pérdida de peso, diarrea y reducción del sentido del gusto.

Fuentes: naranjas, espinacas, espárragos, lentejas, garbanzos, pan, pasta arroz.

Vitamina C

La vitamina C es eficiente para manejar el estrés psicológico y ayuda al sistema inmune a combatir las infecciones. Esta vitamina es esencial para la formación de huesos y tejido conjuntivo, ayuda a la absorción del hierro y a la curación de heridas y quemaduras. Juega un papel importante en la síntesis del neurotransmisor norepinefrina. El estrés, el embarazo y la lactancia aumentan las necesidades corporales de vitamina C, mientras que la aspirina y las píldoras anticonceptivas pueden disminuir las reservas corporales de la misma.

Hay que tener en cuenta que esta vitamina se oxida con rapidez en contacto con el aire y sobre todo con el calor. Los zumos de frutas tienen que ser almacenados en recipientes oscuros y ser consumidos lo antes posible.

Fumar aumenta los requerimientos de esta vitamina en un 30-50%. Una dieta baja en vitamina C puede producir sangrado bajo la piel (como hematomas), sangrado de las encías y en el interior de las articulaciones. Además se puede presentar irritabilidad, depresión, pérdida de peso, fatiga, y debilidad general.

Fuentes: naranja, pomelo, fresa, tomate, brócoli, patatas. Ningún alimento animal contiene vitamina C.

Son muchas las vitaminas que necesita nuestro organismo para mantenerse saludable, sin embargo he descrito en estas páginas solo aquellas que intervienen de manera contundente en la bioquímica de nuestro cerebro, ya que participan en la producción de los neurotransmisores más importantes, asociados a la depresión.

LA IMPORTANCIA DE LOS MINERALES

Los minerales abundan no solo en la naturaleza, sino también dentro de nosotros y en todo lo que comemos. Al menos quince de estos químicos naturales son tan esenciales para nuestra salud como las vitaminas, y esto se debe a las siguientes razones:

• Al igual que las vitaminas, los minerales esenciales ayudan a catalizar muchas de las reacciones fisiológicas que suceden en nuestro organismo.

• Algunos minerales son componentes clave de sustancias bioquímicas importantes, como la hemoglobina (hierro) y la hormona tiroidea (yodo).

• Minerales cargados eléctricamente, es decir los electrolitos, ayudan a transportar el flujo de impulsos electroquímicos de una neurona a otra.

Sodio/Potasio: La importancia de su equilibrio

El sodio y el potasio son dos minerales encargados de mantener el equilibrio de los líquidos en nuestro cuerpo, dentro y fuera de las células. Son necesarios en la transferencia de los impulsos nerviosos, responsables de las contracciones musculares y además regulan el ritmo cardiaco. Un desequilibrio entre estos dos minerales puede ser una causa de trastorno afectivo.

El potasio es el mineral que se encarga de regular el sodio en el cuerpo y nuestro organismo posee los mecanismos adecuados para preservar este balance. No obstante, los hábitos alimenticos de hoy día, las dietas ricas en sodio han invertido la relación entre estos dos minerales, siendo actualmente de dos a uno a favor del sodio, muy diferente a como sucedía en las dietas de nuestros antepasados prehistóricos, donde la relación entre dos minerales era de hasta cincuenta a uno, a favor del potasio. Esto quiere decir que nuestro organismo tiene que esforzarse más de lo normal para poder mantener este equilibrio, situación que a veces se vuelve complicada, desencadenando en las personas problemas de presión arterial alta y trastornos del ánimo.

En el cerebro esta relación de equilibrio es clave para el envío de los impulsos nerviosos de manera eficiente entre las neuronas, por lo tanto si las neuronas están saturadas de sodio, serán menos eficientes y menos capaces de importar la serotonina, y otras sustancias químicas necesarias para el correcto funcionamiento del cerebro. Es como si nuestras células se hincharan al igual que nuestro cuerpo, debido al consumo en exceso de sal.

Dicho en otras palabras, el desequilibrio de sodio/potasio presente actualmente en la mayoría de las dietas de muchas personas pudiera estar siendo el responsable de que esta especie de "hinchazón" de las células cerebrales las predisponga a una falla en su funcionamiento, por ende provocando también una falla en nuestro cerebro. Una deficiencia de potasio puede producir debilidad muscular, fatiga, depresión, estados de confusión mental, calambres, mareos y problemas cardiovasculares como la hipertensión.

La sal común es la principal fuente de sodio en nuestra alimentación, aunque los alimentos frescos también lo contienen, siendo más abundante en los de origen animal (quesos, carnes). El sodio también se encuentra en alimentos elaborados, porque es un excelente conservante. En las comidas que vienen deshidratadas en sobre, como sopas o salsas, observamos también un alto índice de sodio.

La clave está en seguir una dieta baja en sodio y alta en potasio para gozar de una buena salud. Pero eso sí, no hay que excederse, pues poco sodio también es perjudicial. Puede también causar depresión, e incluso provocar manía. Aunque es muy poco probable a menos que sigamos una dieta exageradamente restringida en sodio o que bebamos demasiada agua, mucho más de los dos litros considerados como consumo normal diario. Algunas condiciones médicas también pueden producir deficiencia en los niveles de sodio, como la insuficiencia renal y la deshidratación. Lo mismo ocurre con la sobremedicación con diuréticos y las dosis normales de algunos antidepresivos.

Conclusión: controla tu ingesta de sodio, recordando que todos los extremos son siempre perjudiciales y que la clave está en un consumo equilibrado de este mineral. La recomendación para una persona sana es no consumir más de dos mil miligramos de sodio, o cinco gramos de sal, al día. En esta cantidad se debe incluir el sodio presente en los alimentos en forma natural, el sodio agregado a los alimentos procesados, y finalmente el sodio (la sal) que agregamos al cocinar.

Fuentes de Potasio: cereales integrales, avena, legumbres, aguacate, plátanos o banana, patatas (mejor cocidas con su piel), naranjas, tomates, ciruelas, uvas pasas, espinacas y todas las verduras y hortalizas de hoja verde, alcachofas, almendras y demás frutos secos.

Magnesio

Este mineral está considerado como uno de los mejores aliados para superar la depresión, ya que interviene en la fabricación de algunos de los neurotransmisores más importantes, incluyendo la serotonina. Por lo tanto, es imprescindible incluir en nuestra dieta diaria alimentos con un alto contenido de este mineral.

Disminuye la excitabilidad muscular y nerviosa, además está implicado en más de trescientas reacciones metabólicas y en la producción de energía. A pesar de su importancia, la ingesta de magnesio de la mayoría de las personas suele estar por debajo de las cantidades recomendadas. Una deficiencia de magnesio, además de producir depresión, puede provocar también confusión, agitación, ansiedad, alucinaciones, frecuentes calambres, espasmos y otros problemas físicos. Las probabilidades de presentar deficiencias de magnesio aumentan con el estrés, si se sufre de presión arterial alta, si se ingiere mucho alcohol o café, medicamentos como los anticonceptivos orales o diuréticos también afectan sus niveles, y el embarazo.

Fuentes: almendras, avellanas, maníes o cacahuetes, chocolate, garbanzos; dado que el magnesio es parte de la clorofila, los vegetales de hoja verde son ricos en magnesio (espinacas, acelgas, brócoli), cereales integrales, salvado, miel, judías blancas, guisantes, pistachos, nueces, maíz, avena, germen de trigo, mariscos y plátanos o banana.

Calcio

El calcio, al igual que el magnesio, interviene en la producción de neurotransmisores como la serotonina y la dopamina. La deficiencia de este mineral afecta al sistema nervioso central, produciendo síntomas como fatiga, nerviosismo, aprensión, irritabilidad y embotamiento, además de provocar la descalcificación de los huesos y la osteoporosis. Puede producirse una deficiencia de calcio debido a un mal funcionamiento de la glándula paratiroides, a una deficiencia de vitamina D o a una deficiencia de magnesio. La cantidad mínima de calcio que necesitamos diariamente son novecientos miligramos (por ejemplo, tres raciones diarias de productos lácteos), sin embargo se aconseja ingerir entre mil y mil doscientos miligramos al día.

Fuentes: leche y sus derivados, como el yogurt y los quesos, guisantes, alubias pintas, alubias o judías blancas, garbanzos, lentejas, tofu, soya, col rizada, brócoli, espinacas, ruibarbo, berros, cebolla, nueces, pistachos, avellanas, sardinas, lenguado, pulpo y mejillones. Es importante resaltar que especialmente la leche y el yogurt descremado son ricos en triptófano, precursor de la serotonina y además de eso, son fuente de tirosina, aminoácido asociado a la producción de dopamina y adrenalina que causan sensación de alegría, por eso son imprescindible en la dieta diaria.

Zinc

El zinc es un elemento indispensable para que se realicen numerosas funciones biológicas y también es necesario para la correcta transmisión de las señales entre las neuronas. Este mineral juega un rol importante en el crecimiento y el desarrollo, la respuesta inmunitaria y la reproducción.

Estudios han encontrado que el zinc y la depresión se entrelazan. Cuando hay deficiencias en los niveles de zinc, pueden ocurrir episodios de cambio de humor que tienden a aumentar, hay irritabilidad y pérdida de la capacidad de concentración. Igualmente la persona puede sentirse aletargada y mostrar bajos niveles de energía. La deficiencia de zinc puede también distorsionar radicalmente nuestro sentido del gusto, el olfato y disminuir considerablemente el apetito, parece ser frecuente en las personas con trastornos de la alimentación, principalmente en mujeres, las cuales muchas veces también señalan sentirse deprimidas Por lo tanto, la deficiencia de zinc puede ser un denominador común entre las personas bulímicas, anoréxicas, deprimidas y entre los comedores compulsivos.

Otra teoría que relaciona la deficiencia de zinc con la depresión, es el desequilibrio entre los niveles de cobre y zinc disponibles en el cuerpo. Cuando el contenido de zinc es bajo y hay un exceso de cobre, aparecen manifestaciones como depresión, ansiedad, agitación, paranoia e insomnio.

Las probabilidades de ser deficientes en zinc o tener un excedente de cobre, o ambos, se acentúan si se evita la ingestión de alimentos ricos en zinc, como las vísceras, los mariscos, legumbres, carnes rojas y granos enteros. Sospecha de una posible deficiencia de zinc si tu sentido del gusto o del olfato está débil o distorsionado, si hay aparición de estrías, uñas quebradizas o manchas blancas en las uñas; niveles altos de estrógeno, diabetes, cáncer de pulmón, anemia, cirrosis del hígado, o un historial reciente de infección o cirugía; si bebes agua directamente de tuberías de cobre, o si la ingesta de calcio, hierro, cobre o alcohol es muy alta. En los niños, un retraso en el crecimiento o un desarrollo sexual atrofiado, puede sugerir una deficiencia de zinc.

Fuentes: ostras, berberechos, langosta, cangrejo, cereales integrales, carnes como el cerdo y el pollo, pescados, almendras, maníes o cacahuetes, garbanzos, alubias o judías, yema de huevo, leche y productos lácteos.

Hierro

El hierro es un mineral esencial para el buen funcionamiento de nuestro organismo, principalmente en los niños. El cuerpo necesita hierro para fabricar hemoglobina. Si no hay suficiente hierro disponible, la producción de hemoglobina es limitada, lo cual afecta la producción de glóbulos rojos en la sangre. Una disminución en la cantidad normal de hemoglobina y de glóbulos rojos en el torrente sanguíneo se conoce como anemia. Debido que a los glóbulos rojos son los responsables de transportar el oxígeno a través del cuerpo, la anemia hace que las células, los tejidos y órganos como el cerebro, reciban menos oxígeno, afectando por supuesto su funcionamiento.

La anemia producida por una deficiencia de hierro, trae como consecuencia un bajo estado de ánimo, falta de concentración, disminución del rendimiento laboral o escolar, cansancio, falta de aire, palidez, especialmente en la boca, dificultades para tragar, dolores en la boca o en la lengua. Si la anemia es ligera, puede no producir sintomatología física, pero eso no implica que no afecte nuestro bienestar.

En algunas épocas o situaciones de la vida el cuerpo pierde más hierro de lo normal, como puede ser durante el crecimiento, la menstruación o la menopausia; un historial reciente de pérdida de sangre (cirugía, lesiones, úlceras, etc.); el embarazo, la lactancia; el consumo excesivo de té, café, o antiácidos también producir deficiencias de hierro. Sospecha si sientes deseos compulsivos por el barro, por picar hielo o por consumir alimentos crujientes o muy salados, o por el tomate.

Fuentes: chocolate, almejas, berberechos, mejillones, vísceras (hígado, riñones), carnes (sobre todo las rojas), pescados, cereales integrales, legumbres, frutos secos. Se absorbe mucho mejor el hierro de un alimento de origen animal que de uno vegetal. La absorción de hierro mejora si se consume acompañado de alimentos ricos en Vitamina C.

GRASAS BUENAS Y GRASAS MALAS

Está comprobado científicamente que muchos padecimientos como el síndrome de intestino o colon irritable, la migraña, la depresión y el trastorno bipolar, pueden estar ocasionadas, al menos parcialmente, por un desequilibrio nutricional, ocasionado por un lado por el exceso de grasas saturadas y parcialmente hidrogenadas (las famosas grasas trans), presentes en los alimentos de origen animal, como carnes, manteca, margarinas, algunas mezclas de aceites y la mayoría de los productos comerciales horneados, que nos encanta consumir como snack; y por el otro, el poco consumo de ácidos grasos nutricionalmente esenciales, de la familia omega-3, que se encuentran principalmente en peces grasos de agua fría, como el atún y el salmón y en las verduras de hojas verdes.

¿Cómo un desbalance en las grasas que comemos nos hace más vulnerables a la depresión?

Los ácidos grasos omega-3 son componentes integrales de las membranas celulares del cerebro y son cruciales para facilitar el intercambio químico entre las neuronas, es decir la sinapsis. Por ejemplo:

Ya he mencionado la importancia de la serotonina, como uno de los principales mensajeros químicos. Cuando las células del cerebro no tienen suficiente grasas omega-3, tienen problemas para entender el mensaje de la serotonina, y comienzan a fallar. Esto conduce a un deterioro progresivo de la función de este neurotransmisor a través de todo el cerebro, disminuyendo la capacidad de respuesta de la persona ante situaciones de estrés, lo cual puede ser un gatillo que active la depresión.

Otro mecanismo detectado por los neurocientíficos está relacionado con la dopamina, con el cual pasa algo similar. Una de las principales funciones de la dopamina, es activar la corteza frontal del cerebro. Personas con pobres niveles de este neurotransmisor, presentan una baja actividad en el lado izquierdo de esta corteza, que es precisamente la parte del cerebro que ayuda a colocarnos de buen ánimo y nos empuja a ir más allá por las cosas que deseamos.

Adicionalmente, el omega-3 es antiinflamatorio, antioxidante y un fabuloso protector cardiaco, así que por todo esto no podemos dejar de incluirlo en nuestra dieta. Mencioné anteriormente que sobre todo se encuentra en los pescados de agua fría, como el atún y el salmón, pero si eres de los que no consume mucho pescado o si eres vegetariano, también hay opciones para ti.

Fuentes: linaza, semillas de chía, quínoa, aceite de canola, aceite de soja, nueces, aceite de nuez, avena y recuerda los vegetales de hojas de verde.

LOS AMINOÁCIDOS

De todos los nutrientes disponibles y según la psiquiatría ortomolecular, ninguno parece estar tan cerca de ser el equivalente natural de los fármacos antidepresivos, como los aminoácidos. Los aminoácidos son los "ladrillos de construcción" de los cuales están hechas todas las proteínas de nuestro cuerpo y como mencioné anteriormente son los precursores de la mayoría de las sustancias antidepresivas de nuestro cuerpo, no solo de los neurotransmisores, sino también hormonas, endorfinas, y otros compuestos que regulan el estado de ánimo, los cuales se ha comprobado tienden a ser deficientes durante la depresión. Algunos aminoácidos, inclusive, son neurotransmisores por sí mismos.

Triptófano

Uno de estos antidepresivos naturales, el cual se ha hecho bastante popular en estos últimos años y a mi juicio tiene el mayor impacto en el organismo, es el triptófano, por ser el precursor de la serotonina. Como la serotonina es uno de los principales mensajeros químicos del cerebro, una deficiencia de la misma traerá como consecuencia un deterioro en la transmisión de los impulsos nerviosos de una neurona a otra, tanto en velocidad como en intensidad, produciendo una amplia gama de complicaciones, no solo depresión, sino también obesidad, migraña, insomnio, dolores de cabeza, fatiga crónica, entre otras. A este conjunto de desórdenes o trastornos producidos en el organismo, los médicos lo han denominado síndrome de deficiencia de serotonina.

Por el contrario, un nivel adecuado de serotonina en el organismo, ayuda a dormir bien y de forma natural ya que es la responsable de producir la melatonina en el cerebro, al tiempo que reduce la ansiedad y la tensión causada por el estrés, por todo esto también es conocida como la "hormona de la felicidad", ya hicimos referencia a esto en el capítulo anterior. También interviene en la correcta metabolización de los azúcares en nuestro organismo, como expliqué anteriormente, cuando hablé sobre la hipoglucemia reactiva. Otra función de la serotonina es actuar sobre los núcleos de control del apetito, disminuyendo el hambre y la ingesta de alimentos. En las personas que padecen bulimia nerviosa se han realizado algunos estudios administrando un suplemento de triptófano, este parece disminuir la apetencia por los alimentos en general y en especial el "picoteo" de los alimentos ricos en hidratos de carbono.

Esto nos da una idea de la importancia que tiene para nuestro organismo contar con un nivel adecuado de este mensajero químico. De hecho, la mayoría de los antidepresivos utilizados en estos tiempos para tratar la depresión, como el famoso Prozac, están enfocados precisamente en corregir las deficiencias de este neurotransmisor en el cerebro.

Una dieta pobre o de mala calidad, la falta de ejercicio, el abuso de sustancias como la cafeína y el alcohol, impiden que el cerebro produzca los niveles adecuados de este neurotransmisor, ya que actúan alterando la disponibilidad de triptófano en el organismo, y por ende interfiriendo en la fabricación o síntesis de la serotonina.

Es importante destacar que el metabolismo del triptófano es complejo y tiene muchos procesos. Requiere de una cantidad adecuada de vitamina B6 y magnesio para desempeñar su función de manera adecuada. La vitamina B6 está involucrada en la conversión de triptófano en serotonina. Por lo tanto si sospechas que tu depresión puede ser originada por una deficiencia de este químico debes tener en consideración si quizás no estés presentando también una deficiencia de esta vitamina.

¿Cuál es la cantidad de triptófano adecuada para nuestro organismo?

Los valores propuestos por la OMS para un adulto son de 3,5 mg por kilo de peso al día, es decir una persona con un peso de 70 kg debería ingerir 245 mg al día de triptófano. Para calcular la cantidad ingerida, suele aceptarse que las proteínas de la dieta contienen un mínimo del uno por ciento de triptófano. Así, una dieta con 60 gramos de proteínas proporcionarán 600 mg de triptófano, es decir, casi más del doble de lo recomendado.

¿Quién tiene mayor riesgo de déficit?

Durante la infancia las necesidades de aminoácidos esenciales son mayores. También aquellas personas que siguen una dieta vegetariana sin huevos ni productos lácteos tienen mayor riesgo de deficiencia.

¿Dónde se encuentra?

Las principales fuentes son los huevos y la leche, seguidos de pescados, carnes blancas y rojas. También abunda en los cereales integrales, pero principalmente en la avena. La miel de abeja también es una fuente rica de triptófano, y de las frutas la banana o el cambur es el de mayor contenido.

¿Se puede conseguir el triptófano en forma de suplemento nutricional?

Durante muchos años, inclusive antes de que salieran los antidepresivos sintéticos muy famosos hoy en día, este aminoácido se vendía libremente como suplemento en muchísimas tiendas alrededor del mundo para tratar a las personas con depresión. Luego, unos pocos estudios científicos demostraron algunos efectos secundarios en ciertos pacientes y a principios de los años noventa fue retirado del mercado americano, obviando los grandes beneficios que hasta ahora había brindado este producto en la cura de la depresión. A pesar de esto, muchos científicos y psiquiatras siguieron defendiendo el uso del triptófano y a finales de la década del noventa, apareció en América un pariente cercano de este, con mucha investigación robusta detrás de él, llamado 5-HTP, el cual es un intermedio entre el triptófano y la serotonina y que en Europa venía usándose por décadas para tratar la depresión, el insomnio, pérdida de peso y otros trastornos del organismo. El 5-HTP ha resultado ser un precursor sumamente eficiente de la misma, siendo incluso mucho más versátil y un antidepresivo mucho más potente que su predecesor, el triptófano.

Así que si tu medico te receta 5-HTP, como suplemento alimentico, ya sabrás exactamente lo que estarás tomando.

A continuación te presento una tabla de los alimentos ricos en este aminoacido.

ALIMENTOS DE ORIGEN ANIMAL	
Pescados	Especialmente el atún y la sardina
Carnes	Blancas y rojas
Huevos	De gallina, avestruz, codorniz
Leche y todos sus derivados	Queso, yogurt (optar por los descremados)
ALIMENTOS DE ORIGEN VEGETAL	
Legumbres	Lentejas, soja, garbanzos, guisantes, judías, habas
Cereales	De preferencia integrales: arroz, avena, trigo, cebada y maíz
Frutos secos	Almendras, pistachos, nueces, avellanas y castañas
Frutas	Fresas, aguacate, papaya o lechosa, mango, naranja, dátiles, pomelo, arándano, melocotón, uva y manzana, banana o cambur
Verduras y Hortalizas	Rúcula, berro, espinaca, calabaza o auyama, coliflor, esparrago, patatas, apio, cebolla, chayote, coles, ajo, lechuga, berenjena, tomate, zanahoria y pepino.
Semillas	Girasol y sésamo.

Tirosina

La tirosina es un aminoácido no esencial, precursor del neurotransmisor llamado norepinefrina (NE). La NE participa en la producción de enzimas, transmite impulsos nerviosos al cerebro, mejora la memoria y aumenta el estado de alerta mental; promueve el sano funcionamiento de las glándulas tiroides, adrenales y pituitarias. A partir de la tirosina se elaborarán los pigmentos que le dan la coloración al pelo y a la piel.

La NE también ayuda a estimular los llamados centros de placer del cerebro, es decir, los centros nerviosos involucrados en nuestros momentos de bienestar y satisfacción. Un alto nivel de NE aumenta el estado de vigilia, con lo que se incrementa el estado de alerta en el sujeto, y se facilita también la disponibilidad para actuar frente a un estímulo. Por el contrario, unos bajos niveles causan un aumento en la somnolencia. Por lo tanto una deficiencia de NE pudiese ser la explicación para la incapacidad de experimentar placer, la pérdida de interés o satisfacción en casi todas las actividades, como principal característica de las personas con depresión.

Aunque la NE no es el único químico del cual depende nuestra felicidad, la deficiencia de NE ha sido considerada por décadas, junto con la deficiencia de serotonina, como el desequilibrio químico más probable causante de la depresión.

La tirosina no es solo el precursor de la NE, sino también del neurotransmisor dopamina. Algunos médicos suelen tratar la depresión, producto de los desórdenes alimenticios, con tirosina. Otros la consideran muy eficaz para aliviar los síntomas del síndrome premenstrual y tratar la fatiga crónica. En otros casos los médicos pueden usar la tirosina en pacientes con depresión, como activador cuando estos no responden al tratamiento farmacológico.

¿Para qué otras funciones necesita nuestro cuerpo la tirosina?

- Participa en la formación de células rojas y células blancas de la sangre.
- Neutraliza los radicales libres.
- Participa en la biosíntesis de proteínas y enzimas. También en la síntesis de diversas sustancias que presentan actividades hormonales en tejidos como el corazón, arterias, bronquiolos y útero.
- Previene distintos tipos de alergias respiratorias.
- Participa en la formación de la adrenalina.
- Mejora la circulación del cuero cabelludo favoreciendo con ello el crecimiento del cabello.
- Facilita el metabolismo de las grasas.

¿En cuáles alimentos lo encontramos?

La tirosina está en todo alimento proteico o con un alto contenido de proteína. Una buena fuente de este aminoácido también son los lácteos, el arroz, el maíz y los frutos secos.

¿Qué síntomas puedes tener si tienes deficiencia de tirosina?

Además de la depresión, puedes sospechar de una deficiencia de este aminoácido, si presentas algunos de los siguientes trastornos orgánicos:

• Hipertiroidismo.

• Parkinson.

• Manchas blancas en la piel.

• Pérdida de la alerta mental.

• Fiebre del heno.

• Alergias respiratorias.

• Hipertensión o hipotensión.

• Hidropesía.

• Edema.

• Sobrepeso.

• Ansiedad.

• Disminución en el metabolismo basal.

• Manos y pies fríos.

Fenilalanina

Es un aminoácido esencial que al igual que la tirosina, interviene en la fabricación de la norepinefrina (NE) y la dopamina. Dentro del organismo, este aminoácido junto con la tirosina, dan como resultado la formación de tiroxina (principal hormona tiroidea) y de adrenalina. La fenilalanina es necesaria para el adecuado funcionamiento, crecimiento y desarrollo del cuerpo.

¿Para qué otras funciones necesita nuestro cuerpo la fenilalanina?

• Ayuda a aliviar o calmar el dolor.

• Ayuda a reducir el apetito de forma natural.

• Regula el ritmo cardiaco.

• Se recomienda para calmar algunos dolores como el de espalda baja.

• Útil para tratar cefalea, cólicos menstruales, dolor muscular o aquellos asociados a la artritis reumatoide y/o osteoartritis.

• Incrementa los niveles de endorfinas.

- Fortalece la memoria y el aprendizaje.
- Ayuda a estimular el estado de alerta y la vitalidad.
- Interviene en la formación de colágeno, por lo que es muy útil en problemas de manchas de la piel y como preventivo para evitar piel flácida, uñas y cabello quebradizo.

¿Qué síntomas puedes tener si tienes deficiencia de fenilalanina?

- Reflejos o reacción débil.
- Ritmo cardiaco alterado. Algunas enfermedades como fenilcetonuria[7] y alcaptonuria[8]

Precauciones

La toma de complementos o productos adicionados con fenilalanina deben evitarla: las personas fenilcetanúricas así como las embarazadas, pues las altas dosis de este aminoácido en la sangre materna afectan al feto y pueden provocarle retraso en el crecimiento, microcefalia, retraso mental, problemas cardiacos, entre otras afecciones.

Las personas que padecen del hígado o de los riñones, deben ser muy precavidas en el consumo de este aminoácido.

¿En cuáles alimentos lo encontramos?

La soja y sus derivados, la carne, el pescado, los huevos, los lácteos (sobre todo el requesón), los espárragos, los garbanzos, los frutos secos, y las semillas de calabaza y sésamo, son alimentos que contienen importantes cantidades de fenilalanina y que no pueden faltar en nuestra lista de alimentos para la depresión.

Productos o fármacos con fenilalanina que debes evitar:

Todos los alimentos dietéticos que tengan azúcar de dieta o el edulcorante sintético aspartame, ya que estos son pésimos para el sistema nervioso y el metabolismo del organismo. Evita todos los productos refinados como refrescos o jugos enlatados, ya que muchos de estos contienen fenilalanina.

---

7 Enfermedad genética que afecta el cerebro gravemente durante el crecimiento y desarrollo
8 Enfermedad hereditaria que provoca orinas oscuras y predisposición a cálculos renales.

Toda la información que te he presentado aquí, referente a los aminoácidos, solo tiene como objetivo proveerte de la información necesaria para que adquieras mayor conocimiento sobre la depresión. Solo conociendo a qué nos enfrentamos, podemos entenderla y superarla. Mi conclusión sobre los aminoácidos es que la naturaleza tiene todos los nutrientes que necesitamos, así que una dieta balanceada y con alimentos de buena calidad puede ser suficiente para ti. Un consumo excesivo puede provocar trastornos al hígado, los riñones y la salud en general, a no ser que estos te sean recetados por un médico, evita su consumo a través de suplementos nutricionales.

¿QUÉ TIPO DE ALIMENTACIÓN ES LA ADECUADA PARA TI?

En este capítulo quise concentrarme en la importancia de mantener una alimentación balanceada, con la finalidad de garantizar el aporte requerido por nuestro organismo de los principales nutrientes como son: las vitaminas, minerales y aminoácidos. Todos ellos esenciales para que nuestro organismo, especialmente nuestro cerebro, funcione correctamente.

La idea es que esta información te sirva de pauta para elaborar un menú equilibrado, una dieta personalizada para ti que tome en consideración los alimentos que te gustan, y que te acomode con tus actividades diarias y tu disponibilidad de tiempo.

Recomiendo consumir la mayor variedad de alimentos posibles, ya que en las porciones adecuadas estaríamos cubriendo los requerimientos de nuestro organismo. Lo ideal es tener una dieta que contenga granos y semillas integrales de preferencia, como la avena. Rica en frutas, verduras y hortalizas de variados colores. Las carnes de preferencia magras, especialmente la de pavo por su alto contenido de triptófano y los pescados y mariscos. Si eres vegetariano debes procurar cubrir las necesidades de proteína de tu organismo a través de las legumbres, ya que los aminoácidos, importantísimos para la producción de los neurotransmisores, provienen de la síntesis en nuestro organismo de las proteínas tanto de origen animal, como vegetal. En cuanto a los carbohidratos, a pesar de su mala fama, son los que nos aportan energía vital para que nuestro cuerpo y nuestro cerebro puedan funcionar de manera correcta, por lo tanto una dieta balanceada debe incluir carbohidratos complejos, como lo son la mayoría de los alimentos integrales, y por último no olvides incluir en tu dieta las grasas buenas.

LA IMPORTANCIA DEL DESAYUNO

Uno de los primeros cambios que hice en mi dieta diaria, fue acostumbrarme a desayunar. Al hacerme consciente de este mal hábito, me di cuenta de que estaba forzando mi organismo, ya que comenzaba mis actividades diarias, físicas y mentales, sin haberle provisto del combustible y los nutrientes necesarios para un desempeño eficiente.

Bien sea por el ritmo de vida agitada que llevamos, o simplemente porque desconocemos la importancia que tiene el desayuno, muchos de nosotros lo obviamos o ingerimos algo muy ligero o poco nutritivo, solo para salir del paso. Muchas personas que quieren bajar de peso, también tienen la idea errada, de que mientras menos coman, más rebajarán. Sin embargo, el efecto es contrario al deseado, ya que investigaciones científicas han comprobado que evitar el desayuno, nos predispone a la obesidad.

Cualquier cambio que pretendamos incorporar en nuestros hábitos alimenticos, ya sea para bajar, mantenerse o subir de peso, o en el caso que nos ocupa aquí, para mejorar el desempeño de nuestro cerebro y con ello superar nuestra depresión, sin duda alguna lo primero que debe incluir es desayunar adecuadamente.

Todos tenemos un reloj biológico que controla todas nuestras acciones y reacciones durante el día. Todo lo que hablamos anteriormente acerca de cómo funciona el cerebro respeta una sincronicidad, un orden y mantiene un ritmo durante todo el día llamado los ritmos circadianos. Nuestro "reloj" se sincroniza a través de dos estímulos: la luz y la comida.

Al amanecer, la luz activa determinadas funciones de nuestro reloj biológico para despertar nuestro cuerpo, nuestra mente y nuestro apetito. Por eso es tan importante **comenzar el día con buen pie**. Un buen "pie" nutricional es ingerir un buen desayuno, que aporte aproximadamente un 20-25% de las necesidades energéticas diarias y con un balance adecuado entre los diferentes grupos de alimentos.

Si cumplimos con estas recomendaciones, los beneficios son múltiples, ya que no solamente vamos a estar menos hambrientos durante el resto del día, sino que además vamos a tener una mayor energía tanto física como mental.

Los nueve mejores alimentos para comenzar el día

1. Yogur

Rico en calcio y proteínas. Además puede servir como sustituto de la leche para aquellas personas que tienen problemas para digerir la lactosa, ya que en el proceso de elaboración del yogur esta desaparece casi por completo. Una buena alternativa es tomar el yogur con fruta, que le aporta sabor y lo endulza sin elevar tanto las calorías.

2. Huevos

Los huevos están llenos de vitamina B12, así como de lecitina. La vitamina B12 ayuda a luchar contra el encogimiento del cerebro, que a menudo se observa en la enfermedad de Alzheimer. Este alimento también tiene un alto contenido de ácidos grasos esenciales. La yema de huevo, aunque muy alta en colesterol, es también alta en colina, precursor de la acetilcolina, por lo tanto ayuda a mejorar la memoria. Comer uno o dos huevos al día puede ser muy beneficioso para la salud de nuestro cerebro. Los huevos son además, una gran fuente de proteínas y vitamina D.

3. Avena

La avena es uno de los cereales más saludables y es una buena alternativa a las variedades comerciales, muchas de las cuales tienen demasiada azúcar. La avena contiene beta-glucano, un tipo de fibra que ayuda a reducir el colesterol si se consume a diario. La avena además es rica en ácidos grasos omega-3, ácido fólico y potasio.

4. Plátano, cambur o banana, según el país

Además de su alto contenido de triptófano, es un alimento rico en fibra. Recomendado para las personas con problemas de presión pues contiene potasio, una sustancia que ayuda a mantener bajas las pulsaciones. También es una gran fuente de energía a la hora de hacer ejercicios físicos.

5. Melón y sandía o patilla

Tienen muy pocas calorías en proporción a su aporte nutritivo y mucha agua, lo que ayuda a hidratarnos correctamente. Ambas frutas constituyen una gran fuente de vitaminas C y la sandía, además, contiene citrulina, un compuesto biológico que relaja los vasos capilares y ayuda a mejorar la circulación.

6. Frutos secos y semillas

Esta categoría incluye: nueces, avellanas, almendras, semillas de calabaza, semillas de girasol, semillas de lino o linaza. Todas ellas poseen un alto contenido de omega-3 y omega-6, así como vitamina E y vitamina B6. La mayoría contiene también tiamina y magnesio, nutrientes indispensables para el cerebro.

7. Frutillas, frambuesas y arándanos

Las bayas, nombre bajo el cual se agrupan estas frutas, son ricas en antioxidantes, por lo tanto resultan excelentes para estimular el cerebro. Todas ellas también son bajas en calorías y tienen las mayores concentraciones de antocianinas, un pigmento natural responsable de su color rojo característico, que funciona como un potente antioxidante. En los últimos años se han realizado numerosos estudios sobre los beneficios del pigmento, que pasa directamente al torrente sanguíneo y tiene importantes efectos antiinflamatorios, antidiabéticos, antitumorales, y mejora la agudeza visual y el comportamiento cognitivo. Estas frutas además son ricas en vitamina C, ácido fólico y fibra, y pueden servir de acompañamiento perfecto para nuestros cereales o yogures.

8. Té

Las propiedades del té han sido resaltadas en infinidad de estudios científicos. Se trata de una buena alternativa al café y es una poderosa fuente de antioxidantes. El té está lleno de flavonoides, denominados catequinas, especialmente el té verde. Las catequinas son excelentes para mantener nuestra mente ágil y fresca. No solo contribuyen a mantener el cerebro funcionando perfectamente, sino que también permiten que se relaje y así nos ayudan a lidiar con la fatiga mental.

9. Jugo de naranja

Rica fuente de vitamina C, es uno de los complementos más populares de un buen desayuno, pero no siempre se consume correctamente. Para empezar, muchas de las propiedades del jugo recién exprimido se pierden en sus variedades comerciales. Aunque hay muchas presentaciones, te recomiendo huir de los llamados néctar, ya que es un tipo de jugo muy diluido y con un alto contenido de azúcar. Si vas a optar por otro tipo de presentación comercial, presta atención a la cantidad de azúcar que indique contener.

CAPÍTULO 11

¡ACTIVA TU CUERPO!

....

Hay muchas maneras efectivas, naturales y poco invasivas para rebalancear la química del cerebro, estabilizar los estados de ánimo, a la vez que se reduce y frecuentemente hasta se puede llegar a eliminar la necesidad de medicamentos y/o drogas sintéticas.

A lo largo de todos estos años he aprendido que los tratamientos naturales, si somos pacientes para esperar a comenzar a ver los efectos y se aprende a ser constante con ellos, pueden proveer todos los beneficios de las drogas prescritas. Solo hay que estar dispuesto a esforzarse un poco más que el simple hecho de tomar una "píldora mágica", que es lo que muchas veces esperamos que sean las drogas antidepresivas: "una solución mágica" a todos nuestros problemas.

Por supuesto, cuando estamos deprimidos nos sentimos tan mal que lo único que deseamos es salir de esa fosa oscura donde nos encontramos; despertar de esa pesadilla lo más rápido posible, así que solemos escoger la vía más rápida para salir de ella. Sin embargo, ya sabemos que esto solo será una solución temporal, hasta tanto no elijas de manera consciente sanar y transmutar tu depresión.

Como he venido afirmando, muchas de las experiencias dolorosas o traumáticas que suceden a lo largo de nuestra vida son una inmensa oportunidad de crecimiento personal y espiritual. Si aceptas las experiencias que diariamente la vida te regala y logras reconocer en ellas el inmenso potencial que representan para vencer tus miedos y salir de tu zona de confort, no tardarás en comenzar a ver las recompensas que tal actitud y buena disposición, traerán a tu vida.

En mi caso, cuando elegí de manera consciente sanar mi enfermedad, comenzaron a llegar a mi espacio nuevos conocimientos, nuevas personas, en fin nuevas herramientas que me han ayudado a vencer mis propias limitaciones y salir de mi estado de negación.

Una de las limitaciones a vencer fue mi escepticismo hacia la medicina y las terapias alternativas. Yo diría que, más que escepticismo, era decepción hacia muchas de ellas, producto de algunas malas experiencias en el pasado. Tuve que comprender que el problema no eran las terapias, sino que en mi búsqueda quizás no me siempre me topé con los terapeutas más idóneos. Por lo tanto, cuando la vida me cerró todas las opciones, no tuve más remedio que abrir mi mente y aceptar que podían realmente ser de gran ayuda para mí.

Esto sucedió cuando en la víspera de la visita al doctor en Caracas se me exigía estar al menos treinta días sin tomar ningún tipo de medicamento, para que el resultado de los exámenes que se me iban a practicar, no se viera alterado por este motivo. Como te conté en el capítulo uno, en esa época yo era adicta a los psicotrópicos, no podía dormir si no tomaba "mi pastilla", así que realmente esta fue la parte más dura que me tocó enfrentar en aquel momento.

Pero como siempre todo tiene su lado positivo, y ya sabes que mi frase preferida es ¡todo es perfecto!, esa abstinencia obligada me llevó a buscar otros medios alternativos para lidiar con la situación y no desfallecer en el intento. A partir de ahí renació mi fe en la medicina alternativa y desde entonces he dedicado algo de mi tiempo a aprender sobre algunas plantas medicinales y terapias que pueden ser de gran utilidad para ayudarnos a superar la depresión.

Otro aspecto importante para mí, en mi paso por esta condición llamada depresión, ha sido apoyarme en un estilo de vida sano, donde los hábitos alimenticios, de los cuales hablamos en el capítulo anterior, y el mantener activo mi cuerpo a través de actividades físicas, han sido la clave para lograr el equilibrio. Especialmente por el hecho de que nuestro cuerpo, como lo mencioné anteriormente, al ser un laboratorio perfecto, donde todo tiene una razón de ser y un ritmo perfecto, si logramos conectarnos con él, puede convertirse en nuestro mejor aliado para superar cualquier enfermedad. Además, recuerda que nuestro Ser Divino se manifiesta a través del cuerpo, por lo tanto, si lo cuidas y te mantienes lo suficientemente presente y atento como para percibir sus señales, tendrás un canal de comunicación directo con tu alma que sin duda alguna será tu guía para que alcances el máximo bienestar, no solo físico, sino también mental y espiritual.

Después de todo, la depresión es una seria enfermedad que nos roba nuestra vitalidad, la esperanza, el buen dormir, los amigos y en muchos casos, incluso nuestra vida. Por eso quizás podemos tener cierto escepticismo y es lógico que nos preguntemos si realmente es más efectivo superarla haciendo cambios básicos en nuestro estilo de vida que ingiriendo drogas antidepresivas.

Quizás es difícil de creer, pero realmente yo te puedo asegurar que una vez que comiences a incorporar simples cambios en tus rutinas diarias, sustituyendo los malos hábitos por unos más saludables como los que he venido compartiendo contigo a lo largo de estos últimos capítulos, y acompañando este cambio con un profundo despertar de tu consciencia y la actitud mental adecuada, verás mejoras impresionantes en tu vida, no solo en tu salud, sino en todos y cada uno de los aspectos que la conforman.

Tal vez en este momento te estarás preguntando:*¿Y cómo lo hago?*, *¿por dónde empiezo?* La clave está en hacernos conscientes de nuestros actuales hábitos de vida y tomar las decisiones correctas en nuestro devenir diario, manteniendo el compromiso con nuestro cuerpo y asignándole a la salud la prioridad que le corresponde.

En este capítulo te hablaré de los beneficios de algunas plantas medicinales (hierbas y raíces) cuya eficacia se ha comprobado científicamente, junto con algunas prácticas de sanación dirigidas a restablecer el equilibrio energético del cuerpo humano, como la acupuntura y el yoga. Igualmente te hablaré de los beneficios que para nuestra salud, y especialmente para mejorar nuestro estado anímico, tiene la actividad física. Todo esto con la finalidad de entregarte nuevos conocimientos o reforzar los que ya tienes, para que veas que sí existen otras vías menos invasivas para superar tu depresión y te animes a realizar esos pequeños cambios en tu vida, a incorporar nuevos recursos, que de seguro traerán grandes beneficios.

PLANTAS ANTIDEPRESIVAS

Las plantas han sido desde tiempos antiguos, especialmente en el mundo oriental, parte importantísima de los métodos curativos empleados por la humanidad. Lamentablemente durante muchos años, su uso como alternativa de curación fue dejado a un lado, y se puso más énfasis en la medicina convencional o medicina alopática para tratar las enfermedades. Afortunadamente en años recientes ha resurgido el interés por ellas y su uso se ha incrementado de forma espectacular.

Por otro lado cada vez son más los estudios científicos que avalan el uso de plantas para tratar diversos problemas de salud. En muchos casos se ha encontrado que una especie vegetal puede ser tan o quizás más efectiva que un medicamento sintético, con la ventaja de que sus efectos secundarios son mínimos o inexistentes, a diferencia del fármaco. Sin embargo, debemos tener presente que el hecho de que un remedio se clasifique como natural no necesariamente quiere decir que está exento de riesgos, por eso es importante tomar el indicado y en las cantidades indicadas, según nuestro cuadro clínico.

Actualmente muchos investigadores y herbolarios coinciden en que el consumo diario durante semanas o meses de algunas plantas o hierbas, que actúan como nutrientes del cerebro, pueden realmente producir una mejora lenta, pero real, en las personas deprimidas. Si la depresión está acompañada de síntomas como el insomnio, ansiedad e irritabilidad, algunas de estas hierbas pueden ejercer un poderoso efecto tranquilizador en nuestro organismo, como por ejemplo la lavanda, el regaliz, la mejorana, la melisa y la verbena. Hay otro tipo de hierbas como el ginseng, el ginkgo biloba, el romero y la salvia, que por su efecto estimulante, son más adecuadas para tratar el letargo y la apatía.

1. Hierba de San Juan (St. John's Wort) o Hipérico

La hierba de San Juan ha sido estudiada con profundidad en Europa durante las últimas dos décadas, principalmente en Alemania donde es la sustancia más recetada para casos de depresión, superando incluso a medicamentos como el Prozac.

En los estudios llevados a cabo últimamente, se ha encontrado que la hierba de San Juan puede ser tan efectiva como las drogas sintéticas, pero con menos efectos secundarios y a un costo mucho menor. Esto es porque el hipérico parece actuar como inhibidor natural de la recaptación no solo de serotonina, sino también de norepinefrina, y dopamina. La mayoría de los medicamentos antidepresivos parecen funcionar mediante la inhibición de la recaptación de solo uno o dos de estos neurotransmisores; la hierba de San Juan parece inhibir a todos por igual.

Otro beneficio es que produce un incremento en el sueño profundo. A través de estudios se ha encontrado que produce un aumento en la secreción nocturna de melatonina, lo cual ayuda a dormir mejor. También puede ayudar en el tratamiento del desorden afectivo estacional ya que provee efectos benéficos similares a los de la terapia de luz solar y por último a largo plazo produce efectos positivos sobre la ansiedad.

Aunque la evidencia científica apoya la efectividad de la hierba de San Juan para el tratamiento de la depresión en grados leve a moderado, su capacidad para lograr mejorías en los casos de depresión grave aún no ha sido comprobada.

La hierba de San Juan puede causar efectos secundarios graves si interactúa en nuestro organismo con los antidepresivos vendidos bajo prescripción, también con otras hierbas o suplementos, así como con algunos medicamentos usados para el tratamiento del VIH/sida, con ciertos medicamentos para curar el cáncer y con anticonceptivos orales, reduciendo la efectividad de estos. Por lo tanto antes de iniciar cualquier tratamiento con esta hierba, si estás tomando algún tipo de estos medicamentos, debes consultar con tu médico antes.

2. Ginkgo biloba

El ginkgo biloba es un suplemento que se extrae de las hojas del árbol de ginkgo, una de las especies de árbol más antiguas existentes. Desde tiempos antiguos en el mundo oriental, hace más de cinco mil años, este árbol se ha utilizado ampliamente para preservar las funciones mentales, e incluso era considerado sagrado por los monjes chinos. En la actualidad muchas investigaciones han demostrado que realmente posee impresionantes cualidades terapéuticas.

El ginkgo biloba se ha hecho muy popular en nuestros días, y es consumido por muchos para mejorar las facultades mentales y para tratar o prevenir la demencia senil, o un posible derrame cerebral. ¿Por qué se ha hecho tan famosa esta hierba? En primer lugar porque es un poderoso antioxidante que neutraliza los radicales libres que pueden dañar las células nerviosas al igual que otras células de nuestro cuerpo. En segundo lugar, el ginkgo biloba aumenta la cantidad de oxígeno disponible para el cerebro, ya que logra mejorar la circulación sanguínea y además mejora la disponibilidad de glucosa en el cerebro, principal combustible del mismo. En tercer lugar, evita la coagulación excesiva de la sangre. Al ser una hierba que puede actuar como nutriente del cerebro, también puede ayudar a mejorar la transmisión de información entre las células cerebrales.

Una de las razones por las cuales las personas de edad avanzada son más susceptibles a la depresión pudiera deberse a una reducción en la cantidad de serotonina disponible en las células del cerebro, las neuronas. El ginkgo parece que puede contrarrestar parte del declive de este neurotransmisor en personas de edad avanzada. Algunos estudios sugieren que este, al igual que la hierba de San Juan, comparte las principales propiedades de los fármacos antidepresivos: inhibidores de la recaptación de la serotonina, norepinefrina y dopamina. Igualmente, sus efectos suelen ser lentos pero seguros, así que como suplemento preventivo puede ser una excelente ayuda.

En vista que el ginkgo es un adelgazante de la sangre, al igual que la aspirina, debe ser usado con precaución en personas con presenten sangramientos espontáneos o cualquier otro desorden similar de la sangre.

3. Ginseng

El ginseng es una de las plantas medicinales de mayor uso a nivel mundial. Existen diversos tipos según su origen, y todos ofrecen múltiples beneficios. Los tres tipos de ginseng usados para consumo humano son el **siberiano,** el **americano y el coreano,** este último es el más conocido de todos y según algunos herbólogos es el ginseng por excelencia y el que más principios activos contiene.

En Oriente su uso se remonta a miles de años atrás. Tradicionalmente se le utilizó para vitalizar, consolidar y rejuvenecer el cuerpo. En nuestros tiempos, la raíz del ginseng, que es la parte utilizada con propósitos medicinales, tiene efectos variados sobre el organismo y es considerado por muchos herbolarios como un adaptógeno. Los adaptógenos son sustancias que no ejercen un efecto curativo específico sobre alguna enfermedad, sino que pueden ayudar al cuerpo a adaptarse a su entorno. Esta hierba principalmente ayuda a normalizar la forma en la que el organismo responde a los desencadenantes del estrés.

En los casos de depresión, se recomienda el ginseng siberiano por su capacidad para reducir los efectos nocivos del estrés. Las personas con depresión grave suelen tener demasiado cortisol, la hormona del estrés, en su torrente sanguíneo. En este caso, el ginseng actúa sobre las glándulas suprarrenales regulando la fabricación y secreción del cortisol. Asimismo estimula el sistema inmune y promueve una mejora general en el rendimiento físico y mental.

El ginseng siberiano no se debe tomar en caso de hipertensión arterial, taquicardia o antecedentes de infarto al miocardio. Al igual que el coreano se debe evitar su consumo en mujeres con enfermedades tales como senos fibroquísticos o cáncer de mama. En personas diabéticas debe usarse con precaución ya que tiene el efecto de disminuir el nivel de azúcar en la sangre. El ginseng también aumenta los efectos de algunos medicamentos psicotrópicos, y otros estimulantes como la cafeína, causando dolores de cabeza, temblores e incluso manía.

Algunos herbolarios recomiendan que el estimulante ginseng siberiano solo se tome por periodos de treinta días, con una pausa de una semana o dos de por medio. El ginseng se consigue en diferentes presentaciones. La forma más segura de conseguir el máximo de beneficios es mediante el consumo de cápsulas estandarizadas.

4. Kava kava

La kava es una planta oriunda de la Polinesia que ha adquirido fama por sus propiedades calmantes. Estudios han demostrado la eficacia de esta raíz para tratar los trastornos de ansiedad, incluyendo el nerviosismo, la depresión, el insomnio e inclusive algunos síntomas de la menopausia.

Su potente efecto ansiolítico se debe en parte a que la kava imita el funcionamiento del neurotransmisor denominado GABA, similar a como lo hacen los medicamentos tranquilizantes. El ácido gamma-amino butírico (GABA) es el principal neurotransmisor inhibitorio cerebral, el cual actúa como un freno de los neurotransmisores excitatorios que conducen a los estados de ansiedad en el organismo. La gente con poco GABA tiende a sufrir de trastornos de ansiedad, y los medicamentos tranquilizantes como el Valium, funcionan porque facilitan la acción inhibitoria de este neurotransmisor en el cerebro.

Esta hierba también inhibe la recaptación de la noradrenalina, un efecto estimulante que comparten muchos antidepresivos.

Algunos herbolarios sostienen que la kava podría ayudar a mantener la calma en las personas que están tratando de eliminar el consumo de cafeína, tabaco y otras drogas. Demasiada kava hace que las personas se vuelvan débiles y somnolientas. Incluso se han reportado casos donde se ha producido un estado de coma debido a la combinación de esta hierba con el tranquilizante conocido como Alprazolam. Pueden existir otros efectos secundarios, pero solo en personas adictas a largo plazo y que consumen dosis muy altas. Se han detectado también algunos casos de daños al hígado y/o alteración a las funciones de este órgano. Aunque no son casos muy numerosos, se recomienda no ingerir esta planta si la persona padece o ha padecido de problemas hepáticos. Debido a los potentes efectos de esta planta y sus posibles efectos secundarios, se recomienda su uso solo bajo control y prescripción profesional.

5. Melisa

Los herbolarios modernos y la Asociación Británica de Medicina

Herbal apoyan el uso de esta hierba como suave tónico nervioso. Está indicada para casos de ansiedad, depresión leve, desazón e irritabilidad, especialmente en personas que sufren trastornos de origen nervioso que se manifiesta con palpitaciones, cefaleas, taquicardia y mareos. También es útil para aliviar problemas digestivos, causados por el exceso de ansiedad, tales como: indigestión, acidez, náuseas, vómitos y cólicos. La melisa se administra en forma de infusión, tintura y aceite esencial. En depresiones suaves y estados de ansiedad conviene utilizar la tintura. La infusión está especialmente indicada para aliviar los dolores de cabeza de origen nervioso. Actualmente se comercializan muchas pastillas naturales cuyo ingrediente principal es esta hierba ampliamente conocida por sus bondades.

6. Valeriana

Es una planta perenne, con un fuerte olor característico y algo desagradable, nativa de Europa y el este de Asia. Al igual que la melisa, es un ingrediente básico en las pastillas naturales que se comercializan hoy en día para dormir. Es considerada una planta medicinal que tradicionalmente se ha usado como calmante nervioso, para aliviar los estados de ansiedad, angustia, enojo y depresión.

Algunos estudios recientes sugieren que la valeriana realmente puede calmar a las personas sometidas a estrés. Las investigaciones sugieren que el químico natural contenido en la valeriana tiene múltiples efectos positivos sobre el sistema nervioso, incluyendo efectos como los del Valium sobre el GABA y posiblemente también efectos sobre la serotonina, lo que la convierte en una planta inductora del sueño, anticonvulsiva y antidepresivas.

Por lo tanto, en algunos casos, dependiendo de cada organismo en particular, la valeriana puede ser un antidepresivo atípico, como lo son los tranquilizantes Alprazolam y Clonazepam; las personas depresivas con un alto grado de ansiedad son las que mayormente pueden beneficiarse de esta planta.

La valeriana es más comúnmente usada para los trastornos del sueño, especialmente para el alivio del insomnio. Frecuentemente se combina con lúpulo, melisa u otras hierbas que también producen somnolencia.

Cuando estamos tratando de dejar de tomar píldoras para dormir podemos recurrir a la valeriana para que nos ayude a conciliar el sueño, una vez que hayamos suprimido de a poco la dosis de la pastilla para dormir. No todos los estudios hechos hasta ahora respaldan los efectos positivos de esta planta para aliviar los trastornos del sueño, pero en mi caso particular es una de las plantas medicinales a la que mayor fe le tengo.

Hasta ahora no se conocen interacciones de la valeriana con otros medicamentos y son muy pocos los registros que señalan efectos secundarios, como dolor de cabeza, y somnolencia por la mañana.

TERAPIAS ALTERNATIVAS

Ya lo he dicho anteriormente, todo en el universo es energía, los seres humanos somos energía. Por lo tanto las terapias alternativas, provenientes en su mayoría de la medicina oriental, tienen como principal objetivo equilibrar el cuerpo humano a través de la redistribución de ese caudal energético que todos poseemos, aumentándolo en el lugar que falta o disminuyéndolo en los sitios donde hay exceso.

Los puntos o meridianos por los cuales circula la energía en nuestro cuerpo se encuentran conectados a nuestros órganos vitales: corazón, hígado, riñones, etc. Por lo tanto, un desequilibrio en estos puntos energéticos ejerce una gran influencia sobre todo nuestro organismo, ocasionando la enfermedad. La medicina oriental además, estimula la secreción de endorfinas, que son los sedantes naturales de nuestro organismo. Es por esto que ayuda a reducir o terminar con el dolor. Las terapias alternativas sirven para recuperar nuestra salud y al no producir efectos secundarios, ni tener contraindicaciones, es totalmente compatible con los tratamientos médicos tradicionales. Esto quiere decir que más bien pueden servir de complemento a estos y dar resultados en un tiempo menor.

Son muchas las terapias alternativas que ofrecen algún tipo de alivio, no solo para enfermedades como la depresión, sino para muchas otras más. Sin embargo, en mi largo recorrido en busca de la sanación durante un poco más de diez años, tengo que admitir que de todas ellas la única que realmente me dio resultado y en la cual tengo una confianza absoluta, es la acupuntura. La acupuntura me ha ayudado a aliviar mi ansiedad, a recuperarme del insomnio cuando lo he requerido, a aliviar tensiones musculares producto del estrés, en fin para muchas cosas. Especialmente para tratarme aquellas dolencias o padecimientos, en los que reconozco hay un fuerte contenido emocional. Por lo que antes de salir corriendo al médico convencional cuando me siento mal, visito a mi acupunturista para que equilibre mi flujo de energía y es increíble cómo nunca deja de sorprenderme que después de una sesión de no más de media hora y unas pocas agujitas, me siento como nueva.

1. Acupuntura

En China la acupuntura, especialmente la electroacupuntura, la cual consiste en pasar una corriente eléctrica suave a través de las agujas, ha sido durante mucho tiempo una receta popular para el agotamiento nervioso y depresión. Psiquiatras rusos también la han utilizado durante décadas. La Organización Mundial de la Salud (OMS) la reconoce como un tratamiento legítimo para la depresión. Incluso en los Estados Unidos, la acupuntura está siendo investigada como cura antidepresiva por el Institutos Nacional de Salud.

En la medicina tradicional china se cree que la depresión se presenta en nuestras vidas tras la represión de sentimientos y energías negativas en nuestro cuerpo, como la ira, la rabia y la tristeza reprimida. Por ello es que en la medicina tradicional china se ha utilizado la acupuntura para el tratamiento de la depresión durante años. La acupuntura tradicional utiliza agujas muy finas para estimular o sedar los puntos clave, llamados también meridianos, a lo largo del caudal de energía vital que fluye a través de nuestro cuerpo, esto permite liberar la energía bloqueada. Una enfermedad puede ocasionar una alteración energética, o al revés, una alteración energética es capaz de ocasionar una enfermedad. A través de la utilización de las agujas entonces, se desbloquea o estimula la energía, restableciendo en nuestro cuerpo el correcto flujo de esta.

Otras terapias como la moxibustión y la acupresión hacen esto con el calor y la fuerte presión de los dedos, respectivamente. Si le tienes recelo o pánico a las agujas, cualquiera de estas dos terapias pudieran representar para ti una opción.

Según algunas investigaciones, la acupuntura estimula los principales neurotransmisores que regulan el estado de ánimo, como la serotonina, la noradrenalina y las endorfinas. Por tanto puede ayudarnos a disminuir el dolor, la depresión, fortalecer el sistema inmunológico, reducir las inflamaciones y ayudar a nuestro cuerpo a combatir infecciones. La acupuntura también corrige signos físicos de la depresión como la fatiga, el cansancio y los problemas del sueño, que según la medicina tradicional china son también provocados por la mala fluidez energética y los sentimientos reprimidos.

2. Yoga

No sé si por moda o porque realmente las personas hemos entendido los múltiples beneficios que trae para nuestro bienestar físico y mental esta disciplina oriental milenaria, pero es sorprendente cómo se ha expandido su práctica en nuestro mundo occidental. Aunque algunos creen que el yoga puede ser solo una práctica de relajación, realmente la experiencia me ha indicado que es mucho más que eso. Por eso la he incluido como terapia alternativa por su poder sanador, pero realmente es una forma también de ejercitar nuestro cuerpo y mantenernos activos. Para mí el yoga es una gran alternativa porque combina los beneficios de la actividad física con la meditación.

Más que una práctica de estiramiento exótico, el propósito del yoga es transmutar, mediante movimientos corporales, lo que los antiguos budistas llamaron los kleshas, estados mentales que de manera temporal nublan la mente, que se manifiestan en acciones negativas y son la causa fundamental de todo sufrimiento en el ser humano. El yoga, a través de las asanas (posturas), se encarga de doblar o estirar el cuerpo en dirección contraria a los kleshas, resultando ser el antídoto perfecto para combatir cualquier estado de tensión o estrés que esté interfiriendo en nuestro correcto flujo de energía.

Aunque el yoga por sí solo no sana la depresión, su práctica puede ser de gran ayuda para mejorar el estado de ánimo de las personas que la están padeciendo debido al manejo de la energía que se logra a través de las diferentes posturas. Principalmente para las personas que somos ansiosas, el yoga acompañado de ejercicios respiratorios (Pranayama) nos ayuda a tranquilizar nuestra mente porque nos permite centrarnos en el aquí y el ahora. El yoga ha sido denominado por muchos como el arte de estar presente y realmente esto es la esencia de esta práctica, por eso para las personas que sufren o hemos sufrido de depresión, es una herramienta poderosa de sanación.

Con una práctica de yoga adecuada podemos prevenir muchos malestares y enfermedades. El yoga definitivamente nos ayuda a devolverle a nuestro cuerpo el equilibrio físico, mental y espiritual, que se encuentra tan alterado cuando estamos enfermos o sometidos a unos altos niveles de estrés.

Viéndolo desde un punto de vista más científico, quiere decir que si el yoga puede hacer todo esto por nosotros es porque de alguna manera afecta positivamente la bioquímica de nuestro cerebro, por lo que realmente resultará a largo plazo una alternativa mucha más sana y más armónica para superar la depresión.

Principales beneficios de las asanas o posturas de yoga

• Se ejercitan los músculos, tendones y ligamentos de una manera correcta permitiendo así que estos recuperen su flexibilidad natural, la fortaleza y el tono ideal. Nuestras articulaciones también se fortalecen y recuperan toda su movilidad.

• La columna vertebral adquiere elasticidad y en algunos casos hasta se pueden corregir deformaciones leves.

• Todos los sistemas que conforman nuestro cuerpo (circulatorio, nervioso, digestivo, endocrino y excretor) son tonificados y armonizados, recuperando su funcionamiento óptimo.

• El equilibrio energético que inducen las posturas del yoga generan un estado emocional positivo y vital.

• El yoga contribuye al despertar de nuestra consciencia y al desarrollo de una actitud mental positiva, constructiva y optimista, aspecto de suma importancia si queremos transmutar la depresión. Realmente el yoga puede hacernos mucho más fácil la conexión con nuestra esencia divina, por ende facilitarnos el camino para alcanzar nuestro crecimiento espiritual.

¡EJERCITA TU CUERPO!

Numerosos estudios han demostrado que el ejercicio es un aliado para combatir la negatividad, el miedo, la preocupación, la ira, la tensión y la ansiedad. Hacer una actividad física con regularidad, independientemente de la edad que se tenga, mejora nuestra autoestima, aumenta la confianza en sí mismo, disminuye la neurosis, mejora el rendimiento mental, estimula la creatividad, mejora el insomnio y ayuda superar la depresión.

Algunos tienen la creencia errada de que hacer ejercicio solo significa correr o realizar alguna otra actividad física intensa y agotadora. Pero nada más alejado de la realidad. Lo ideal es comenzar a realizar una actividad física que sea fácil y nos resulte divertida; puede ser simplemente caminar o practicar algún deporte que sea de nuestro agrado y si se quiere, a medida que se va ganando resistencia y mejorando la condición física, podemos ir aumentando la intensidad. Lo ideal es comenzar realizando algunos ejercicios aeróbicos. Este tipo de ejercicio se refiere a cualquier actividad que use la habilidad del cuerpo para extraer el oxígeno del aire —aeróbico significa "con oxígeno"— y distribuirlo hacia los músculos. Cualquier ejercicio que te haga respirar profunda y rápidamente, y acelere tu corazón, es aeróbico. Si te deja sin aliento, significa entonces que te estás exigiendo demasiado y estás convirtiéndolo entonces en un ejercicio anaeróbico —sin oxígeno— en cuyo caso es conveniente hacer un alto y ajustar la intensidad de la actividad.

Mantenerte activo a este ritmo, de quince a treinta minutos —cuanto menor sea tu frecuencia cardíaca, más largo deberá ser el entrenamiento—, tres o cuatro días a la semana, te permitirá disfrutar rápidamente de los muchos beneficios, tanto físicos como psicológicos, que genera este tipo de ejercicio. Los beneficios mayores se obtienen cuando la actividad física se hace de forma consistente y regular, de tal manera que los beneficios se prolonguen en el largo plazo.

Investigadores han comparado el ejercicio aeróbico con medicamentos antidepresivos como el Zoloft, y han concluido que los efectos que ambos ejercen en mejorar los síntomas de la depresión, son bastantes similares. Incluso pacientes cuya rutina de ejercicio es moderada, treinta minutos de caminata, tres veces a la semana, les ha ido tan bien como aquellos que solo han tomado la medicina.

Actualmente existen muchos estudios que documentan el efecto antidepresivo de los ejercicios y cómo actúan en nuestro cerebro. En las siguientes líneas me he permitido condensar algunas de estas ventajas para ti.

El ejercicio cambia el cerebro

Cuando nos ejercitamos se incrementa el nivel de actividad de los neurotransmisores, como la dopamina y la serotonina. El ejercicio incrementa la producción en el cerebro de una hormona llamada BDNF (del inglés brain-derived neurotrophic factor) o factor neurotrófico derivado del cerebro, como se le conoce en español. Esta hormona pertenece a la familia de las neurotrofinas[9] o factores neurotróficos. Debido a que los niveles de esta hormona disminuyen considerablemente durante una depresión, algunas partes del cerebro comienzan a encogerse con el tiempo dañando la memoria y la capacidad de aprendizaje. Es aquí donde entra el milagro del ejercicio. Se cree que la actividad física reversa esta tendencia, porque permite que el oxígeno y los nutrientes fluyan mejor hacia el cerebro, a la vez que estimula la liberación de este conjunto de hormonas ya mencionadas, protegiendo así al cerebro de una forma en que ninguna otra terapia o medicamento puede hacerlo.

Esto quiere decir literalmente que el ejercicio es medicina. Tal como lo hace una pastilla, este es capaz de afectar la actividad bioquímica de nuestro cerebro, pero de una forma totalmente segura y confiable para nuestro cuerpo. Cuando escuchamos que la depresión está estrechamente relacionada con un desbalance químico del cerebro, inmediatamente creemos que la única forma de superarla es ingiriendo antidepresivos o cualquier otro químico para contrarrestar dicho desbalance. Es una

---

9 Las neurotrofinas son una familia de proteínas que favorecen la supervivencia de las neuronas. Estas sustancias a su vez pertenecen a un tipo de proteínas que se vierten al torrente sanguíneo, denominadas factores de crecimiento y que son capaces de enviar señales a algunas células, como las neuronas, para que estas sobrevivan, se diferencien, o crezcan.

conclusión aparentemente lógica, pero no necesariamente válida, y yo a través de mi experiencia de vida, puedo dar fe de ello. La medicación no es la única forma que tenemos a nuestro alcance para corregir este desbalance, también lo es el ejercicio físico y unos hábitos de vida saludables, los estudios hechos hasta ahora, así lo demuestran.

El ejercicio también nos ayuda a lidiar con los estados de ansiedad y estrés de una manera muy eficiente. Estudios han demostrado que las personas sedentarias tiene un mayor nivel de cortisol –hormona que se produce en periodos de estrés y que si permanece mucho tiempo circulando en el organismo puede causar grandes daños–, y un menor nivel de endorfinas, de estas últimas ya hemos hablado anteriormente y sabemos que es un tipo de neurotransmisor producido por nuestro cerebro para ayudarnos a lidiar con el dolor y elevar nuestro estado anímico. Cabe destacar que cuando se examinó a las personas sometidas a estos estudios para determinar si presentaban manifestaciones de depresión y estrés, se halló que los sedentarios presentaban ambas condiciones en mayor proporción.

Quizás estarás pensando: *De dónde voy a sacar el ánimo para hacer ejercicios, si a veces ni siquiera tengo ánimo para levantarme de la cama.* Precisamente es aquí donde nos hacemos cargo de lo que estamos sintiendo y donde nuestro deseo de sanar se convierte en la fuerza motora que nos impulsa a realizar la acción. No es cuestión de fuerza de voluntad, porque mientras estamos deprimidos esta prácticamente es escasa, o más bien nula. Así que no debemos esperar que la fuerza de voluntad aparezca; es nuestro deseo y nuestra elección consciente de querer sanar lo que nos impulsarán al logro de nuestro objetivo.

• • •

Para que la fuerza de voluntad surja debe emerger en nosotros primero el deseo por lograrlo.

Estos retos que a diario la vida nos presenta son las mejores oportunidades que tenemos para crecer como personas y como seres espirituales que somos. Para mí hacer ejercicio nunca fue una prioridad, estando o no deprimida, nunca fue algo que me apasionara.

Estoy convencida de que así como algunas personas tienen más facilidades que otras para las matemáticas, otras para las manualidades, igual pasa con el ejercicio o con los deportes. Afortunadamente en mi caso, mi esposo, desde niño, siempre ha tenido mucho más predisposición por los ejercicios que yo, así que él siempre ha sido ese motorcito que me ha impulsado a ponerme en movimiento.

Sin embargo, yo me he hecho cargo de esta condición en mí y me apoyo en mi deseo de estar sana, de verme bien físicamente y por sobre todo, de no querer tomar más nunca una pastilla para sobrellevar la depresión y la ansiedad. Por lo tanto he aprendido a jugarle algunos "truquitos" a mi mente para no convertirme en víctima de mi propio sabotaje.

1. Inscribirme en un gimnasio, es más si puedo pagar un plan semestral por adelantado, mucho mejor. Esto hace que la sola idea de estar regalando mi dinero sin obtener nada cambio, me sirva de motivación.

2. Fijo al menos dos días a la semana para asistir en un horario que me sea cómodo y los incluyo dentro de mi agenda de la semana. Esto hace que mi mente se predisponga a la actividad y no quiera utilizar cualquier excusa para evadirla.

3. Cuando la técnica anterior me falla y noto que estoy evadiendo mi compromiso solo por simple flojera, diciéndome: *voy, no voy, voy, no voy…no mejor mañana*, sacudo mi cabeza, y sin pensarlo mucho me pongo mi ropa deportiva y me voy para el gimnasio. Incluso recientemente estoy aplicando una nueva estrategia y es vestirme desde temprano para así estar lista de una vez.

4. Me encanta la música, así que aprovecho mi hora de gimnasio para liberar tensiones escuchando la música que me gusta. Aprovecho este momento para visualizar mis metas y objetivos. En fin trato de estar profundamente sumergida en el momento presente y disfrutarlo al máximo, sin estar pensando cuánto tiempo llevo o cuánto tiempo me falta para terminar el ejercicio.

5. Como siempre pasa con todo aquello que nos cuesta llevar a cabo, por las razones que sea, dar el primer paso es lo más complicado. Por eso cuando ya estoy en el gimnasio, sumergida en mi actividad,

escuchando la música que me activa, sintiéndome tan bien, tan llena de energía y vitalidad, procuro fijar esa imagen y ese sentimiento en mi mente para usarlo como reforzamiento positivo en mis momentos de indecisión.

6. Al terminar mi sesión de ejercicios es increíble la sensación de bienestar que me inunda, no solo físicamente sino que también mi autoestima se ve reforzada al darme cuenta de que soy capaz de alzarme por encima de mis autolimitaciones y doblegar mi mente en pro de lograr un mayor bienestar y una mejor calidad de vida para mí. Por eso insisto en mi mensaje: ¡Sanar es una elección!

Puedes apoyarte en mi técnica como ejemplo para sobrellevar cualquier otra actividad que te cueste iniciar, pero de la cual sabes conscientemente que los beneficios que te reportará valen la pena. Como te dije, se trata de hacerle algunos truquitos a la mente para evitar convertirnos en presa emocional de nosotros mismos.

Recuerda…

En tu búsqueda por sanar la depresión si bien es cierto hay muchas terapias, hierbas y plantas que pueden ayudar, no es menos cierto que al igual que los fármacos, estas son solo soluciones temporales. Si no encuentras la raíz, el origen de tu depresión, simplemente estas medidas serán un paño caliente que por supuesto te será de gran alivio para olvidarte del síntoma, pero no para sanar realmente desde adentro.

Si logras ver las terapias como lo que son, como una alternativa para incrementar tu bienestar y mejorar tu calidad de vida, descubrirás en ellas un valioso colaborador que te permitirá liberarte del uso constante e indiscriminado que hacemos muchas veces de los fármacos tradicionales para aliviar una simple dolencia o malestar físico y por supuesto, como he dicho ya, sin los terribles efectos secundarios o daños colaterales que los medicamentos pueden hacerle a nuestro organismo, ya que todas estas terapias, a diferencia de los fármacos, buscan restablecer el correcto flujo de energía en el organismo, mientras que los medicamentos por el contrario, lo destruyen.

Por otro lado, el ejercicio siempre será un aliado en nuestro deseo de superar la depresión, así que busca crearte una rutina de ejercicio o practicar algún deporte, lo que sea que esté bien para ti, y procura divertirte y sumergirte en la actividad manteniéndote activamente presente en ella, de este modo los beneficios serán mayores, ya que no solo estarás activando tu cuerpo, sino también alimentando tu alma.

Quiero hacer énfasis en que no estamos buscando solo sanar la depresión, esa es una parte importante del camino que hay que transitar, realmente lo que estamos buscando es lo que yace escondido detrás de esa enfermedad, detrás de ese sufrimiento, y que no permite que nuestra verdadera esencia se manifieste. Más allá de nuestra depresión hay un ser humano con un inmenso potencial para ser feliz y que se encuentra perdido en las formas, estereotipos y patrones de conducta dictaminados por un mundo principalmente dominado por el ego.

Si queremos superar de una buena vez y para siempre la depresión, estamos obligados a mirar hacia nuestro interior, hacia lo más profundo de nuestra psiquis para que pongamos nuestra consciencia en otros niveles o capas más profundas, a las que por lo general no le préstamos la suficiente atención, porque estamos muy ocupados utilizando nuestra vida solo como un medio para lograr un fin, impulsados por nuestro ego. De esta fase de fuerte interiorización puede derivarse un mayor equilibrio psíquico y desarrollo espiritual, si nos damos el permiso de salir de este círculo vicioso en el cual estamos atrapados, es decir si somos capaces, como el practicante de surf, de deslizarnos con las olas y aprovechar su fuerza…pero nunca ir en contra de ellas.

¡VAMOS, DA EL PRIMER PASO PARA SUPERAR TU DEPRESIÓN…ELIGE LA SALUD COMO CONDICIÓN DE VIDA!

CAPÍTULO 12

ATRÉVETE A DISEÑAR LA VIDA QUE QUIERES PARA TI

La velocidad e inconsciencia del mundo en el que vivimos, totalmente identificado con el ego, atrapado en sus formas, valores y prejuicios, nos ha hecho creer hasta ahora que nuestra felicidad depende de las condiciones de nuestro mundo exterior y que inevitablemente somos víctimas de las circunstancias. Que estamos irremediablemente atados a nuestro destino y como tal debemos resignarnos a vivir en sufrimiento.

Sin embargo, tú estás dando el primer paso para salir de tu inconsciencia. Has decidido transmutar tu depresión y de seguro estás dispuesto a soltar esa actitud de dejarte llevar, de abandonarte a tu suerte, de esperar a que ocurra una solución mágica o que venga alguien o algo que te libere de tu sufrimiento. Has decidido tomar las riendas de tu vida y ese deseo que tienes de recuperar la ilusión por vivir, de trascender tu dolor, es el paso más importante.

Para que este impulso realmente se convierta en una poderosa fuerza motora que te permita alcanzar tu objetivo de sanar, debes trazarte un mapa que te indique claramente la ruta que has de seguir y permanecer alerta ante cualquier señal de saboteo que percibas de tu parte. En el camino seguramente encontrarás cualquier tipo de obstáculos para que desistas, para que asumas una actitud conformista y derrotista, pero en ti está mantenerte plenamente consciente y centrado en el momento presente, solo así podrás atajar a tiempo las señales, corregir los desvíos y retomar nuevamente tu ruta. Recuerda que si necesitas ayuda para transitar este camino —psicoterapeuta, coach o mentor— es totalmente válido, por lo menos hasta que adquieras mayor seguridad y aprendas a volar por ti mismo. Pero no olvides que solo en tus manos está decidir qué quieres hacer con este regalo maravilloso que se llama Vida, la cual es total y absolutamente tu responsabilidad y de nadie más.

Todo lo que hasta aquí he compartido contigo a través de este libro han sido las herramientas en las cuales me he apoyado para trazar mi mapa, transmutar mi depresión y conectarme con mi propósito de vida. Estas se han convertido para mí realmente en una especie de código personal formado por una serie de principios que me sirven de guía para enfrentarme a los retos que la vida diariamente me presenta. En ellos me fundamento para tomar las decisiones correctas, aquellas que realmente contribuyan y me acerquen a la vida que deseo y merezco para mí, que me ayudan también a mantener en equilibrio los diferentes aspectos que me conforman como ser humano, sin olvidar que soy parte de un universo vasto e infinito, donde todo está relacionado.

En el gráfico 8.1, el cual he denominado Principios para un Buen Vivir, te muestro un resumen de los mismos. En él he querido representar de forma gráfica todo lo expuesto durante el desarrollo de este libro, como te mencioné anteriormente. Puedes sacar una copia del mismo y colocarlo en un sitio donde te sea visible, de manera que acudas a él tantas veces como sea necesario, especialmente cuando sientas que te estás desviando del camino quizás porque no estés asumiendo la actitud correcta ante la circunstancia, evento o persona que se esté presentando en tu vida. Quizás estés nuevamente encontrándote con cierta resistencia mental de tu parte, en forma de juicios, inconformidad o frustración u observes en ti algún tipo de incomodidad, ansiedad, nervios o apatía, entonces ahí estará el gráfico para ayudarte a retomar el camino.

PRINCIPIOS PARA UN BUEN VIVIR

Como puedes observar en el gráfico, como seres holísticos que somos nuestro máximo bienestar será el resultado del equilibrio que exista entre las tres principales dimensiones que nos conforman:

mente, cuerpo y alma. Estas tienen que coexistir en perfecta armonía en nosotros, así que mi forma de conducirme ante la vida y los aspectos que la conforman, como: salud, dinero, trabajo, pareja, familia, amigos, profesión, esparcimiento, servicios a la comunidad, en fin todo aquello que sea importante para nosotros, debe contribuir con este equilibrio, de lo contrario cualquier desarmonía que existiese en alguno de ellos, o entre ellos, se reflejará automáticamente en mi calidad de vida.

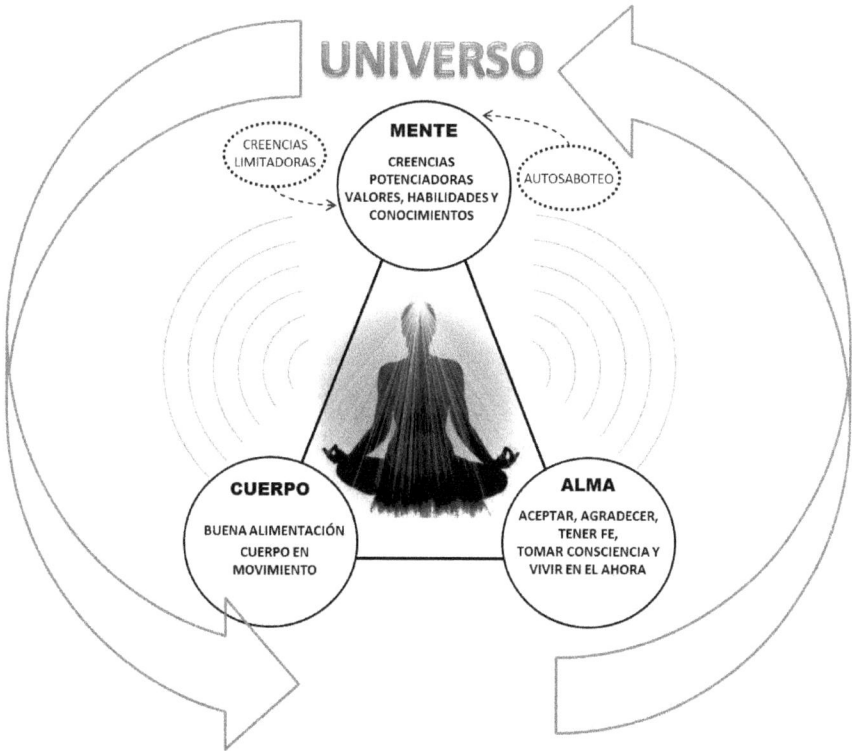

Gráfico 8.1-Principios para un Buen Vivir

En la dimensión de la mente, los principios para un buen vivir se resumen básicamente en mantener una actitud mental positiva, la cual está fundamentada en nuestras creencias potenciadoras, nuestros conocimientos, habilidades y valores. Es decir, todo aquello que conforma nuestra lista de recursos y de la cual hablamos en los capítulos siete y ocho.

En la dimensión correspondiente al cuerpo, hallamos dos principios básicos: mantener una buena alimentación y nuestro cuerpo en movimiento. De ello hablamos ampliamente en los capítulos nueve, diez y once.

Por último, podemos observar la dimensión correspondiente al alma, aquella donde realmente habita nuestro ser y nuestra verdadera esencia. Para que esta dimensión espiritual esté en armonía con las otras dos y realmente utilicemos el poder de nuestra mente y de nuestro cuerpo para transmutar la depresión, hemos de adoptar los principios de aceptación, agradecimiento y tener fe, como actitud ante las circunstancias que la vida nos entrega y que por supuesto forman parte de nuestro proceso de aprendizaje. Todo esto apoyado en una profunda toma de consciencia y de vivir en el ahora, principios fundamentales sin los cuales sería imposible mantener el equilibrio de nuestras tres dimensiones y por ende tener una mejor calidad de vida. Todos estos conceptos los desarrollamos en los capítulos tres, cuatro, cinco y seis.

El gráfico también hace referencia al auto saboteo, capítulos cuatro y cinco, y a las creencias limitadoras, capítulo siete, con la idea de que tengamos presente que estos mecanismos de defensa y evasión siempre van a estar latentes, merodeándonos como fieras al acecho, esperando que bajemos la guardia para apoderarse de nosotros a través de nuestra mente inconsciente. Así que de nosotros dependerá si dejamos o no que penetren nuestro campo energético y nos desvíen del camino.

Por último recordemos que somos parte del universo en el cual todo está interconectado, por lo tanto para mantener la armonía perfecta con ese todo y lograr que este se alinee y conspire a nuestro favor para lograr la vida que queremos, debemos cuidar que las vibraciones que emitimos hacia el exterior sean positivas. Recuerda entonces que mientras mantengas una actitud positiva ante la vida y te llenes de pensamientos fortalecedores, tu vida será más armónica y atraerás más cosas positivas a ella. Esto lo lograremos por supuesto si nos mantenemos fieles a nuestros Principios para el Buen Vivir.

Teniendo claro que cualquier ruta que nos tracemos para transmutar nuestra depresión deberá estar enmarcada en estos principios, el paso siguiente es invitarte a que construyas un plan de acción que complemente tu mapa y así definitivamente puedas trazarte un rumbo claro a seguir. A continuación las premisas que debes tener en consideración a la hora de diseñar tu plan de acción.

CREANDO UN PLAN PARA SUPERAR LA DEPRESIÓN

En el capítulo dos expuse los síntomas de la depresión y comenté que si realmente te sentías identificado con varios de ellos, debías buscar inmediatamente ayuda médica. Si estás convencido de estar deprimido(a), de que lo tuyo no es una tristeza pasajera, entonces quizás tu primera elección deba ser acudir al médico apropiado para que te recete tratamiento médico. Es importante también que consideres tomar algunas sesiones con un buen psicoterapeuta que te ayude a encontrar el origen de tu depresión y junto con él/ella puedas navegar a través de tu mente inconsciente, para así reconocer tus sombras y traerlas a la luz.

Recuerda que este paso por sí solo no sanará tu depresión de una manera definitiva, solo te dará un alivio temporal. Por eso, si decides tomar medicamentos como una opción, debes desde un principio trazarte un plan paralelo que complemente tu tratamiento. Es decir, no se trata solo de cumplir fielmente con las indicaciones del médico, sino que adicionalmente debes crear un plan que te permita ir introduciendo de a poco en tu vida, los cambios necesarios para superar la depresión de manera definitiva y asumir las riendas de tu vida.

La depresión puede ser como estar al borde de un abismo…

Imagina que estás al borde de un precipicio y que miras hacia abajo, el temor a lo desconocido y el vértigo invaden tu estómago. Sientes escalofríos por todo tu cuerpo, tus manos sudan copiosamente, es como si el abismo te empujase hacia él. Ahora imagina que, sin dar un solo paso, solamente girando sobre ti mismo, logras colocarte de espalda al precipicio, ¿qué ves? Ya no hay riesgo, el peligro se fue y tus temores con él, sientes como el sol te da en la cara, respiras profundo, sientes la brisa del lugar, el olor de la naturaleza, ¡y lo único que hiciste fue girar tu cuerpo! Si ahora das un paso hacia adelante, te estarás alejando del abismo y por supuesto de la oscuridad que te mantenía atrapado. Lo mismo ocurre con la depresión, si reflexionas sobre qué elementos fueron necesarios para salir de la situación que te acabo de describir, te darás cuenta de que principalmente fueron dos: ¡Decisión y acción!

Quiero que te conviertas en el protagonista de tu sanación, que dejes de ser una "víctima" de la vida. Aunque decidas buscar ayuda externa, será tu actitud ante la vida y la forma cómo decidas asumir tu depresión, lo que te permitirá de una buena vez y para siempre devolverle el sentido a tu vida.

• • •

**Para que algo nuevo entre en tu vida, algo viejo, algo que ya no te sirve, tiene que salir.
Por ejemplo, tus creencias limitadoras y tus mecanismos de autosaboteo ya no te serán útiles en esta nueva etapa de la vida que has elegido emprender.**

En la tabla 12.1 te muestro un formato que podrás usar para construir tu plan. Puedes llenarlo aquí mismo, o puedes fotocopiarlo tantas veces como te sea necesario. Lo importante es que lo utilices como una herramienta poderosa que te facilitará la construcción de tu plan. Una vez que lo elabores, te sugiero lo coloques en un lugar visible para ti, de tal manera que todas las mañanas lo observes y te pongas en acción durante el día.

Tabla 12.1 - MI PLAN PERSONAL PARA SUPERAR LA DEPRESIÓN	
MISIÓN	
OBJETIVOS	**Fecha de Cumplimiento**
1.-	
2.-	
3.-	
4.-	
5.-	
LISTA DE ACTIVIDADES	
1.-	
2.-	
3.-	
4.-	
5.-	
6.-	
7.-	
8.-	
9.-	
10.-	

A continuación te explico detalladamente cada una de las secciones que contiene este plan y las premisas sobre las cuales deberá estar trazado y que te ayudarán a salir de ese estado de apatía en el cual te encuentras, dando un paso a la vez.

CONTENIDO DEL PLAN

1. Identifica cuál será la Misión de tu Plan

Como mencioné anteriormente, tu plan debe ser un mapa que te traces para satisfacer tus verdaderas necesidades, haciéndote responsable por ellas, entendiendo que esta responsabilidad está basada en las actitudes que adoptes para enfrentar las circunstancias que la vida te presente.

Te invito a que valientemente tomes papel y lápiz para responderte a las siguientes preguntas, las cuales te ayudaran a enfocarte y determinar tu misión. Es importante que escribas tus respuestas porque de esta manera no solo refuerzas la idea, sino que estás abriendo un espacio para que tu nivel de consciencia se eleve. Estas son las preguntas:

* *¿Cómo es la vida que quiero para mí?*

* *¿Qué me falta hoy para sentirme seguro, para vivir en armonía, aun sabiendo que estoy en medio de una tormenta?*

* *¿Realmente estoy dispuesto a salir de mi zona de confort y enfrentarme a mis miedos más profundos para lograr esa armonía, para lograr superar la depresión?*

De igual manera, en el capítulo ocho te invité a que reflexionaras sobre tus necesidades y te propuse un ejercicio para que identificaras tus valores y que a partir de allí te preguntarás si tu vida actual refleja tus principales valores. Si no lo hiciste, entonces es el momento de retomar ese ejercicio. Cuando estés de vuelta y tengas identificados tus valores, elabora una lista de aquellas áreas de tu vida en las que quisieras ver un cambio, por ejemplo: salud, dinero, finanzas personales, trabajo, pareja y sexo, familia, amigos, vida social, profesión, amor por tu prójimo, crecimiento personal, educación, esparcimiento, diversión; en fin todo aquello que represente una prioridad para ti.

Teniendo presentes tus diez valores más importantes, hazte ahora las siguientes preguntas e igualmente escribe tus respuestas:

- *¿Qué aspectos de mi vida requieren un cambio?*

- *¿Están mis valores comprendidos en cada uno de ellos? Si no es así: ¿Qué es lo que está causando este desequilibrio?*

Te sugiero que pienses no solo en el hecho de que quieres superar tu depresión, sino que te atrevas a ir más allá de lo obvio. Si haces este ejercicio siendo honesto contigo mismo, seguramente podrás descubrir muchas cosas interesantes que te ayudarán a entender de dónde proviene tu depresión y tu falta de ilusión por la vida. Quizás tu vida gira en torno a una cantidad de circunstancias y/o personas que no representan en lo absoluto tus valores.

Una vez que hayas identificado tus necesidades y activado tus valores, entonces estás listo para escribir la misión de tu plan.

MISIÓN
La misión de tu plan debe responder a la siguiente pregunta: ¿Qué quiero conseguir con este plan?

3. Establece los Objetivos de tu Plan

Ya sabemos que uno de los principales síntomas de la depresión es la pérdida de ilusión e interés por la vida, ni hablar de establecernos metas u objetivos. Mientras estamos deprimidos creemos que nada ni nadie podrá calmar nuestra angustia y que nada en la vida nos hará salir del abismo en el que nos encontramos. Pero esta actitud, la de negarnos a encontrar satisfacción hasta en las cosas que habitualmente nos producían alegría, es lo que constituye el elemento principal, desde el punto de vista psicológico, para la generación del estado depresivo.

Ahora bien, en el paso anterior identificaste cuáles aspectos de tu vida requieren ciertos ajustes; tómate tu tiempo y pensando con el corazón, no con la mente, sin juicios, sin autocríticas, suelta en este momento tu rol de deprimido y pregúntate:

- *Si tuviese el poder para cambiar ahora mismo aquellos aspectos de mi vida que no están alineados con mis valores ¿qué cambios haría? ¿Cómo quisiera que fuese mi trabajo, mi familia, mi relación con los demás, etc., para que realmente reflejen mis valores y lo que quiero de la vida?*

Piensa en este ejercicio como si fuera un juego, no dejes que tu ego te limite y que tu diálogo interno se imponga con frases como: *Esto es muy difícil; no tengo el suficiente valor para hacer esto; esto me parece una pérdida de tiempo; no vale la pena soñar; para qué plantearme metas si me siento tan deprimido que ni ganas de vivir tengo; ahora no tengo tiempo, lo hago más adelante.* Ten presente que tu ego te hace actuar desde el miedo, así que la única forma de hallar la luz al final del túnel, de alejarte del precipicio, es manteniéndote consciente y atrapar tus pensamientos negativos, apenas se muestren.

Ahora que tienes claro cómo quisieras que fuese tu vida, establécete objetivos a corto plazo, realistas, que te permitan de a poco ir construyendo la vida que tú quieres. Ponles un tiempo, piensa para cuándo quieres ver el cambio manifestado en tu vida.

A continuación te muestro una lista de objetivos[10] que te pueden servir de orientación. Aunque solo pretende ser una guía, la idea es darte el empujón inicial que necesitas. Recuerda que son tus objetivos y los de nadie más, los que deben quedar definidos con este ejercicio, por lo tanto puedas agregar todos los que consideres necesarios. Nuevamente la idea es que una vez que tengas tu propia lista, ponderes tus objetivos en una escala del uno al diez según el grado de importancia que le otorgues a cada uno.

FAMILIARES	
1.	Tener hijos.
2.	Tener un bonito hogar familiar.
3.	Tener una buena relación con todos los miembros de la familia.
4.	Superar los conflictos familiares con padres, pareja, hijos, etc.
5.	Perdonar y reconciliarte con otros miembros de la familia.
6.	Ser valorado y reconocido por tu familia.
SENTIMENTALES	
7.	Tener una pareja con la que te sientas bien
8.	Poder comunicarte adecuadamente con tu pareja.

10 Lista tomada de la página web: http://www.superarladepresion.com.

9.	Poder dar y recibir afecto de la pareja.
11.	Tener una relación sexual satisfactoria con tu pareja.
12.	Poder hacer un proyecto de vida con tu pareja.
13.	Sentirte querido, valorado, admirado y pretendido.

SOCIALES

14.	Tener buenos amigos.
15.	Tener una buena imagen social.
16.	Conocer a gente nueva.
17.	Conocer a gente importante.
18.	Asociarte en grupos de tipo cultural, deportivo, político, etc.

PROFESIONALES Y ACADÉMICOS

19.	Ser un gran profesional en tu campo.
20.	Ganar mucho dinero en tu trabajo.
21.	Ser reconocido socialmente por tu trabajo.
22.	Sacar notas altas en todas las asignaturas.
23.	Ser reconocido y valorado por profesores y compañeros.
24.	Aprobar las asignaturas que tengas rezagadas.
25.	Realizar tu vocación de... (Músico, deportista...)

AFICIONES

26.	Practicar deporte.
27.	Aprender a tocar algún instrumento.
28.	Aprender a cantar y a bailar.
29.	Viajar.
30.	Aprender a dibujar, pintar.
31.	Aprender una labor manual.

ESPIRITUALES E IDEOLÓGICOS

32.	Ser un buen practicante de tu religión o ideología.
33.	Realizar actividades de servicio a los demás.
34.	Alcanzar un profundo conocimiento de ti, de la vida o de Dios.
35.	Alcanzar la autorrealización personal.

SALUD	
36.	Alcanzar tu peso ideal.
37.	Tener un cuerpo sano.
38.	Practicar alguna actividad física o deportiva diaria o constantemente.
39.	Tener buenos hábitos de alimentación.

Una vez que tengas definidos tus objetivos, escríbelos en la sección que corresponde de la tabla 12.1

OBJETIVOS	Fecha de Cumplimiento
1.-	
2.-	
3.-	
4.-	
5.-	

¡Felicitaciones!… ya tienes dos tercios de tu plan listo.

A medida que avances en tu proceso de sanación, puedes ir ajustando o reforzando tus objetivos, no tienen por qué ser estáticos, la premisa es que realmente representen tus valores y tus necesidades para que tengas la motivación necesaria para lograrlos.

4. Define tu Lista de Actividades

Ahora que ya tienes definida tu misión y tus objetivos de vida, haz una lista de todas las tareas y/o actividades que te propones efectuar para lograr dichos objetivos.

Analiza cuáles son tus opciones en estos momentos, qué necesitas para lograr tus objetivos. Haz una lista de todas las cosas que puedes hacer en el aquí y ahora para acercarte a ellos. Por ejemplo: quizás uno de tus objetivos sea conseguir ayuda médica pero no sabes por dónde comenzar, entonces te puedes plantear las siguientes tareas:

• Revisar la lista de doctores (psiquiatras y psicoterapeutas) de tu ciudad. Muchas ciudades cuentan con un directorio médico, de fácil acceso a través de internet para agilizar esta tarea.

- Si hay alguno que te llame la atención, puedas buscar referencias sobre el mismo, también en Internet. Quizás te interese saber sus años de experiencia, si ha hecho contribuciones importantes dentro de su área de especialidad, en fin todo aquello que te genere confianza.

- Puedes inscribirte en algún foro médico, serio, donde compartas con otros tu situación y puedes pedir que te recomienden un buen doctor. Además, compartir e intercambiar con otros que tienen nuestro mismo problema nos ayuda a entender que la depresión no es solo exclusividad de nosotros, que no somos menos por sentirnos deprimidos, que hay muchas otras personas pasando por lo mismo y que además han logrado superarla. Así comenzamos a perderle el miedo a la enfermedad.

Otro objetivo puede ser conocer un poco más sobre la enfermedad. Entonces tendrás que buscar literatura al respecto, documentarte. Estar atento y con mente abierta a cualquier información que te llegue desde tu entorno y que pueda contribuir con tu objetivo. Recuerda que cuando manifestamos al universo nuestra intención, la sincronicidad comienza a darse a nuestro favor para que obtengamos eso que tanto deseamos y para lo cual estamos actuando.

La idea aquí es que por cada objetivo que te has planteado, analices los recursos con lo que cuentas, y a partir de allí se desprenda una lista de actividades que son las que trasladarás a tu plan de acción.

La finalidad es que diariamente des pequeños pasos que te acerquen al logro de tus objetivos. Divide las actividades en tareas diarias que has de realizar, así tu plan te parecerá más factible de lograr y te sentirás menos agobiado.

LISTA DE ACTIVIDADES
1.-
2.-
3.-
4.-
5.-
6.-
7.-
8.-
9.-
10.-

¡Enhorabuena, ya tienes tu plan listo!

¡PONTE EN MOVIMIENTO!

Es bueno que dentro de tus tareas diarias, incluyas actividades que solías hacer y disfrutar antes de sentirte deprimido. Inclúyelas como parte de tu rutina diaria o si es algo de mayor complejidad, entonces hazlo semanalmente. Estas te permitirán activarte y mantener tu motivación hacia el logro de tus objetivos. Lo importante aquí es que salgas de la inercia desde la cual se nutre tu depresión, ya que la acción es su enemigo natural. Por lo tanto, cuando estamos deprimidos, mientras menos actividades realicemos, menos deseos tendremos de ponernos de movimiento. Es decir, la apatía atrae más apatía. Si no nos hacemos conscientes de este patrón de comportamiento seguiremos cayendo en espiral hasta tocar fondo.

La acción debe preceder a la motivación. Si estamos deprimidos no debemos esperar a que nos lleguen las ganas para empezar a actuar, pues mientras estemos deprimidos, es poco probable que nos decidamos a actuar. Así que en vez de esperar a tener las ganas de hacer algo, eres tú quien de manera consciente debe darle la instrucción al cerebro y hacer "como si". Recuerda que hablamos de esta técnica en el capítulo seis.

Para esto, empieza escribiendo una lista de todas esas actividades que te agradaban, y al terminar pondera cada actividad asignándole una puntuación del 1 al 10 de acuerdo al nivel de satisfacción que te producían, siendo 10 las de máxima satisfacción. En este ejercicio no importa que haya dos opciones con la misma puntuación. A continuación te presento una lista de actividades sugeridas, que podrás usar como ejemplo para construir tu lista propia. Puedes agregar actividades que recientemente hayas explorado y que igualmente te produzcan bienestar[11].

Tabla 12.2 - ACTIVIDADES PARA PONERTE EN MOVIMIENTO

- Hacer compras para la casa.
- Organizar las cuentas y el dinero.
- Preparar una buena comida.
- Cuidar el jardín, las plantas.
- Redecorar la casa: pintura, cuadros, cortinas, muebles...
- Cuidado personal: maquillarte, arreglarte el pelo, afeitarte ...
- Practicar relajación.
- Practicar meditación.
- Caminar, hacer footing.
- Tomar el sol.
- Practicar yoga, tai-chi o chi-kung .
- Nadar.
- Jugar al fútbol, al tenis, al golf. Practicar algún deporte.
- Hacer excursiones a la montaña, el río, el campo o el mar.
- Invitar y salir con amigos.
- Ayudar a alguien. Involucrarte en actividades de tu comunidad.

---

11 Lista tomada de la página web: http://www.superarladepresion.com. Allí encontrarás una lista detallada de 100 actividades que podrás ponderar y ordenar dentro de la misma página para facilitar el ejercicio.

Tabla 12.2 - ACTIVIDADES PARA PONERTE EN MOVIMIENTO
• Conocer gente nueva.
• Asociarte en grupos de tipo social, cultural, deportivo, político o religioso.
• Tener reuniones familiares.
• Bailar
• Jugar con los hijos.
• Chatear o contactar a través de Internet.
• Hablar por teléfono.
• Ir al cine.
• Ir al restaurante.
• Escuchar música.
• Leer libros, revistas o periódicos.
• Arreglar o reparar el coche, la moto o la bicicleta.
• Ir de compras.
• Conducir el coche, la moto o la bicicleta.
• Ir a la playa.
• Viajar.
• Dibujar, pintar.
• Hacer fotos o video.
• Hacer alguna manualidad: bordar, coser...

La importancia de hacer esta lista radica en que de esta forma te será más fácil ponerte en movimiento. Empieza por cosas sencillas. Los pasos cortos pero seguros son los que de a poco te irán sacando de tu inercia, hasta que tu cerebro se conecte nuevamente con el placer de hacer estas actividades y permita que la emoción por ellas surja nuevamente en ti.

ASEGURA Y VERIFICA EL CUMPLIMIENTO DE TU PLAN

La única manera de que te mantengas en acción y enfocado en tus objetivos es que primero, como mencioné anteriormente, dividas las

SANAR ES UNA ELECCIÓN

actividades en tareas más pequeñas que puedas ir realizando diariamente y segundo, que revises al final del día el cumplimiento de las mismas o mejor aun durante el día, a medida que vayas realizándolas puedes ir tachándolas en tu lista. Para mí esto último me resulta sumamente estimulante y motivador, porque así voy viendo mis avances y sintiéndome orgullosa de mí misma cada vez que culmino una actividad. Esto no solo me llena de empoderamiento por supuesto, sino que neutraliza mi ego cuando quiere hacerme sentir que "no puedo lograr lo que me propongo"

Por ejemplo, tu lista de tareas diarias pudiera estar basada en algo como esto:

Tabla 12.3 – LISTA DE TAREAS DIARIAS
1. Tus rutinas de aseo personal diario
2. Tus comidas. No te saltes ninguna y recuerda incluir pequeñas meriendas durante el día (Referencia: Capítulo 9)
3. Incluye al menos una actividad que te genere entusiasmo / Usa como referencia la lista de Ponte en Movimiento. Ejemplo: Hoy voy a llamar una amiga(o)
4. Programa una actividad física (Referencia: Activa tu cuerpo, Capítulo 11) Indica la actividad y asígnale un horario dentro de tu lista de tarea. Ejemplo: 10am Voy a ir al gimnasio o hacer yoga (o la actividad que hayas elegido).
5. Incluye al menos una tarea de tu lista de actividades, que te acerque a tus objetivos.   Siguiendo con el ejemplo de buscar ayuda médica, una actividad del día puede ser: *Inscribirme hoy en un foro profesional sobre la depresión o llamar para hacer una cita con el Dr. XXXX que me recomendaron.*   Empieza de a poco y a medida que te vayas fortaleciendo emocionalmente, aumenta el número de tareas a diario. Cuando sientas temor, o creas que no vas poder lograrlo, apóyate en tu Lista de Recursos: habilidades, conocimientos y creencias potenciadoras. (Referencias: Capítulos 7 y 8)
6. Al final del día celebra y agradece los logros obtenidos. No importa si han sido grandes o pequeños pasos, lo importantes es que has salido de tu inercia, has abandonado tu zona de confort. Esto hará que tu conducta se refuerce diariamente
7. Recuerda mantener la actitud mental apropiada para afrontar los eventos que se sucedan en tu día: 1) Acepta, 2) Agradece, 3) Ten Fe, 4) Mantente consciente y 5) Vive el ahora. Igualmente mantente atento a cualquier manifestación de negatividad que surja en ti o cualquier intento de sabotear tu plan de acción. (Referencias: Capítulos 3,4,5 y 6)

Puedes revisar tu lista de actividades todos los lunes y a partir de allí construir tu lista de tareas diarias para toda la semana. Es importante que te mantengas positivo, trata de dar lo mejor de ti y comprometerte con tus actividades, pero si al final de la semana solo pudiste hacer dos de cinco que quizás te habías planteado, celébralo igual. Lo importante es que estás saliendo de la apatía, rompiendo tu inercia, de seguro la próxima semana será mejor. Ten presente que la voluntad surge a partir del deseo, así que lo importante es que mantengas activo tu deseo de superar la depresión, sustentado en los Principios para un Buen Vivir de los que hablamos al inicio del capítulo. De esta manera te aseguro que aunque en algunos momentos te desvíes de tu plan, al darte cuenta volverás a retomar el rumbo sin mayores contratiempos. La clave es mantenerte consciente y absolutamente presente en el aquí y el ahora para que la motivación nunca te falte.

SIEMPRE ES POSIBLE CAMBIAR

Una vez que te has comprometido con tu proceso de sanación, no solo en tu mente, sino también convirtiendo tu intención en acción, trazándote un plan para conseguirlo, atreviéndote a experimentar con tu cuerpo y con tu alma la maravilla del momento presente, verás cómo cada día se te hace más fácil vencer tus miedos, ya que aprenderás a reconocerlos, haciéndote consciente de que están ahí, pero sin utilizar el juicio, ni convirtiéndote en presa emocional de ellos. Por lo tanto, cuando se presenten, si los aceptas, podrás utilizarlos a tu favor, reconociendo su intención positiva e incorporándolos a tu proceso de transmutación. Reconocer, aceptar y transmutar tus miedos será la mejor forma de superar tu depresión. Cuando el miedo o cualquier sensación de incomodidad aparezca, pregúntate: ¿Qué propósito tiene esto que estoy sintiendo?, e inmediatamente estarás expandiendo tu nivel de consciencia.

Por otro lado, cuando te trazas un plan de acción y te comprometes a seguirlo, estás rompiendo con tu sistema habitual de pensamientos, estás rompiendo tu patrón mental de inactividad. Esto por supuesto desencadena en tu organismo una reacción química, mediante la cual las neuronas responsables de sostener tal patrón de comportamiento comienzan también a romper la conexión que tenían. Por tanto, si de manera consciente nos comprometemos a cambiar aquellos pensamientos, hábitos, o comportamientos que nos hacen infelices, por otros que nos produzcan mayor bienestar y felicidad, estaremos también creando de forma permanente nuevas conexiones neuronales que a su vez producirán esos cambios fisiológicos necesarios para mejorar nuestra vida y en consecuencia producir en nosotros la motivación necesaria para alejarnos del precipicio. De esta manera estarás usando el poder de tu mente de una manera positiva, para sanar tu depresión.

¡VIVE!...ES LO ÚLTIMO QUE ME QUEDA POR DECIRTE

Podrás pasarte toda tu vida acudiendo a terapias en busca de la raíz del problema, pero esos descubrimientos solo te servirán para reconocer tu pasado, pero nada de eso que te pasó, eres tú, ¡son solo tus vivencias!

Por supuesto que muchas de ellas te han marcado, unas quizás más que otras, pero ya es tiempo de elegir vivir tu vida en paz y armonía, sin tanto sufrimiento.

¡Suelta el miedo a vivir!

Abraza el momento presente, vive intensamente el aquí y ahora con todo lo que este te ofrece, solo así podrás realmente trascender tu pasado y estar preparado para el futuro. Elige soltar tus miedos ya. No hay nada por lo que tengas que preocuparte, solo dedícate a vivir. Acepta cada experiencia que la vida te brinda, sin juicios, sin culpa. Recuerda la clave es preguntarte: ¿Para qué pasó?

Recuerda que cada experiencia encierra una oportunidad única para crecer espiritualmente, para reencontrarnos con nuestra esencia divina, con el ser que realmente somos, más allá de las formas físicas, más allá de nuestros pensamientos, más allá de nuestras emociones.

La vida es hoy, así que valora y atesora cada instante. Date el permiso de soñar, de recuperar la alegría por la vida. "Ponle alas a tu imaginación y un gran tren de aterrizaje a tus sueños", *(Papá Jaime, 2011).* Agradece a Dios por estar vivo. Agradece el aire que respiras, el saludo que te brinda tu vecino en la mañana, la sonrisa del que te vende el periódico. Recupera el gusto por las cosas simples y sencillas. Tienes todo al derecho a desear que las cosas sean mejores, además tiene todo el potencial para lograrlo, está dentro de ti, pero disfruta lo que tienes y disfruta cada acción que emprendas para mejorar tu vida.

Trázate metas, búscale un significado a tu vida, pero no hagas de tu meta la única razón para vivir. Disfruta el camino, disfruta el recorrido que te llevará hacia ella. Así la vida es mucho más divertida, más gratificante y verás cómo mil y una puertas se abren a tu paso. Ya no existirán obstáculos, solo existirán oportunidades para aprender y ser mejores seres humanos, más conscientes, más agradecidos.

Identifica tus creencias limitantes, reconoce tus debilidades, está bien querer ser mejores personas, pero no te juzgues, no te critiques, no te inflijas más dolor y sufrimiento. Tampoco te martirices por saber en dónde y cómo se formaron cada una de estas creencias que hoy te limitan; eso ya no importa, eso no es relevante. Si ya las tienes identificadas, esfuérzate por transmutarlas, creando una creencia potenciadora que te permita llegar al punto donde quieres.

Sé que tienes miedo, yo también los tengo a diario, pero no permito que me dominen, porque he logrado entender que ese miedo no soy yo. ¿De dónde viene?, ¿en qué momento de mi vida se instaló? No lo sé y quizás ya no importe saberlo, lo importante es que lo acepte y me haga cargo de él. Lo primordial es que hoy estoy viva, que sigo presente y no quiero desperdiciar ningún minuto de esta vida preocupándome por lo quizás pudiera suceder. Confío plenamente en Dios y sé que él tiene reservada cosas maravillosas para mí. Me dedico a construir en mi presente el futuro que quiero, pero sin apegarme ni angustiarme por el resultado.

Prepárate, construye tu Lista de Recursos y ten presente los Principios para un Buen Vivir, que he compartido contigo, así cuando el miedo y las dudas te asalten, te conectes con ese gran potencial que tienes para salir airoso de cualquier situación. Actúa en pro de lo que quieres, confía en que hiciste lo mejor y siéntate a esperar el resultado. Lo que ha de ser para ti, nada ni nadie te lo podrá arrebatar.

¡Solo así habrás logrado realmente transmutar tu depresión!

Haz una pausa, respira profundo y disfruta este poema de Facundo Cabral (1937-2011), cantautor, poeta, escritor y filósofo argentino.

NO ESTÁS DEPRIMIDO, ESTÁS DISTRAIDO

No estás deprimido, estás distraído, distraído de la vida que te puebla.

Distraído de la vida que te rodea: Delfines, bosques, mares, montañas, ríos.

No caigas en lo que cayó tu hermano, que sufre por un ser humano cuando en el mundo hay 5,600 millones.

Además, no es tan malo vivir solo. Yo la paso bien, decidiendo a cada instante lo que quiero hacer, y gracias a la soledad me conozco; algo fundamental para vivir.

No caigas en lo que cayó tu padre, que se siente viejo porque tiene 70 años, olvidando que Moisés dirigía el éxodo a los 80 y Rubistein interpretaba como nadie a Chopin a los 90. Sólo citar dos casos conocidos.

No estás deprimido, estás distraído, por eso crees que perdiste algo, lo que es imposible, porque todo te fue dado. No hiciste ni un sólo pelo de tu cabeza por lo tanto no puedes ser dueño de nada.

Además la vida no te quita cosas, te libera de cosas. Te aliviana para que vueles más alto, para que alcances la plenitud. De la cuna a la tumba es una escuela, por eso lo que llamas problemas son lecciones.

No perdiste a nadie, el que murió simplemente se nos adelantó, porque para allá vamos todos. Además lo mejor de él, el amor, sigue en tu corazón. ¿Quién podría decir que Jesús está muerto? No hay muerte: hay mudanza. Y del otro lado te espera gente maravillosa: Gandhi, Michelangelo, Whitman, San Agustín, la Madre Teresa, tu abuela y mi madre, que creía que la pobreza está más cerca del amor, porque el dinero nos distrae con demasiadas cosas, y nos aleja porque nos hace desconfiados.

Haz sólo lo que amas y serás feliz, y el que hace lo que ama, está benditamente condenado al éxito, que llegará cuando deba llegar, porque lo que debe ser será, y llegará naturalmente. No hagas nada por obligación ni por compromiso, sino por amor. Entonces habrá plenitud, y en esa plenitud todo es posible. Y sin esfuerzo porque te mueve la fuerza natural de la vida, la que me levantó cuando se cayó el avión con mi mujer y mi hija; la que me mantuvo vivo cuando los médicos me diagnosticaban 3 ó 4 meses de vida. Dios te puso un ser humano a cargo, y eres tú mismo. A ti debes hacerte libre y feliz, después podrás compartir la vida verdadera con los demás. Recuerda a Jesús: "Amarás al prójimo como a ti mismo".

Reconcíliate contigo, ponte frente al espejo y piensa que esa criatura que estás viendo es obra de Dios; y decide ahora mismo ser feliz porque la felicidad es una adquisición. Además, la felicidad no es un derecho sino un deber porque si no eres feliz, estás amargando a todo el barrio. Un sólo hombre que no tuvo ni talento ni valor para vivir, mando matar seis millones de hermanos judíos. Hay tantas cosas para gozar y nuestro paso por la tierra es tan corto, que sufrir es una pérdida de tiempo.

Tenemos para gozar la nieve del invierno y las flores de la primavera, el chocolate de la Perusa, la baguette francesa, los tacos mexicanos, el vino chileno, los mares y los ríos, el fútbol de los brasileros, Las Mil y Una Noches, la Divina Comedia, el Quijote, el Pedro Páramo, los boleros de Manzanero y las poesías de Whitman, Mäiller, Mozart, Chopin, Beethoven, Caraballo, Rembrandt, Velásquez, Picasso y Tamayo, entre tantas maravillas.

Y si tienes cáncer o SIDA, pueden pasar dos cosas y las dos son buenas; si te gana, te libera del cuerpo que es tan molesto:

tengo hambre, tengo frío, tengo sueño, tengo ganas, tengo razón, tengo dudas... y si le ganas, serás más humilde, más agradecido, por lo tanto, fácilmente feliz. Libre del tremendo peso de la culpa, la responsabilidad, y la vanidad, dispuesto a vivir cada instante profundamente como debe ser.

No estás deprimido, estás desocupado. Ayuda al niño que te necesita, ese niño será socio de tu hijo. Ayuda a los viejos, y los jóvenes te ayudarán cuando lo seas. Además el servicio es una felicidad segura, como gozar a la naturaleza y cuidarla para el que vendrá. Da sin medida y te darán sin medidas.

Ama hasta convertirte en lo amado, más aún hasta convertirte en el mismísimo amor. Y que no te confundan unos pocos homicidas y suicidas, el bien es mayoría pero no se nota porque es silencioso, una bomba hace más ruido que una caricia, pero por cada bomba que le destruyan hay millones de caricias, que alimentan la vida.

Facundo Cabral

• • •

¡GRACIAS POR HABERME ACOMPAÑADO EN ESTA AVENTURA HASTA EL FINAL! LO MEJOR ESTÁ POR VENIR SI LO DESEAMOS LO SUFICIENTE Y NOS COMPROMETEMOS CADA DÍA A HACERLO REALIDAD.